Una historia desafiante

PASION QUE CONSUME

Vida y ministerio de

ALBERTO MOTTESI

PABLO GARDUÑO SILVA

Publicado por
Editorial **Unilit**
Miami, Fl. U.S.A.

Primera edición 1993

Producto 497727
ISBN 1-56063-590-8
Impreso en Colombia

Printed in Colombia

DEDICATORIA

Dedicamos este libro a los héroes anónimos de nuestro ministerio: los sostenedores de nuestro trabajo misionero. Sin ellos no podríamos cumplir la misión encomendada por Dios.

Son mujeres y hombres fieles que oran por nosotros y ofrendan continuamente para que podamos seguir predicando.

A cada uno de ellos dedicamos esta obra. Es una forma de decirles: GRACIAS.

Les amamos y agradecemos su inversión en nuestras vidas y ministerio.

Asociación Evangelística
Alberto Mottesi

GRATITUD

Gracias a nuestro amigo Pablo Garduño Silva por su magnífico trabajo. Viajó con nuestro Equipo, visitó nuestras oficinas, se sumergió en nuestros archivos, entrevistó a mucha gente, habló y grabó a Alberto Mottesi durante muchas horas. ¡Y este es el resultado!

Gracias a nuestro amigo Adolfo Robleto quien corrigió el manuscrito y aportó valiosísimas sugerencias.

Gracias a todos los que a través de los años de una u otra manera influenciaron la vida de Alberto. Sin cada uno de ellos no habríamos llegado a este momento.

Gracias a nuestro Dios. La razón por la que autorizamos que se escribiera esta historia es para dar gloria y alabanza a nuestro maravilloso Señor y Salvador Jesucristo y para alentar a las generaciones jóvenes acerca de lo que Dios puede hacer con un hombre enteramente consagrado.

Asociación Evangelística
Alberto Mottesi

INDICE

LIBRO I

LIBRO II

LIBRO III

LIBRO IV

"... sino que lo necio del mundo escogió Dios, para avergonzar a los sabios; y lo débil del mundo escogió Dios, para avergonzar a lo fuerte; y lo vil del mundo y lo menospreciado escogió Dios, y lo que no es, para deshacer lo que es,..."

1Corintios 1:27-28.

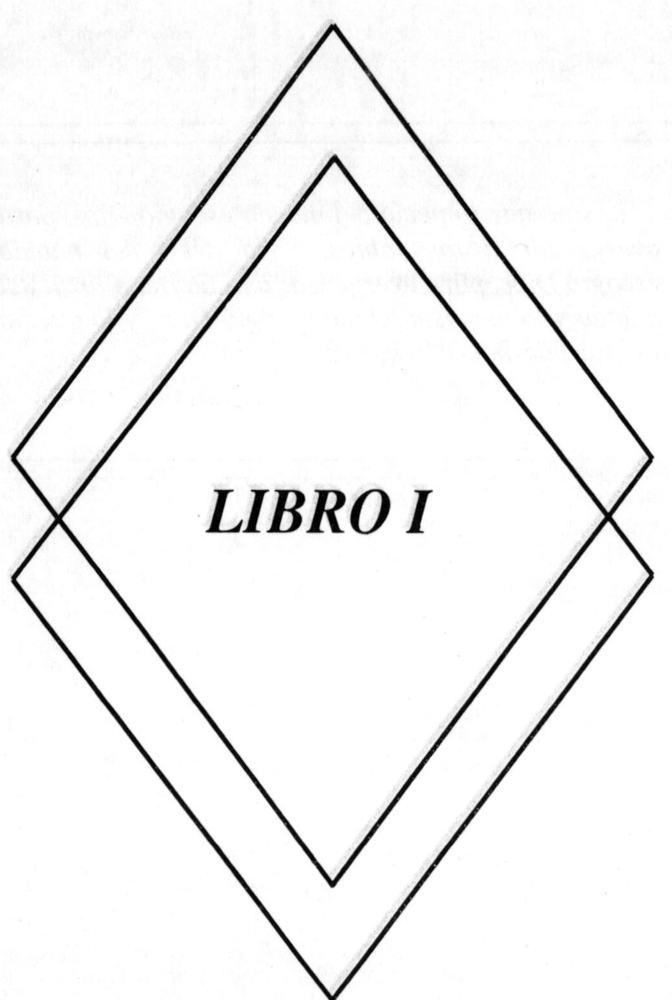

LIBRO I

1

MI LLEGADA

En el Aeropuerto de Villahermosa, Estado de Tabasco, soy recibido afectuosamente por el Comité Organizador de la Campaña. Han venido varias personas: unas, me son viejos conocidos míos; otras, me son presentadas por la primera vez.

Ha sido un viaje cómodo desde Los Angeles a esta ciudad del sur de la república mexicana, con conexión en el Distrito Federal, la capital, con el tiempo justo para el papeleo normal del turista en tránsito. Al salir del avión, los 40 grados centígrados impactan al viajero, envolviéndolo en ese aire húmedo caliente tropical, que no hostiga ni provoca demasiada molestia, pero sí hace sudar copiosamente.

Horacio De la Vega, el Coordinador de Campañas Internacionales de la Asociación Evangelística Alberto Mottesi me ha precedido a este sitio, según ya nos es una costumbre en estos últimos años. Con su concurso directriz ha afinado los últimos detalles a modo de celebrar una gran campaña de evangelización. Me sonríe como diciéndome: "Todo está listo." Interiormente, siento una impresión de confianza.

Fernando Ramos, a quien conocí varios años atrás en Guatemala y quien desde entonces me invitó a venir a este rincón de México,es el que me presenta a los hermanos que desconozco y que están involucrados, a nivel estatal, en la organización total de la Campaña.

Es viernes 3 de mayo de 1991, pasadas las 13 horas. Salimos del área del aeródromo, en un cómodo camper café con motivos beige, enfilando rumbo al hotel. Durante el recorrido me ponen al tanto de lo poco o mucho que falta. Comenzaríamos al otro día con una Cena-banquete en el salón de actos del Hotel Hyatt, lugar donde estaríamos hospedados mientras durara el tiempo de la Campaña.

De reojo, voy mirando lo bello de esta ciudad. Veo a su gente, con esa sonrisa a flor de labios y ese vestir campechano, que son propios de las tierras de sol y agua. La vegetación es ubérrima, como si Dios hubiese querido dejar aquí toda Su bendición.

Por un puente de reciente hechura, atravesamos el ancho y tranquilo río Grijalva, donde antes, apenas unos años atrás, me cuentan que la gente y el transporte tenían que hacerlo en una amplia, vieja y herrumbrosa panga. Proseguimos por su costado en ancha avenida de doble circulación con camellón arbolado al centro. Mi mirada se centró en una gran manta con el emblema "Tabasco '91", y una leyenda de invitación a todo el público en general a la concentración que se llevará a cabo en la Gran Plaza Monumental de Toros del 5 al 12 del mes en curso. Todos son bienvenidos. Entrada gratis.

"Así como esta manta," comenta Fernando, a quien parece que nunca se le acaba el sudor de la frente a pesar de que vive aquí, "hemos colocado varias en diferentes y principales avenidas en toda la ciudad. Además, anuncios han sido puestos en los periódicos más importantes, y como si eso fuera poco, en cuanto a publicidad, anuncios radiales continuos se están pasando por la radio. Quiero decirle, Alberto, sin temor a equivocarme, que toda la ciudad de Villahermosa y sus contornos, están enterados de la Campaña, y esperamos un gran éxito en cuanto a asistencia."

"De veras me alegra, Fernando. Gracias a Dios por todo lo que han hecho."

Percibo ese estado de expectación, tan familiar para mí y mi equipo de campañas. Me ha sucedido siempre al transponer la última fase del trabajo evangelístico en los últimos años, visitando tantos lugares de América Latina. Es una mezcla de curiosidad, interés y esperanza, por lo que va a acontecer en la labor a realizar en cada campaña. De facto, esta disposición de cosas y emociones son el motor que nos impulsan visceralmente a seguir adelante. ¿Qué sucederá? ¿Vendrá mucha gente? ¿Se llenará o quedará semi vacía la Plaza? ¿Habrá muchas decisiones? ¿Nos dejarán trabajar libremente las autoridades? ¿Se cernirá el peligro de cierre de Campaña, sobre todo porque estamos en un país de intolerancia religiosa? El clero, ¿se opondrá? Si se opone, ¿cuáles serán sus reacciones? ¿Cuántas experiencias individuales de salvación llegaremos a conocer? ¿Cómo se manifestará el poder de Dios? Tantas y tantas preguntas sin revelar en el comienzo de las campañas, que solamente se irán dilucidando conforme se van desarrollando los acontecimientos. Se crea una tensión emocional que sólo a través del tiempo llegaremos a conocer perfectamente. Es a lo que yo he llamado "el placer del evangelista", si es que es un placer, basado en la confianza en Aquél de Quien hemos recibido el llamado; y sabiendo, de antemano, que es Dios el que ejecuta sus magníficas obras, no tan sólo de creación, sino especialmente en el trabajo en el que estamos involucrados, el de la redención del mundo.

Durante la tarde y parte de la noche seguimos comentando y sugiriendo los detalles que hacen falta. No cabe duda, se esperan grandes cosas en "Tabasco '91".

La organización de tan magno evento se había iniciado un año atrás, con seminarios para pastores, invitándolos de todas las denominaciones. Luego, las pre-campañas en los 15 municipios principales de Tabasco, dirigidas por nuestro equipo. Ahora se perfilaba todo este cúmulo de labor de zapa, con un cierre en una campaña mayor en la cabeza misma del Estado de Tabasco. La organización que se había mostrado muy buena, entraba a su punto álgido.

Las autoridades, mayormente el gobernador del Estado, el Licenciado Salvador Neme Castillo, quien, manteniéndose al margen por vivir en un país laico, había dado su aval; de tal forma, que grandes recursos de orden técnico fluyeron del mismo gobierno. Calladamente se facilitó un lugar magnífico de reunión, como lo es la Plaza Monumental de Toros, con capacidad para 30 mil personas. La Plaza contiene un anchísimo estacionamiento y una amplia gama de transportación por la ubicación periférica al centro de la ciudad. Se ordenó pintar el coso taurino por fuera y por dentro. Se construyeron escaleras comunicantes entre los niveles de gradas, para que la gente, a la hora del llamamiento, pudiese bajar sin obstáculos hasta la plataforma, enclavada ésta a un costado de la arena. El alumbrado fue estupendo; los focos requeridos fueron comprados y enviados de los Estados Unidos, -ex-profeso-, para esta ocasión.

Nunca en mis campañas anteriores había visto tantos sanitarios individuales formados en hilera para el uso exclusivo de los niños. Eran más de 50, alquilados a una compañía particular.

En el solar del estacionamiento se modeló un cuadrado de vastos cortinajes de tela y hule plástico donde el azul rey y el amarillo canario predominaron. Esto serviría para efectuar simultáneamente la Campaña evangelística con los niños, comandada por Linda Pritchett, evangelista infantil internacional asociada a nuestro equipo. Fueron tantas sillas metálicas, que jamás supe que algún niño se hubiese quedado de pie por falta de ellas.

Me pregunté varias veces en aquellos días, cómo con tan pocas relaciones gubernamentales fue posible toda esta ayuda extraña.

Las iglesias, prácticamente de todas las vertientes, participaron fervorosamente en el trabajo. Esta es una de mis principales preocupaciones, posiblemente la mayor después de la predicación evangelística. Dios estaba obrando en pro de la unidad de Su pueblo. El Cuerpo de Cristo, -Su Iglesia-, se había unido por Su amor y para un objetivo de la salvación de las almas.

Al día siguiente, sábado por la tarde, desde las 6:30 comenzaron a llegar personas bien vestidas al salón de actos del Hotel Hyatt. Todos mostraban desahogo económico. A cada uno le fue fácil adquirir el boleto de asistencia al banquete, el cual daría principio a las 7:00 de la noche. Hubo un lleno total en el salón.

Este suceso marcaba el inicio de la semana de trabajos. De domingo a domingo yo predicaría el mensaje de salvación al pueblo reunido en la Campaña. Aquel sábado, sin embargo, la invitación fue expresamente para profesionales y dirigentes de la banca, la industria, la política y la universidad. Aunque también mi énfasis sería evangelístico, sabía que estaba hablando a cierta élite, que las más de las veces y por múltiples motivos no va a un lugar público de predicación.

Después de unas palabras iniciales de bienvenida por el Presidente del Comité Organizador, el Presbítero Lenín Izquierdo, comenzó a cantar Blanca, una cantante mexicana de corte vernáculo, cuyo estilo y voz prepararon el espíritu de los comensales cuando disfrutaban de una rica cena. A continuación, Frances Lee, puertorriqueña que acompañaba en esta ocasión a nuestro equipo, con su canto melodioso transmitió la grandeza de nuestro Dios.

Como fue un programa corto y ágil, entré enseguida al escenario. Subí a la plataforma y ví a un público expectante.

Todas las mesas en redondo estaban completas. Los ojos de las 700 personas allí presentes se concentraron en mí. Se acomodaron en sus sillas, de modo que pudieran dominar la escena y no perder detalle. Un tanto nervioso, con la emoción de volver a hablar ante un gran público, comencé diciendo: "Muchas gracias a todos los asistentes a esta cena. Quiero decirles mis impresiones al llegar a esta hermosa tierra. ¡Qué ambiente! ¡Nuestro corazón se llena de emoción! ¡Qué gente tan atractiva! ¡Tan llena de amor y entusiasmo!" Mientras cenaban, recordé a un amigo mío, evangelista mexicano que viaja por todo el mundo y que les predica a grandes congregaciones. Pero tiene un pequeño problema: no logra acostumbrarse a las comidas y, por donde él viaja, siempre lleva consigo un frasco con chile. Un día, viajando en avión, como todo predicador parlanchín, comenzó a platicar con su vecino de asiento. Le contó quién era, lo que hacía; le dijo que él viajaba por todo el mundo predicando el Evangelio a enormes multitudes. Así llegó el tiempo de la comida y la aeromoza trajo sendas bandejas, una para mi amigo el evangelista y la otra para su vecino de asiento. Inmediatamente, mi amigo abrió su maletín, extrajo el frasco de chile y roció con unas gotas su plato fuerte. Su vecino, que no dejaba de contemplarlo, inquisitivo preguntó: "¿Qué es eso?" "¡Oh!", -le dijo mi amigo-, "es una magnífica salsa que usamos en México para hacer más apetitosa la comida; ¿la quiere probar?" Y el vecino, sin saber lo que hacía, -creo que era argentino-, tomó el frasco de la mano del predicador, lo acercó a su menú, cubriéndolo de ají picante.

Naturalmente, al comer, de inmediato se enchiló. Se puso roja su tez blanca. Comenzó a transpirar copiosamente. Aflojóse el nudo de la corbata. Se quitó la chaqueta. Mirando a mi amigo con expresión excitada, bufando como un toro y meneando la mano tratando de hacer aire en su rostro, dijo: "Reverendo...uf... yo sabía que ustedes los evangelistas...uf... hablaban del infierno; pero lo que no sabía...uf... es que llevaban una muestra con ustedes."

El público celebró la ocurrencia con una risa generalizada y espontánea. De allí en adelante, se logró una buena comunicación con la gente. Es decir, hubo una buena relación entre el orador y el público. Era palpable el interés de los oyentes. La atención por lo que tenía que decir este predicador era manifiesta en los actos que evocaba.

Les participé de Wanda y su grito de desesperación a los 16 años de edad, cuando la conocí en el Hospital Psiquiátrico de Cidra, en la bella isla de Puerto Rico. En dos ocasiones había tratado de suicidarse. Yo mismo -les recalqué- comprobé las cicatrices, aún frescas, en sus muñecas, por sus intentos de terminar con su vida. Cuando la vi que era fina, culta e inteligente, le pregunté: "Wanda, ¿cómo estás?"

"¡Estoy deseando salir de aquí!," dijo. Me espantó su reacción de enojo y su tono de desprecio. "La vida no tiene sentido para mí. Mi hogar ha sido un desastre. Mis padres nunca se amaron entre sí, y jamás me enseñaron a amar. No tiene ninguna significación seguir viviendo. Quiero largarme de aquí, acabar de una vez por todas con esta vida, si es que a esto se le puede llamar vida."

Cuando relaté esta vivencia, hice patente al auditorio que el grito desesperado de Wanda era el mismo grito interior del mundo que nos rodea. Con hechos y estadísticas sacados de la vida en el planeta que habitamos, les hice ver gráficamente el grito de desesperación en que estaban los seres humanos y en la mayoría de los casos, sin esperanza, por no poseer la única solución a la soledad: Dios.

La aplicación recayó en la pregunta, ¿por qué El prolonga Su paciencia?

Les di mi respuesta. Porque Dios invirtió muchísimo en la creación del hombre, y ahora, cueste lo que cueste, aun enviando a Su propio Hijo a morir pública y vergonzosamente, se ha empeñado en el rescate de su obra perdida. Y lo hace con lazos de amor eterno, buscando al perdido, y llamándolo, a pesar de que ese hombre que está perdido, es como una débil caña cascada. El, es decir, Dios, nos fortalece, nos rehabilita, y da sentido verdadero a nuestra vida.

Pedí a la concurrencia inclinar el rostro con los ojos cerrados.

"Yo quiero ayudarle a tomar la mejor decisión de su vida," con voz segura les hablaba, sintiendo la seguridad de la asistencia del Espíritu Santo en esos momentos tan especiales en que es tan absoluta Su autoridad. Les invité a alzar la mano como señal de aceptar a Cristo como Salvador, a ponerse de pie y a venir al frente.

Varias docenas de ambos sexos y de todas las edades, se ubicaron delante de mí, mirándome en actitud de esperar recibir algo. Les señalé que íbamos a orar juntos. Les pedí que repitieran la oración que yo haría. Así lo hicieron. En forma pausada, dirigí la oración.

"Padre celestial..., perdona mis pecados..., perdona mi orgullo..., limpia mi mente, mis ojos, mi carácter, mis labios.... Sé que eres muy poderoso para sanar mi soledad. Hoy te entrego a ti mi vida. Recíbela en el Nombre de tu Hijo Jesucristo. Amén."

Cuando levantaron la cabeza, les hice saber lo que había sucedido con esa simple declaración de fe.

Como final, les propuse mi deseo de orar nuevamente a Dios, rogando la bendición para sus vidas. Oré. "Padre, te pido que bendigas estas vidas que se han entregado esta noche a Ti; te lo ruego como siervo tuyo. Los declaro hijos e hijas de Dios por el poder de la sangre de tu Hijo Jesucristo. Tuyos son, Señor. Bendice sus hogares, sus familias, hoy y para siempre. Amén."

La gente volvió a sus asientos. Les invité a la inauguración de la Campaña en la Plaza de Toros para el siguiente día. Dimos por terminado el evento, y nos despedimos.

Diversas personas me saludaron. Hablaban de cosas lindas que habían sentido en el transcurso del programa. Había sonrisas, alegría, y una que otra lágrima surcando las mejillas.

Nuestra primera noche de predicación en Villahermosa pintaba bonito. ¡Qué digo, excelente! 220 personas se habían decidido por

Cristo, estampando de su propio puño, su decisión en las tarjetas que les pusimos en la mano. Y esto representa el cántico que se oye en el cielo, pero también en lo más recóndito de un predicador, de que Dios en su infinita bondad, le ha permitido ser instrumento de Su Gracia para sembrar Su Palabra salvadora en el terreno irredento de los perdidos.

¡Cuán lejos estoy de cuando hice mi decisión de aceptar a Jesús como mi Salvador! Yo, que durante mi niñez fui un católico bien intencionado, un practicante genuino. Pero que, aun a mis pocos once años, con aquella inquietud de tomar todas las cosas en serio, cuando vi lo que era, no una religión sino un estilo de vida, admití este camino. Donde pude comprobar la gran diferencia entre tener un conocimiento intelectual religioso, manifestado en actos externos de piedad, y la relación con una Persona viva, que emerge de lo íntimo de nuestro espíritu en todas las áreas de la vida, dándonos disposición de obedecer a Aquél que nos ha comprado al costo de Su propia sangre: limpiándonos de nuestro pecado, justificándonos de nuestra maldad y declarándonos hijos del Padre celestial.

Este fue mi principio en Dios. Y... hace 38 años.

2

DOMINGO: INICIO TRIUNFAL

El hermano Saúl, un pastor de la iglesia presbiteriana, fue nuestro chofer en el transcurso de toda la Campaña. Puntualmente nos recogió en el hotel. Cómodamente nos transportó a todo el equipo. Ibamos entusiastas a nuestra primera cita en el gran coso taurino. Del estéreo del camper, la música y la letra de Steve Green nos hizo cantar.

Cada día puedo ver en sus ojos el sufrir,
Gente llena de dolor y sin rumbo aquí;
En angustia y soledad, llenos de temor,
Risa esconde su aflicción.
Cristo sólo ve.
Tienen que saber del amor de Dios;
En las pruebas y temor,
El refugio da.
Tienen que saber del amor de Dios,
Que en EL hay salvación.
Tienen que saber.

Horacio, enfundado en su traje azul marino, desde el asiento de enfrente, giró hacia el grupo que íbamos detrás, inquiriendo.

"Muchachos, ¿recuerdan aquel momento sublime, cuando este mismo canto Steve lo entonó en el Congreso Los Angeles '88? ¡Vaya momento de Dios! Nos hizo levantar de nuestros asientos y alzar nuestras manos al cielo en profunda reverencia, cantando: *Tienen que saber del amor de Dios...*"

Todos los presentes asentimos con un gesto evocador.

Precisamente, en esos momentos nos dirigíamos con el cometido de publicar, de proclamar, de dar a conocer ese amor de Dios a todos los asistentes a la Plaza.

Escasos diez minutos nos llevó arribar a nuestro destino. Algunas calles antes, el tráfico se hizo lento, debido al aglomeramiento que se estaba suscitando por la llegada de cientos de personas a la Monumental Plaza de Toros.

Es un espectáculo muy grato ver a tanta gente conducirse a un lugar de reunión. Expresiones de la más disímil evocación en los rostros y en las posturas. Familias enteras caminando apresuradamente, jalando a sus chiquillos. Algunos, en franca conversación de lo que veían en su derredor. Los más, dirigiéndose a la puerta de acceso más cercana, como si fuese un día de fiesta.

El diferente colorido de las vestimentas. La señora con el chal de lino de arco iris, cargando al bebé. El padre nervioso atisbando la mejor ubicación para introducirse y lograr el asiento perfecto que les pueda garantizar lo óptimo del espectáculo. Los jóvenes metidos en sus jeans, desparpajados y a la moda. Por allí va el anciano con su bastón, cuyos pasos lentos no dejan de ser obstáculo para encaramarse al asiento que considera excelente.

Los niños son requeridos por los instructores, informando a los padres, que estarán seguros en una reunión especialmente preparada para ellos.

Es un ambiente de gran alegría. De todos los puntos cardinales aparece la gente. En camiones se apean un sinnúmero de ellos. Otros son ayudados a descender de carros, camionetas, camiones de carga; vamos, hasta de una camioneta herméticamente cerrada que es usada como refrigerador, de adentro son sacados varios jóvenes y niños con sus caras sonrientes.

Nos introducen por la parte posterior del coso, por donde está la enfermería y el resguardo de los corrales donde pernoctan los toros de lidia, antes de ser sacrificados. Afortunadamente, todo este paraje permanecía limpio.

Aguardo en una habitación, orando y meditando, mientras comienza el programa. Ya de entrada, me he dado cuenta de la multitud que ha abarrotado toda la capacidad de la Plaza; y siguen llegando, buscando un lugar entre los asientos de cemento.

He deseado esperar hasta que haya principiado la dirección del servicio, del culto.

Oigo a Horacio iniciar el evento, y él invita al Presidente del Comité Organizador a tomar la palabra.

"Esta tarde alegre quisiéramos darles a cada uno de ustedes palabras de bienvenida, pero hemos pensado que unos a otros lo podemos hacer dándonos la recepción. Así que, hermano o amigo nuestro, déle la mano a sus vecinos que están a su derecha, a su izquierda, y salúdelo a cada uno y dígale: "bienvenido."

La multitud obedeció. Unos a otros con sonrisas se decían palabras de cortesía.

Se introdujo a Blanca, la cantante, quien inició con una melodía de tipo ranchero y dedicada a México.

Dale fe y esperanza a mi país,
ilumina, Señor, a México;
No permitas que esté lejos de ti;
de tu amor necesita México.

Este canto exaltó el patriotismo de la concurrencia, palmoteando con vigor el coro. Los evangélicos, mezclados entre la muchedumbre, exclamaban sus aleluyas y amenes, elevando sus manos al cielo.

El ritmo, la melodía y la letra me entusiasmaron. Me gustó el himno. Mientras Blanca cantaba, me acerqué a la plataforma, sentándome en el sitio asignado para mí.

¡Qué emoción! Observar toda aquella Plaza colmada a su capacidad. Sólo a mis espaldas, se encontraban los miembros de un coro de 1.200 voces, vestidos de falda y pantalón negros; la blusa y la camisa blancas. Sobresalían en todo aquel aglomerado de gente. Treinta mil individuos se habían dado cita en este lugar, construído con el propósito de ver derramarse la sangre de animales, ante la estocada cruel de un hombre, preparado al efecto de dar espectáculo a un público que paga por esa diversión. Hoy era vitalmente distinto. El espacio se había acondicionado para que miles de corazones arrepentidos, ante la proclama de la Palabra salvadora, fueran cubiertos por otra Sangre, vertida hace 20 siglos, para justificar y borrar el pecado del mundo.

Frances Lee entró a cantar su bella melodía con un ritmo moderno, preguntando a todos los asistentes.

¿Quién es El que a todos ama?
Abre tu corazón y ve.
¿Quién es El que a los niños ama?
Jesucristo, El es Rey...
Abre tus puertas eternas,
Abrete al Rey de reyes:
El es el Rey de gloria
Y El reinará.

La voz vibrante retumbó en cada rincón del escenario, y los corazones se abrieron ante la exaltación del Señor.

Después de una breve presentación de mi persona, tomé el lugar de la predicación.

Con lenguaje estusiasta y un sentir interno de bendición y autoridad del Espíritu, hablé a toda aquella multiforme masa de gente.

"Saludo al maravilloso pueblo de Tabasco en el Nombre poderoso del Rey de reyes, quien preside esta Cruzada y a quien damos toda la honra y toda la gloria en el Nombre de Jesús.

Cuando los visité en el mes de noviembre pasado, y brevemente en el mes de diciembre, la gente literalmente me robó el corazón. Al regresar ahora, le dije a mi equipo, "Regreso a Tabasco para ver si puedo rescatar lo que los tabasqueños me han robado." Y hoy, apenas he llegado, y ya me doy cuenta que me acaban de robar la totalidad de mi corazón. Por lo tanto, lo entrego públicamente con todo ardor en esta noche."

Una multitud emocionada por este gesto verbal, se dio en palmas resonantes y sinceras.

Reanudé con cierta potencia en la emisión de la voz, tratando de abarcar a todos los que me rodeaban y levantando los brazos, dije:

"Ustedes son un pueblo extraordinario, lleno de la belleza del Reino de Dios. Realmente los admiro por vivir en un país extraordinario como lo es la república mexicana, y ser parte de un Estado tan bello, tan amigable, tan cargado de fraternidad, que abre los brazos al viajero y tan cálidamente le expresa su bienvenida."

"Quiero decirles que no estoy aquí en el poder o la fuerza de una religión. No he venido a hablar de religión. Me estoy uniendo a este grupo extraordinario de mexicanos, que aman a México, para proclamar durante esta semana, no una religión, no una iglesia, sino únicamente a Cristo, quien es el que salva, el que liberta, el que transforma, el que vive por los siglos de los siglos, Amén."

Una nueva salva de aplausos resonó en la Plaza.

Proseguí, felicitando al Comité Organizador. Inauguré con palabras breves la declaratoria de los trabajos de la Cruzada. Invité a los presentes a orar. La gente, puesta en pie, repitió lo que mis labios manifestaban. Era conmovedor que 30 mil personas hicieran el eco de mi voz.

"Señor Jesús... Rey de reyes... Señor de señores..., te adoramos, te glorificamos... y ahora, Señor..., recibimos tu Palabra..., Palabra que salva..., Palabra que limpia..., Palabra que liberta.... Envía tu Palabra; que todo este lugar sea lleno de tu bendición. Y que nuestros amigos hoy sean salvados; que los enfermos hoy sean sanados; que las familias hoy sean bendecidas; que todo Tabasco sea enriquecido. Bendice al Presidente y al Gobernador, a los líderes de este Estado y a la niñez. Bendice esta Cruzada. Y ahora, Señor, recibimos tu Palabra con gran alegría..., envíala desde el cielo. En el Nombre del Padre..., en el Nombre del Hijo..., del Espíritu Santo, Amén."

Abrí la Biblia en 1a. de Samuel 17:8-11, leyéndoles el famoso pasaje de David y el terrible Goliat.

Comencé mi introducción refiriéndome a los enemigos que cual gigantes se levantan en nuestro mundo actual: el SIDA, la posibilidad de un desastre nuclear, el avance del satanismo, la impureza de la iglesia, los problemas de la familia: divorcios, suicidios, abortos, pornografía, materialismo.

Presenté referencias y experiencias trágicas de estos tópicos. Como aquella señora elegante de San José, Costa Rica, que se acercó, diciéndome: "Señor Mottesi, he cometido 17 abortos. Ahora, cada mes cuando tengo mi menstruación, me parece ver mis manos manchadas con la sangre de los crímenes que he cometido."

También aquella pareja de puertorriqueños que tenían problemas en su intimidad sexual. Pensaron que suscribiéndose a un canal pornográfico les ayudaría en su relación. Así lo hicieron; sin embargo, jamás intuyeron la tragedia que les acontecería.

Sus hijitos, -un niño de 14 años y una niña de 12-, furtivamente, entre las tres y cuatro de la madrugada, se levantaban de la cama, se acercaban al televisor, lo prendían, con sus rostros casi pegados a la pantalla, y sin sonido para no despertar a sus progenitores, veían las escenas excitantes y libinidosas con que el canal pornográfico les bombardeaba sus cerebros.

Resultado: el niño de 14 años embarazó a su propia hermanita de 12. Casi pude oír un ¡oh! múltiple de estupor por lo relatado.

Continué con la presentación de mi mensaje, haciéndoles conocer con citas bíblicas a cinco gigantes que afrontamos todos, como son: Satanás, nuestros malos deseos y debilidades, el sexo, el pecado, y el temor.

Regresé a la historia de David y Goliat y su resultado.

La aplicación fue contarles la anécdota de Jesús peleando la batalla con Satanás por el trofeo de las almas perdidas. Ante un cuerpo exánime, en aparente derrota, Satanás está satisfecho de su aparente victoria, pero el Espíritu de Dios, con Su poder, levanta al Hijo de Dios para obtener una victoria aplastante.

"Este mismo poder que levantó a Cristo," -alcé la voz, pausándola, pero firme, casi arrastrando las frases, declaraba el final de la homilía- "es el poder que hoy actúa en nuestras vidas. Inclina tu cabeza, vamos a orar. Yo quiero ayudarte a tomar la decisión más importante de tu vida."

El órgano dejó volar armonías de invitación al pecador.

Hice una sencilla oración de entrega, poniéndome en el sitio del penitente.

"Señor Jesús, gracias por amarme. Sé que tienes mucho poder. Hay gigantes en mi alrededor y necesito Tu ayuda. Limpia mis ojos y mi mente. Tú eres más grande que cualquier gigante. Te declaro mi Poderoso Gigante."

Solicité a toda la muchedumbre que el que deseara recibir a Cristo en su corazón, alzara su mano.

Cientos de manos se levantaron en toda aquella Plaza.

"Bien, ahora les voy a rogar que se pongan de pie, y que bajen a este lugar."

Se produjo un movimiento impresionante. Con un completo orden y en un porte reverente, centenas de personas se levantaron de sus asientos, usando los accesos de madera. Se aproximaron hasta la plataforma donde yo estaba. Miraba delante de mí un mar de seres colmando toda la arena.

Los ujieres ayudaban a la gente que lo necesitaba. Los consejeros se allegaban delicadamente y, para asistirles, se ponían al lado de las personas que venían en busca de su salvación.

Una vez que me percaté que ya eran pocos lo que seguían bajando, les informé lo que era entregarse al poderoso Jesús.

Oramos como pecadores arrepentidos delante de Dios.

Para finalizar, les hice ver que cada consejero me representaba a mí, representaba a los pastores de la ciudad y representaba al mismo Señor Jesucristo. Volví a orar, declarándolos hijos del Dios Altísimo.

A estas alturas, la impresión sensible sobre mi corazón es tan fuerte, que no aguanto en musitar imperceptiblemente una oración, al ver a tanta gente buscando al Salvador.

"Señor mío, ahora es Tu parte. Recíbelos, son tus hijos."

Abandono el púlpito con lágrimas que borran mi visión. Estoy conmovido por toda esa gente necesitada de Dios. Me siento en la primera silla que encuentro a mano, y oro, agradeciendo al Señor su misericordia.

El coro entona su canto:

Sublime gracia que acoge al pecador,
No importa como vengo a ti;
Tú siempre lo recibes
Con tu divino amor.

Se da por concluido el programa, con invitación para el día siguiente.

Tras correr los minutos, en silencio miro cómo aquel gentío comienza a desplazarse a las salidas de la Plaza para volver a sus hogares. No pasan inadvertidos los rostros alegres de muchos. Varios están bañados por las lágrimas derramadas, exteriorizando el impacto que han tenido sus almas.

Siento un ligero temblor en mi voz, porque sé que el poder de Dios ha logrado su objetivo en esos corazones. No tengo palabras para agradecer al Señor Su bondad.

Desciendo de la plataforma y varias personas se acercan para saludarme. Me agradecen que les haya hablado con claridad. Algunos me dicen que han oído Palabra de Dios. Los demás, sólo me saludan con sonrisas que dicen más que mil palabras.

Abrazo a unos, y a otros, poso la mano sobre su cabeza, acariciándoles.

Volvemos a nuestro camper. En medio de una multitud en la avenida nos damos paso, lentamente. Muchos son los que alzan la mano, moviéndola, en señal de saludo.

Es precioso ver lo que el Espíritu Santo realiza en los corazones. Simplemente, el transformarlos es el milagro de milagros; y no lo hace en uno sólo, sino en cientos, como en esta noche. ¡Oh, maravilla de Dios!

Y así, nos dirigimos gozosos al Instituto de la Iglesia Presbiteriana, donde han dispuesto que todos los del equipo cenemos y comamos durante todo el tiempo que dure la Campaña.

El ambiente es festivo, comentando los incidentes. Aún no faltando el chiste sano, con la risa espontánea de todos.

Es medianoche, y me invitan a un salón adyacente para ver a un puñado de jóvenes esmerados, poniendo orden en todas las tarjetas de decisión que se llenaron. Hay varios mapas extendidos sobre mesas amplias, con banderitas que señalan la zona de las iglesias a las que les tocará seguir los resultados de la Campaña. Este trabajo merece, de mi parte, un gran énfasis en mi ministerio. Que no se pierdan, sino que haya una continuación por medio de la visitación posterior, dentro de las 48 horas inmediatas a su decisión pública, de todos los nuevos creyentes, llevándolos a la iglesia cercana a su domicilio, para su fortalecimiento espiritual.

Me dicen que una vez que han ordenado las listas de los nombres y ubicado geográficamente las direcciones, esto pasa a la computadora para que de ella salgan las listas finales para cada una de las iglesias. Este trabajo, me indican, les va a llevar varias horas. Posiblemente hasta las 5 ó las 6 de la madrugada. Así será todos los días de la Campaña. No deja de conmoverme la devoción de esta juventud por su participación tan fiel. Oro por ellos. Poco después nos vamos al hotel.

DOMINGO: INICIO TRIUNFAL

Cuando llegamos, Horacio, David y Miguel Angel todavía nos quedamos otro rato, preparando algunas cosas para el día siguiente. Terminamos y cada cual se retiró a su habitación. Son casi las 3 de la madrugada. Me he tirado sobre la cama, saboreando el ambiente fresco del aire acondicionado. Debería estar cansado por el ajetreo del día, mas no lo estoy. Mi mente se encuentra totalmente despierta.

"Hace 30 años, desde mi ordenación al ministerio, jamás hubiese imaginado adónde me llevaría el Señor trabajando por su Obra. Ha sido un trabajo exhaustivo, colmado de vicisitudes, tensiones y problemas. Una labor sin dar cuartel. Manteniendo en la conciencia que cada segundo representa una lucha vital por la eternidad de una, de cien, o de miles de almas. Sin embargo, no lo cambiaría por nada del mundo. El amor y el cuidado de mi Dios han sido más que remunerativos.

Ese fuego que se encendió a través de mi juventud por predicar a los perdidos en las calles, en las plazas, en los parques, en las iglesias y en cualquier lugar donde Dios nos permitía acceso, se fue acrecentando. Esa llama la siento más potente, más abrasadora conforme ha transcurrido el tiempo. Es una ansia que me devora, y quiero que mis días fueran de 48 horas y mis años de 700 días. Creo que hoy corro como una locomotora sin freno, queriendo abarcar todos los caminos del mundo, principalmente a mi amada Latinoamérica, donde sé que existen millones de almas que salvar.

¡Cuántos inicios de campañas como el día de hoy! Tranquilos, apacibles, perfectamente programados y con hermosos resultados. ¡Ojalá fueran siempre así! ¡Pero no! Ha habido principios de cruzadas cuando yo hubiese querido desaparecer ante la plena efervescencia del mal, circunscribiendo cada uno de los propósitos a realizar. Oposiciones frenéticamente satánicas. Recuerdo la Cruzada en la República Dominicana, en medio de una noche tenebrosa con una tormenta de agua de diluvio y relámpagos como jamás he visto en mi vida, sin luz eléctrica, y predicar así, empapado hasta los huesos, con la Biblia escurriendo y a puro pulmón.

También en Nicaragua, en uno de sus momentos más intensos de su tensión política debido a su guerra intestina. Donde las dificultades fueron sobradamente espectaculares, pero, así también fueron los resultados victoriosos. Con el tiempo, este suceso evangelístico ha llegado a ser un hito, una marca histórica, no tan sólo para el país de Nicaragua, sino para mi propio ministerio.

En Venezuela, donde se había suspendido el otorgamiento de visas a predicadores y misioneros, pero, faltando unas horas y teniendo todo preparado para la campaña, "milagrosamente" nos concedieron el permiso respectivo.

Cuando prendieron fuego al hotel en el que yo estaba hospedado, en Guatemala, en un acto rigurosamente terrorista. O, como en El Salvador, también en plena guerra fraticida, cuando en toque de queda la guerrilla anunciaba su mayor ofensiva, explotando bombas en la capital por doquier. Aun así, el poder de Dios se agigantó para mostrarnos Quién es el que conduce los destinos de las naciones.

Hechos increíblemente emocionantes; ora alegres y felices, ora probablemente angustiosos. "Una cosa sí es ciertísima: el Reino de Díos no tiene obstáculos ni fuerza contraria que lo venza."

Bajo este tenor eufórico de mis pensamientos, ha brotado espontánea la alabanza de mi corazón a Jesús mi Señor, exaltándole y glorificándole. Paulatinamente, el sueño me vence; y se dibuja una sonrisa en mi boca, producto de la conciencia de saber que estamos en la voluntad de Dios. ¡Aleluya!

3

LUNES: UN TOQUE FAMILIAR

Por la mañana, tomé mi desayuno consistente en frutas y un buen tarro de yogurt natural con granola. Me he sentido satisfecho. Hoy por hoy, me he sometido a un régimen riguroso de dieta. Más que riguroso, sería mejor decir, que he decidido ser menos complaciente con la comida y más disciplinado.

De ninguna manera podría culpar el gran amor de mis hermanos que en cada latitud de los países que visito, me hacen honor con sus recetas culinarias, tan sabrosas de cada lugar. Han sido tan seductoras, que me he dejado llevar por esas exquisiteces, que al correr de los años, aunque de un cuerpo robusto y tendiente a engordar, últimamente me sobrepasé de peso.

En el tiempo libre que puedo tener, me gusta trotar o andar vigorosamente una buena distancia. Reconozco que un buen predicador tiene que estar en forma física aceptable, para llevar a buen recaudo su cometido.

Yo, en los pasados meses, me sentía excedido, la respiración lenta y el guardaropa sufriendo, porque era poco lo que podía usar sin molestia. De ahí que determiné ponerme a dieta.

Un desayuno frugal de frutas de la estación, como el de ahora, y las comidas con un buen número de vegetales hervidos, o al natural, sin aderezo, acompañadas de un caldo de pollo sin grasa. Esto ha representado un pequeño problema con mis hermanos de la cocina, pero, al final, han comprendido mi dilema, terminando por ayudarme haciendo más fácil mi carga alimentaria.

De vez en cuando, como o ceno un buen menú típico servido en la región que visito, para no ser chocante; además, para ser sincero, me considero de buen diente.

Lo mejor de todo es que en tres meses de dieta he rebajado una buena cantidad de libras. Me siento más ligero. La ropa que había dejado de usar, nuevamente me sienta bien. Estoy contento con el resultado y me he propuesto seguir disciplinándome en este importante asunto.

Después de mi desayuno, he tomado unos minutos para salir a caminar por las calles y avenidas de Villahermosa. Me he deleitado con la naturaleza tan pródiga de esta tierra. Sus árboles están siempre verdes. Los camellones se ven rebosantes de diferentes tipos de flores. Los pájaros, de colorido variado, surcan el cielo azul sin nubes. Los lagos tranquilos, donde una que otra barcaza con su motor fuera de la borda los cruza raudamente. Ando metido en mis shorts azul marino y mis tenis blancos, protegiéndome del sol con un sombrerito. A poco de recorrer distancia, el sudar es excesivo. Siento que es benéfico, porque muchas toxinas del cuerpo son expelidas. Después de una hora, regreso al hotel. Me dirijo, sin más dilación, a la regadera.

Ya limpio y en el frescor del clima de la habitación, preparo mi mensaje para la noche. De hecho, lo tengo preparado de hace tiempo. Lo fundamental es su adaptación al entorno en que estoy. Así que me enfrasqué en meditar y ponderar cada punto del mismo. Y pido la asistencia del Espíritu Santo.

Como he decidido no comer durante el curso de la Campaña, sino sólo cenar, mis horas se extienden hasta el momento programado de conducirnos a la Plaza Monumental.

Veo el reloj. Me doy cuenta que dispongo de unos largos minutos. Los dedico a poner en orden mis maletas. Selecciono el traje que usaré por la tarde. Palpo que una de las bolsas interiores está abultada. Meto la mano y, de inmediato, me encuentro con una gratísima sorpresa de mi esposa.

Aunque a estas alturas no debería ser una sorpresa, porque Noemí, en cada viaje que efectúo, se las ingenia para colocar un detalle escrito de su propio puño, unas líneas en que me manifiesta la apertura de su corazón y su amor hacia mi persona. Hoy ha sido un tanto diferente.

Sí, viene el texto consabido y, además, se le ha ocurrido poner una rosa roja en la parte media de la carta. Me conmueve su gesto. Leo con detenimiento sus palabras, como si las oyera con su timbre de voz inconfundible.

"Querido Alberto:
Nuestro amor es y debe seguir siendo como esta rosa.
¡Perfecta rosa!
Te quiero mucho y estaré orando cada día por vos.
Cuídate mucho.
Quien te quiere, Noemí."

Permanezco unos instantes extasiado. La rosa la llevo a mis labios y deposito un beso sobre sus pétalos, como si se lo estuviera dando a la mujer que Dios me ha dado, la que ha venido a ser la perfecta mujer para mi vida. Cada día que pasa, nuestro amor se fortalece. Veintinueve años de matrimonio son suficientes para constatar la base en que hemos construído nuestro hogar: nuestro precioso Salvador y Señor, quién ha sido nuestro guardador y sostenedor.

Evoco instantáneamente el día cuando conocí a Noemí en aquel picnic en los parques de Ezeiza. La manera en que dispusimos que Dios tendría el primer lugar en nuestras vidas. Que en cada detalle, decisión o circunstancia, Dios establecería Su voluntad. Y puedo decir con toda confianza que ha funcionado. Durante tantos años transcurridos, sólo hemos visto el manto abrigador de Su bendición sobre nuestro hogar.

Noemí ama muchísimo al Señor y a Su obra. Recuerdo que estando ella embarazada de nuestro segundo hijo, a pesar de sus molestias y empujando el cochecito con nuestro primogénito, salía a las calles de Buenos Aires a repartir folletos y volantes de invitación. Actualmente es pieza clave en el ministerio de la Asociación.

¡Caramba! ¡Parece mentira! Cuando me casé, tenía miedo de tener familia. Tuve que pasar por una fuerte crisis que Dios resolvió amorosamente.

No ha sido fácil, es cierto. Un llamado como el mío implica una tremenda carga de sufrimiento para la familia. Las constantes ausencias, si no son atenuadas por una fuerte comprensión y la confianza en el cuidado de Dios, degeneran en preocupaciones agobiantes y en problemas candentes para todos los integrantes del hogar.

Gracias a Dios, Noemí ha sido una mujer admirable. Ha sabido con inteligencia y sabiduría de lo Alto, llevar una buena relación familiar, la cual no se mide en cantidad, sino en calidad.

En varias ocasiones, retornando de un largo viaje a altas horas de la noche, me he acercado a las camas de mis hijos y, poniendo mis manos sobre sus cabecitas, he orado con profundo sentimiento delante del Señor por ellos.

Hoy que han crecido, que son unos varones hechos y derechos, Marcelo, con una carrera profesional de Derecho Internacional, y Martín, a punto de acabar la carrera de Administración de Empresas, los dos aman al Señor.

Las veces que en forma fortuita Dios me ha dado probaditas del gran amor de mis hijos por intermedio de segundas personas y de ellos mismos, me han hecho sentirme feliz; podría decir, un padre verdaderamente orgulloso de ellos. En aquel especial de televisión que nos hicieron como familia en casa; o también, cuando aquel joven de la Universidad de Biola hablaba preciosidades de mí como padre, por el testimonio de mis hijos; eso lo llevo guardado en mi corazón como un tesoro preciosísimo.

He cuidado delicadamente a los míos. Estoy consciente de mi responsabilidad en mi hogar. En un ministerio como el mío y en un viaje sin descanso, viendo tantos hogares de pastores destruídos o con problemas indisolubles, humanamente hablando, es menester abrir mi corazón, mi intimidad. Que se vea que también soy carne y hueso. Pero en todo esto, mi albergue ha sido mi Dios.

Sí, el Señor ha sido tan bondadoso conmigo, que no ha faltado nada en el hogar. ¡Vamos, ni siquiera una rosa roja colmada de amor en el fragor de una cruzada!

Ha llegado la hora de partir para el segundo día de predicación en la Plaza Monumental de Toros. Cuando arribo, veo que son pocas las personas que se encuentran sentadas en las gradas. Unos jóvenes, con instrumentos autóctonos, amenizan con música de himnos de varios países latinoamericanos. Los miembros del Comité Organizador se mueven en sus diversas actividades. Preparan las cámaras de televisión en el centro de la arena a efecto de filmar todo el programa. A la vez, esta misma imagen se proyectará simultáneamente en una pantalla gigante en las afueras de la Plaza, para que la gente que no pueda entrar, como sucedió el día anterior, pueda ver en circuito cerrado el desarrollo del evento.

Los fotógrafos alistan sus cámaras y sus mejores sitios de objetivo, a modo de registrar la historia gráfica de la Cruzada.

Los ujieres, los consejeros, los que barren la arena, los músicos, el coro, los doctores en la enfermería, los técnicos del sonido, los conductores del programa: todos, como un solo hombre, deseando que no se escape ningún detalle que pueda perjudicar la libre realización del programa.

Los minutos han transcurrido y conforme llega la hora de dar inicio, la gente sigue colmando las gradas de cemento. Es cierto, me han dicho que hoy lunes la concurrencia será menor, porque muchos trabajan hasta ya muy tarde. Aun así, contemplo un buen número de personas.

Comienza el programa, conduciéndolo Miguel Angel Darino. Normalmente, en todas las cruzadas a las que Darino nos acompaña, él tiene la responsabilidad de ser el maestro de ceremonias. Como una excepción, el día anterior lo hizo Horacio De La Vega. Hoy tomaba la batuta.

En una conducción ágil de cantos congregacionales y de intervenciones por nuestras dos cantantes, que durante toda la semana de Cruzada nos conducirán con su voz y su talento a una recreación espiritual, haciéndonos receptivos para el momento de la predicación, contemplo que la Plaza, a la hora del mensaje, prácticamente está saturada. Con algunos huecos aquí y allá, calculamos por lo menos unas 18 mil personas.

Cuando tomo mi lugar frente al púlpito, percibo que el ambiente espiritual es idóneo. Siento la libertad de proclamar el mensaje sin obstáculos. Hablo a la multitud que me rodea con palabras de entusiasmo, cargadas de vigor, informándoles el motivo principal de nuestra reunión. Entonces abro mi Biblia en Colosenses 1:15-20, y leo pausadamente el pasaje.

"Mi tema para el día de hoy será: 'La excelencia de la persona del Señor Jesús'. Quiero que todos, cuando salgamos de este sitio, sepamos exactamente quién es Jesucristo."

Luego, con más citas bíblicas doy a conocer el tema y cuerpo del mensaje.

El basamento de la predicación consiste en tres aspectos de la vida de Jesús: Primero, que todo poder en el cielo y en la tierra se le ha concedido a El. Segundo, Su misión en la tierra. Y, por último, Su profundo amor por los perdidos.

Termino la homilía, narrándoles lo que me aconteció en la Perla, lugar de drogas y prostitución en Puerto Rico, donde vi a través de una hermosa joven, al verdadero Jesús impartiendo amor a los parias de este mundo.

El llamamiento es contestado por múltiples personas en el centro mismo de la arena. ¿Cuántos nombres han sido escritos en el libro de la vida? ¿Cuántos se han arrepentido y dejado sus pecados en esa arena? ¿Cuántos han comprendido que Jesús es su única respuesta?

No lo sé. Sólo en la eternidad, cuando esté con mi Señor, podré conocer cuántas personas en esta noche entraron a formar parte de la gran familia del Padre Celestial.

4

MARTES: LA LABOR DEL ESPIRITU

"Soy ingeniero de profesión y trabajo para una compañía de Pemex cuyas oficinas regionales se ubican en Villahermosa. Mi departamento se encarga de elaborar los presupuestos de contingencias de los pozos petroleros. Entre muchos, tengo dos amigos con quienes hemos convivido desde hace varios años; ellos son: Miguel y Raúl, compañeros de escuela y, ahora, del mismo trabajo. Aunque estamos en la misma compañía, nuestras áreas de trabajo son diferentes; no obstante, esta circunstancia no impide que estemos cerca. Estos dos amigos, siendo católicos después se tornaron al protestantismo. Las múltiples ocasiones en que han querido entablar conversación sobre este tópico, las mismas en que raudo y veloz yo he cambiado de tema, varias veces han sido motivo de cierto distanciamiento.

Apenas unas semanas atrás, Miguel me abordó y quiso profundizar acerca del Evangelio. Le hice saber con cierta energía que, hasta la fecha, habíamos sido buenos amigos; que si quería que eso permaneciera, dejara de hablarme de sus cosas. Optó por la amistad.

Ya de tiempo he sufrido de fuertes dolores estomacales. He ido a los especialistas y ellos me han diagnosticado una severa úlcera estomacal. Me han medicado y, a pesar de las muchas medicinas, no ha sido posible mi recuperación. Sólo me he agravado. Y la última vez que estuve en el consultorio del galeno, me indicó que tenía que pasar por cirugía, si quería sanar.

Esto me provocó una fuerte crisis depresiva; y más, porque el médico fue tajante en declarar que se trataba de una operación difícil.

En el ínterin, comenté con Raúl mi situación. Me propuso que pediría oración en su iglesia para que Dios me sanara.

Cuando me encontré con Miguel, se me hizo fácil pedirle que rezara por mi caso. Naturalmente que me apoyaba y lo haría, me dijo, pero, a la vez, me invitó a que asistiera a una Cruzada que se estaba llevando a efecto en la Plaza Monumental de Toros, donde un doctor de extracción argentina, estaba conferenciando cada noche.

Como me dijo que se trataba de un doctor, de inmediato me interesó. Le hice saber que iría, después que me indicó la hora de entrada.

Al otro día hice los arreglos necesarios y me apresté a ir. Allí me encontraría con mis amigos evangélicos.

Me sentía extraño y temeroso a la vez. Extraño, porque los evangelistas me parecían gentes de otro planeta, con costumbres y actividades diferentes. Temeroso, porque percibía que estaba traicionando la fe de mis padres.

A pesar de esto, llegué a la Plaza. Estacioné el auto en una calle aledaña a la zona de la Monumental. Lo primero que vi, fue a muchísima gente que se apresuraba a entrar.

Me introduje por la puerta principal, y observé que más de la mitad del inmueble estaba ocupado. Observé que cerca de la torre, donde se encontraba el reloj, sería un buen mirador. Me encaramé por gradas y escaleras, ubicándome donde había pensado. Obviamente, por estar frente a la plataforma donde se originaría el espectáculo, era el sitio de mayor concentración de personas. De hecho, me agradó permanecer en medio de este conglomerado, para sentirme anónimo en aquella muchedumbre. Nunca vi a mis dos amigos.

A poco, principió el programa. Un hombre de barbas y lentes fue el presentador de los participantes: dos cantantes y un coro gigantesco. Hubo participación de todo el público en cantos y palmas.

Como yo no sabía nada de lo que cantaban y hacían, fui solamente un espectador. Todo para mí era nuevo.

Pasó casi una hora antes que presentaran al doctor venido de Argentina. Aquel hombre me pareció de mediana estatura, de contextura robusta, cara redonda y blanca. Iba vestido de traje azul marino, camisa blanca y corbata color guinda. Pensé que esta forma de vestir era una incongruencia por el tremendo calor que sufrimos aquí. De seguro que estaría sudando a mares. La frente era amplia con arrugas. Sus ojos azules parecían llamas penetrantes adonde los dirigía. Sus manos las movía como expresión de las ideas que externaba. Su voz no tenía el acento argentino como era de esperarse, pero era clara, modulada y entusiasta. Comenzó diciendo:

"El Señor Jesús está en medio de nosotros. El mismo Cristo que caminó por la tierra de Palestina, ahora nos está visitando en este lugar. El que abrió los ojos de los ciegos, el Cristo que libertó a los oprimidos del pecado e hizo huir avergonzados a los demonios, por el Espíritu Santo, ahora se está moviendo en este lugar. No hay pecado que no te pueda perdonar. No hay vicio del cual no te pueda sacar. No hay tormenta familiar que El no pueda detener. El tiene todo poder y toda autoridad. En los próximos minutos, Jesús hablará a tu mente, llamará a tu corazón. El Espíritu creador entrará dentro de tu persona, y si tú se lo permites, hará un milagro de amor en toda tu vida. Te quiero anunciar en estos momentos que vas a tener el encuentro más liberador y sanador de toda tu vida. Los enemigos que han acosado a tu familia, hoy serán detenidos, reprendidos, controlados, vencidos por el poder del Señor Jesús."

Se decían con tanta seguridad estas expresiones, que, de pronto, yo estaba inmerso, totalmente metido en lo que el predicador expresaba. Cuando hablaba de problemas y sanidades, me saltaba el corazón. No quería perderme de nada; me imaginaba que en cualquier instante se diría la clave de cómo poder obtener mi salud.

Invitó a repetir unas frases que él hablaba en alta voz. Conforme así lo hacía, había un eco en mi lengua, y yo notaba una extraña sensación. Un ligero temblor y un calorcito se apoderaron de mi ser.

"Señor Jesús, Dios eterno, muchas gracias por amarnos, por perdonarnos. Te doy gracias por traerme a este lugar. Tú conoces que hay problemas en mi vida y en mi familia. En esta noche los pongo delante de Ti. Voy a confiar en Aquél que es más grande que mis problemas. Háblame, Señor. Yo recibo tu Palabra. En el Nombre de Jesús. Amén."

Aquel predicador, de pómulos pronunciados que hacen ver sus ojos un tanto hundidos, empezó a relatarnos de un barco que iba a la deriva en medio de un mar cargado de tormentas.

De su libro negro que sostenía en la mano izquierda, leía párrafos bíblicos acerca de lo que nos estaba relatando, de Jesús, quien dormía en la popa del barco.

Su modo de leer captaba la atención. Había sabor en cada frase que pronunciaba. A veces, casi gritaba.

"... y le despertaron y le dijeron, ma-es-tr-o-o, maes-tr-o-o-o-o-, y dijo al mar: ca-lla, enmudece."

En mi imaginación, me transportaba en aquel barco junto con aquellos marineros, perplejo y admirado a la vez, por la personalidad de Jesús. Trasponía en mi pensamiento, inconscientemente, mis problemas, como tormentas a las que no sabía cómo enfrentar.

"En este campo de batalla," seguía con denuedo su mensaje el expositor, "que es la vida, los recursos humanos son absolutamente insuficientes: la educación, el poder económico, la posición social, el carisma, el atractivo físico, el intelecto, la habilidad, todo es absolutamente insuficiente. Lo único que te puede dar victoria en medio de las tormentas de la vida, es la autoridad de Cristo Jesús."

Mi razón comenzó a revolucionarse. Había una firmeza en lo que escuchaba, que yo no podía rechazar. Para mí, la religión antes era exclusivamente un aditamento más, que las gentes se colgaban. En la forma en que me hablaba este hombre, con argumentos y reflexiones, ahora me hacía entender mi ignorancia sobre religión y, sobre todo, la incapacidad de vivirla. Me pareció nuevo en su totalidad lo que estaba viviendo como espectador en aquel lugar. Oí acerca de cinco enemigos contra la familia: el egoísmo, la infidelidad, el alcohol, los celos, y Satanás. Todo esto era una representación exacta de mis actos pretéritos. Jamás había reflexionado que todos ellos pudieran ser motivos de causación negativa a una vida feliz.

"¡Escúchame bien, por favor!" y yo abrí grandes los ojos, poniendo los sentidos en máxima amplitud. "El paso que tenemos que dar es humillarnos delante y debajo de la poderosa Mano de Dios. Esto es algo que el machismo latinoamericano no quiere aceptar. El orgullo resiste; pero la Biblia dice, que 'Dios resiste a los soberbios, pero da gracia a los humildes'. En otras palabras; Dios no puede quedar pasivo frente al orgulloso. Dios no tolera al vanidoso. Dios no soporta al soberbio. Dios va en contra del orgulloso, pero El da gracia, da bendición, da vida eterna, da victoria al que se le humilla de todo corazón."

Experimenté un vuelco en el corazón. Un ligero temblor corrió por todo mi ser. Advertí una especie de vergüenza, como si hubiese sido descubierto con las manos colmadas por mi felonía.

"Toda tu tormenta" -de inmediato pensé en mi enfermedad, en mi esposa, en mis hijos, en mi trabajo-, "todo tu naufragio procede de pretender vivir independientemente de Dios...."

Esta última frase se prendió fuertemente en mi cerebro, "pretender vivir independientemente de Dios". La verdad sea dicha, antes de hoy, nunca había pensado en El, excepto para chistes entre los amigos de tertulia. Sin embargo, ahora se manifestaba tan real, tan formidable, que me sentí por la primera vez en mi vida tan pequeño y tan inútil. Esto me produjo un gran pesar.

"El te dice esta noche: 'La paz os dejo, mi paz os doy; yo no la doy como el mundo la da'. No como el dinero la compra. No como la posición social te la brinda. No como el sexo o la música te la provee. Yo no te doy esa paz tan trivial, tan superficial, tan pasajera.

Jesucristo te dice: Yo te doy una paz que nada ni nadie, ni el tiempo, ni el problema, ni la adversidad, ni la tormenta, ni la enfermedad, ni la escasez, ni el demonio, ni el mundo te podrá quitar."

Cuando el predicador, venido de lejanas tierras, secándose el sudor con un pañuelo, nos invitó a pasar frente a la plataforma para aceptar a Cristo, yo quise hacerlo. Bajé hasta el centro donde un gentío me rodeó. Allí rogué a Jesús que me perdonara.

Un joven que se mantuvo cerca de mí, me ayudó a orar. Al final, me solicitó unos datos, los cuales apuntó en una tarjeta, obsequiándome un folleto. Salí rumbo a mi automóvil. Cuando estuve adentro, comprobé una cierta libertad o seguridad interna. Una cosa sí era ciertísima, estaba contento y no comprendía el por qué.

Al otro día, por la mañana, ese gozo no había desaparecido. Sentía como si fuese otro hombre. Al llegar a la oficina, lo primero que hice fue buscar a Miguel y a Raúl. Cuando los encontré, les dije muy contento: "Saben, muchachos, ahora sí quiero que me hablen de lo que ustedes creen. Deseo saber muchas cosas. Creo que me ha acontecido algo que no entiendo, pero sé que ustedes me explicarán."

Con esto, Raúl y Miguel comenzaron su labor de discipulado.

5

MIERCOLES: LAS ELITES

A las once de la mañana fuimos citados para una entrevista con el Gobernador de la entidad de Tabasco, el Licenciado Salvador Neme Castillo.

Poco antes de la hora señalada, nos estacionamos a un costado del Palacio Municipal. Un edificio antiguo de corte colonial. Subimos unas amplias escaleras de piedra tallada con barandal de herraje y madera hasta el primer nivel, donde se encontraba la oficina de recepción. Algunas personas se encontraban rodeando a dos señoritas-edecanes. Al vernos, interrumpieron ellas mismas lo que estaban hablando y haciendo, a fin de concentrar su atención en nosotros. Creo que su interés fue movido por el grupo de más de diez personas que, de pronto, invadieron aquella salita de recepción. Nos indicaron pasar a una sala contigua, mientras nos acomodaban con el Gobernador.

Era una habitación espaciosa, donde había una mesa larga y varias sillas de madera y cuero. Dos candiles grandes de vidrio cortado, colgaban silenciosos del techo. En las paredes sobresalían los murales de variado colorido, expresando hitos históricos del Estado de Tabasco, junto a personajes sobresalientes de la historia de México. Horacio nos sorprendió con una cátedra de historia. Creo que conoce mejor la historia de México, que la de su propio país, Argentina.

Llegado el momento, nos llamaron. Atravesamos por otra sala, más chica que la anterior, la cual nos llevó directamente al despacho del Gobernador.

El Licenciado Salvador Neme Castillo se incorporó en su asiento, cuando todo el equipo entró en su oficina.

Lo primero que hicimos fue saludarlo. Nos alargó la mano y nos dio una leve sonrisa. Vestía un traje típico color beige claro. El cabello de su cabeza, entrecano. Su rostro adusto, con un par de ojos de mirada escrutadora e inteligente. Cuando terminó de saludarnos, nos animó a sentarnos. Un sillón mullido, enfrente del escritorio del Gobernador, nos recibió a cuatro personas. Los demás, tomaron sillas recubiertas de cuero negro.

Era una habitación de espacio regular. La decoración me pareció una extensión del carácter de nuestro anfitrión, es decir, austera. El escritorio era de caoba, sin recamar. Un sillón de respaldo amplio. Detrás de éste, una credencia donde descansaba el teléfono y tres pequeños objetos de artesanía. Una gran foto a colores, del Licenciado Carlos Salinas de Gortari, Presidente de México, colgaba de la pared. La bandera de México yacía inmóvil en una asta en el lado izquierdo del Gobernador. En el lado derecho había un librero con pocos libros; había más figuras de artesanía de cerámica, algunas de barro y otras de metal. Observé también a dos animales disecados: un águila, y una cabeza de venado. Prácticamente, éso era todo.

Fue pronta mi entrada en la conversación con aquel hombre en eminencia. Como su actitud era la de una persona de pocas palabras, sentí que debía tomar la iniciativa, y abreviar así el tiempo, conociendo que ésta es gente con infinidad de responsabilidades.

"Señor Gobernador, me he sentido muy complacido de conocer el Estado que usted dirige. Es una tierra bellísima. Pero, ¿sabe una cosa?, lo que más me ha impresionado es la amabilidad de su gente. El lunes pasado tuve una grata sorpresa, cuando pude comprobar esto último."

"Quiero decirle que me encanta caminar. Deseé trotar un poco por los alrededores del hotel donde estamos hospedados. Salí muy confiado. Iba tan absorto admirando el entorno natural de la ciudad, que, cuando me di cuenta y quise regresar; me sentí perdido. Estaba totalmente desorientado. No sabía qué camino tomar para volver."

"Me acerqué a un hombre que en esos momentos abría su negocio, pidiéndole orientación. Balbuceó algunas señas y nombres de calles. Asentí a todo lo que me dijo, sin embargo, creo que me vio tan inseguro, que me dijo, "espere, en un momento yo lo llevo."

Sin dar crédito a tal amabilidad, no supe qué decir. Aquel hombre cerró su negocio, sacó el carro de la cochera y me pidió subir.

En pocos minutos me encontraba en mi hotel. ¡Caramba!, Licenciado, he viajado por muchísimas partes, pero lo que hizo ese señor me desarmó completamente. Todo lo dejó por hacer un acto de hospitalidad. Esto dice mucho de la gente que usted preside."

Con esta anécdota, rompimos el hielo normal de una primera entrevista de personas que no se conocen entre sí. Vi en el rostro del Licenciado Neme Castillo cierta complacencia por mi vivencia.

Después de agradecerle las libertades que nos había proporcionado para la celebración de la actual Campaña; de platicarle sucintamente de nuestro trabajo en la evangelización; de invitarlo a la clausura de las labores de la Cruzada, que él cortésmente declinó, por tener un acto público fuera de la ciudad: le solicité me permitiera orar por él, por su familia y por su gobierno. Y nos permitió hacerlo. Cuando terminamos, el Gobernador hizo uso de la palabra. Su voz pausada era de énfasis débil.

"Me complace que estén a gusto. En la medida de las posibilidades que tenemos, he dado órdenes para que se les proporcione lo que necesiten y lleven a cabo su cometido a plena satisfacción. Les agradezco mucho la presencia de cada uno de ustedes aquí." Y así nos despedimos uno a uno en un tono agradable y atento.

Mientras retornábamos a nuestra base, evoqué las múltiples ocasiones en que Dios me ha dado la oportunidad de compartir con la élite, esto es, con personas de alta jerarquía. Dadas sus ocupaciones, cargos y honores que ostentan, a veces es muy difícil que el mensaje del Evangelio pueda llegar a sus esferas de actuación, y es esta la razón que me anima cada vez más a acercarme a ellas. En cada Cruzada mayor, procuro entrevistarme con las máximas autoridades, que es la ocasión que tengo de presentarles a Cristo. Y esto no tan sólo a nivel político, también a los empresarios, artistas, intelectuales, deportistas. Ellos representan un círculo de difícil acceso al término medio de la gente. Son los más solicitados del mundo. Estan rodeados de tantas gentes que dificultan su acometida personal. Para verlos, uno tiene por fuerza que adaptarse al protocolo. Y muchas veces, a también recibir una negativa.

Considero que desde que yo era pequeño, Dios puso en mí este sentir de la búsqueda de esta gente, cuando mi niñez fue impactada por aquel campeón de box que me presentó mi tío Raúl. Este famoso boxeador me saludó. Me impresionó tanto, que por varios días no quise lavarme la mano derecha.

En el curso de los años he tenido la bendición de estar con personas connotadas. Logré obtener una entrevista con el Presidente de Chile, Eduardo Frei, cuando yo apenas tenía 22 años de edad. También con el Presidente del Senado de Bolivia, que hace las veces de Vice-Presidente de la República, y después con el señor Víctor Paz Estensoro, Presidente de este último país. En mi vida he tenido la bendición de entrevistarme con una docena de presidentes.

En tiempo reciente, en un encuentro histórico, por el momento tan importante que estaba pasando la República hermana de Nicaragua, pude dirigirme al Presidente Daniel Ortega.

Por otro lado, aunque me consideraba su amigo antes de su resonada elección, para mí fue gratísimo pasar una velada de cinco horas, compartiendo sueños para América Latina, con el Presidente de Guatemala, el Ingeniero Jorge Serrano Elías.

En una ocasión, pude conversar amigablemente en la casa de uno de los más destacados artistas del continente americano, José Luis Rodríguez, alias "El Puma". También he podido comprobar raíces de amargura frente a ciertos líderes cristianos.

Estos son algunos ejemplos de personas que, por sus actividades de suma concentración de poder, se encuentran solos. Cierto, están, aparentemente, rodeados de un ejército para cuidarlos; no obstante, para caminar entre el común de los ciudadanos, tienen que ocultarse o, definitivamente, no hacerlo. Ellos son un reto para mi ministerio. Posiblemente sean, desde mi propia visión, las personas más necesitadas de apoyo espiritual.

Por la tarde entramos de lleno a nuestras actividades evangelísticas. La Plaza tuvo un aumento en número de asistentes con relación al día anterior.

Ya en el servicio devocional, tuve una grata sorpresa. Por la mañana había arribado un carísimo amigo, George Otis, Presidente de una de las cadenas de estaciones de radio más difundidas en el mundo: Radio Alta Aventura. Su sede se encuentra en Estados Unidos.

Con antelación, George había enviado a Juan Marcos Gallardo para cubrir los primeros días de la Cruzada. Domingo, lunes, martes, y hoy, las ondas hertzianas se encargarían de llevar los pormenores de la Campaña de Villahermosa a gran parte del mundo, por vía directa a través de teléfono y satélite.

Las comunicaciones me son una constante preocupación para ver la forma más eficiente de utilizarlas. Conozco multitud de experiencias de gente que ha sido salva a través de una transmisión de radio o de televisión. Por ello, no he dejado que Villahermosa sea la excepción. Amén de contar con el apoyo y la amistad de George Otis.

Cuando me dieron el tiempo para la predicación, con un escenario prácticamente a su capacidad, y en un ambiente espiritual favorable, deseé, antes de entrar al tema del mensaje, que George diera un saludo a los asistentes. Lo invité a hacerlo. El no habla español, pero Marcos su asistente, hizo de intérprete.

"Os saludo gratamente. Para mí es un honor venir a este sitio con un cometido especial. La Organización de Radioemisoras de Alta Aventura, la cual presido, ha tenido a bien determinar que Alberto Mottesi es uno de los tesoros que tenemos en la familia de Dios.

Aunque Alberto no lo sabe aún, quiero informarle que traigo una estatuilla que diseñó uno de los más renombrados escultores del mundo, Jaacov Heller; el mismo que realizó la de Jesús sanando a una mujer en el estanque de Bethesda, escultura que se ha hecho famosa alrededor del orbe.

Pues este mismo artista tan renombrado, trabajó esta estatuilla a modo de premiar al Evangelista de 1991. Y qué mejor lugar que éste para recibirlo. En el mismo campo de acción, hago entrega del premio a quién se lo ha ganado."

La estatuilla fue depositada en mis manos. George prosiguió.

"Alberto, sé que tu vida es consumida por el amor de Dios. Sé que tú no caminas, corres. Dios te bendiga."

¡Dios mío, qué sorpresa! Me sentí nervioso y expresé lo primero que se me vino a la mente: "Yo le di el micrófono a George para que les participara un saludo y he sido materialmente sorprendido. Quiero decirles esto con el corazón en la mano, este honor lo pongo a los pies de mi Señor Jesucristo a Quien me debo y a Quien debo servir siempre. Gracias, George, gracias a tu Organización, que tanto nos ha apoyado. Dios te bendiga a ti y a cada uno de tu equipo de colaboradores." Y abracé cariñosamente a George.

Es tan bueno el Señor de las Misericordias que, sin merecer, siempre nos da el acicate motivador que nos impulsa a seguir adelante. De ninguna manera hemos pensado alguna vez, ni por error, que trabajamos por premios. Sí, ha habido también otros premios, como el micrófono de oro de la NRB, (National Religious Broadcasters), que nos han concedido por diferentes motivos alcanzados por nuestro ministerio. Esto ha sido como una gotita de miel que Dios ha colocado en nuestra lengua con el objeto de decirnos, "¡Vamos, sigue adelante!"

Y me metí por completo a la pasión de mi vida: la predicación.

Percibí a lo largo del mensaje una renovada energía. Una plena seguridad para la proclamación del Evangelio. Expresé con toda la alegría de que era capaz manifestar, que es una fiesta la que se produce en el corazón cuando Cristo viene a él. Sobre esto basé mi sermón.

Les hablé del apóstol Pablo quien, a pesar de su arduo trabajo de haber alcanzado las principales ciudades de aquel entonces, con la predicación del Resucitado, él jamás se glorió de sí mismo, sino que se glorió en la cruz de Cristo.

Cuatro razones les comenté para gloriarnos en la cruz. Que ésta -la cruz- revela el pecado, manifiesta la grandeza del amor de Dios, señala el único camino de salvación y, por último, hace el llamado urgente de Jesús para la reconciliación entre Dios y los hombres, por medio de Su sacrificio en el madero.

En la conclusión, una gran parte del público en el ruedo taurino, con ojos cerrados, cabezas inclinadas, elevaban su oración al trono de la gracia, como un sólo hombre y una sola voz, arrepentida, solemne, esperanzada: "Señor, sé que por mí fuiste a la cruz. Yo te necesito, Jesús. Ven a mi corazón. Ven, Señor Jesús."

6

JUEVES: LA COLA DEL DIABLO

La conducción del servicio se estaba llevando a cabo con dinamismo, con amplitud espiritual, tanto que la muchedumbre que abarrotaba el coso taurino se mostraba alegre, vivaz, entusiasmada, y con un acento de franca libertad. Moví mi muñeca izquierda en dirección a mis ojos. Vi la hora. Las manecillas marcaban las 7:30 p.m. Pronto estaría comunicándome con esta gente.

Sentado en butaca sencilla me recargué en su respaldo con la intención de mirar abiertamente todo el espectro que estaba delante de mí. Mis pupilas fueron impresionadas por toda aquella multitud de la más variada índole. Subí y bajé mis ojos furtivamente a través de las gradas y a todo lo largo de la circunferencia de la Plaza de Toros, excepto la porción que tenía a mis espaldas, que era el coro de más de 1.000 voces, y que hoy, pude comprobar, no estaba completo. Sin embargo, no dejaron de alabar a Dios con magnífica disciplina.

Al observar a toda esta abigarrada aglomeración, un estremecimiento recorrió en todo mi ser. Mis ojos se nublaron de lágrimas. Un profundo sentimiento de compasión alteró cada nervio de mi cuerpo. En sobradas ocasiones, este sentir se hacía patente dentro de mí. Podría decir, sin temor a equivocarme, palpablemente notorio, como si fuese lava candente prontamente a emerger, como en esta ocasión. No quiero decir que este sentimiento estuviese fuera de nuestra vocación. Pienso que todo predicador de las Buenas Nuevas de nuestro Señor Jesucristo, y llamado por El, debe tener una buena dosis de esta compasión que nuestro Salvador reflejó cuando anduvo por los polvorientos caminos de este mundo. Sin ese sentimiento de misericordia, sería imposible identificarse uno con la gente que sufre. No obstante, me refiero particularmente a esos instantes en que se hace de tal forma relevante, que nuestra conciencia es inyectada de tal manera, que provoca en nuestro ser una corriente que nos mueve a dar la vida, si fuere necesario, por las personas que sufren. A la par, brota un sentido de impotencia al no poder ni tener las manos llenas para satisfacer cada necesidad humana. Pero, a la postre, con humilde oración ante Aquél que todo lo puede, al que sí tiene las manos colmadas de bendición y dispuesto a dar, le dejamos nuestra impotencia y nuestro ruego para que se apiade y Su misericordia se mueva hacia toda aquella gente necesitada.

Absorto en estos pensamientos, alcancé a escuchar: "Ahora con ustedes, nuestro conferencista de esta semana, Alberto Mottesi."

Impulsado como por un resorte, me levanté encaminándome de tres pasos con compás abierto a la sagrada cátedra para dirigirme a toda aquella gente que había sido capaz de enternecer mis más profundos sentimientos. Y no me costó esfuerzo ninguno hacerles sentir mi preparado sermón. Hablé con autoridad del cielo sobre la Personalidad de Dios.

¿Cómo no iba a pregonar lo que es mi Dios, ese Dios eternamente compasivo? ¿Cómo no iba a declarar abiertamente que Dios es el Padre del Señor Jesucristo, que es el Dios de amor, de paz, de reconciliación y de esperanza para el ser humano? ¿Cómo no iba a motivar a aquel gentío sin rostro y, lo más trágico, sin Dios y sin esperanza, para que pasara al frente e hiciera una declaración de fe, aceptando a ese Dios capaz de conceder plena identidad a la alienación de la personalidad humana? Con todas las fuerzas de mi alma lo hice, colmado de esa pasión que sólo el Altísimo nos concede para trasmitirla, para canalizar a las personas, y para que éstas puedan reaccionar confiadamente, implorando compulsivas su perdón a mi Dios.

Naturalmente, yo les ayudaría. Todo lo que estuviese a mi mano lo haría de mil amores. Como ahora, pronunciaba junto con ellos, la oración sentida del pecador. Muchos, muchísimas voces apagadas pero gritando en su interior, se elevaban al Cielo, abriendo el telón a una hueste de voces contenidas para prorrumpir en celeste sinfonía al Creador de la Redención. ¡Qué espectáculo glorioso que sólo podemos entrever los humanos por lo que la Palabra declara!

Yo estaba a punto de dar las últimas instrucciones, cuando aquella ola de compasión volvió sobre mí. Me hizo sentir que hacía falta algo. Que muchos de los que estaban frente a mí, eran corazones profundamente heridos, avasallados violentamente por experiencias trágicas de tono inconfesable. ¿Qué acaso no hay solución al abuso sexual, al homosexualismo, al lesbianismo, a las drogas y al alcohol?

Esta pregunta me hizo estremecer. Vi palpablemente la cola del diablo metida en lo íntimo de aquellos seres atados inmisericordiosamente a aquellas vivencias que les tenían marcados a la muerte eterna. ¡En vida cargando la podredumbre del infierno!

Alcé mi voz con inusitada energía. Y les dije:

"En estos momentos vamos a hacer algo de la mayor trascendencia cuando no debe haber testigos oculares. Voy a suplicar primero, a todos los fotógrafos y a los camarógrafos que apaguen sus máquinas. No deben por ningún motivo plasmar ninguna escena de lo que va a ocurrir adelante. Segundo, voy a pedir a toda la gente, sin excepción, que inclinen la cabeza y cierren sus ojos. También, ruego encarecidamente que nadie, absolutamente nadie, debe abrir sus ojos para ver lo que va a acontecer."

La muchedumbre obedeció. Se hizo un profundo silencio y un ambiente de expectación se cirnió en todo aquel recinto. Mi voz retumbó en la Plaza de Toros, nítida, matizada de autoridad divina.

"Por favor, una vez más reitero mi petición, nadie abra sus ojos, oiga lo que oiga. Este será un momento vital para muchas personas que deben tener la confianza de que nadie les verá. Me dirijo con suma discreción y respeto a todos aquellos que han sido violados o abusados sexualmente y cuyas raíces de odio no han sido erradicadas. Yo quiero orar especialmente por ustedes. Anhelo que el Señor Jesús sane sus almas y que de una vez y para siempre sean libertados. Que el amor de Dios les inunde y comiencen a vivir vidas plenas. Les ruego que levanten su mano en forma rápida de tal manera que pueda ubicarlos y dirigir mi oración hacia ustedes. Nadie les verá. Sólo yo. Y únicamente para orar por su libertad."

Varias manos se levantaron en aquel mar de gente. Personas en quienes pude vislumbrar por sus actitudes la impresionante experiencia vivida con sus recuerdos de miseria moral.

"Gracias, muchas gracias por su valor y, sobretodo, por su deseo sincero de que Dios les sane y les dé Su bendición en esta noche. Estoy ciertamente seguro que el Señor Jesús se ha conmovido y dará a cada uno la sanidad de sus almas."

"Ahora me dirijo a los que no han podido quitarse esos sentimientos de atracción lesbiana y homosexual, y que quieren cambiar, ser transformados a una vida normal. Les ruego levanten sus manos rápidamente."

Hubo unos segundos sin movimiento alguno. De pronto, una aquí, otra allá, después, varios otros hundieron con su mano el infinito. Algunos, después de un conflicto interno, al fin las levantaban. ¡Sí, sí, querían ser desatados! Ser gente como las que les rodeaban, sin sentimientos de culpa por su pervertida situación sexual.

"Muchas gracias también a ustedes. No es fácil lo que han hecho. Pero esto demuestra el anhelo de ser transformados, y esto, el único que lo puede hacer, es el mismo Creador de nuestro cuerpo. Seguro estoy que lo hará esta noche."

"Por último, a todos aquellos que están atados al alcohol, que son presa continua del alcoholismo o las drogas, pero que hoy quieren decir, ¡basta! Hoy el Señor Jesús me quitará este vicio y seré nueva criatura cuidando el cuerpo que me ha dado como templo de su Espíritu para adorarle y bendecirle. Por favor, levanten sus manos y las bajan rápidamente."

Fueron muchos los que se hicieron notorios ante mis ojos. Conmovido por tanta miseria que la cola del diablo arrastraba al averno, fui intenso en mi oración por todos aquellos seres. Imploré con lágrimas al Señor que tuviera misericordia. Que así como me había hecho sentir esa compasión, ahora El, en un grado infinito mostrara Su amor, que los libertara, que los hiciera nuevas criaturas, que cambiara esos sentimientos de odio, de sexo trasverso y de vicio, en virtudes de plenitud divina. "No les dejes, Señor. Hoy ellos han tenido la osadía de pedir oración. Sé que tu amor les colmará y nada será como en el pasado, sino que empezarán a vivir para ti vidas nuevas, gratas a tus ojos."

Les miré y, como una proyección, casi pude ver a Paquito, mi compatriota y amigo, que cayó en el vicio del alcohol; a aquella joven tirada en la calle, drogada en aquel cinturón de vicio en la Perla, en la isla de Puerto Rico; a la voz joven que retumbaba por el teléfono diciendo que en toda su vida había sido prostituta, y preguntando si Dios la podría amar; o aquellos niños pegados al televisor viendo el canal de pornografía; o el joven de Monterrey, que en una sóla noche perdió su primogenitura contagiado de SIDA.

¡Cuántas tragedias! ¡Cuántas historias deambulan por el mundo cargando sus tristezas y dolor! ¡Sólo Cristo sana y salva! ¡Sólo El tiene compasión de nuestra miseria! ¡Sépalo todo el mundo! ¡Satanás ha cegado nuestro entendimiento para no ver el gran amor de Cristo!

¡Jesús, mi amado Jesús, es el único que restaura las heridas del pecado! ¡El es el que consuela! ¡El es el que anima! ¡El es el que restaura! Tengo que gritarlo a pulmón abierto a todo este mundo que se pierde en su dolor.

¡Quisiera multiplicarme en mil, en un millón de Albertos para estar en todos los lugares posibles, en más Tabascos para gritarles el amor de mi Dios que rescata, que redime, que nos quiere para Sí por toda la eternidad! ¡Le somos carísimos de tal manera que ni aun a Su propio Hijo retuvo, sino que lo envió en Su gran acto de amor a morir por usted y por mí!

No se quede impávido. Muévase a su Creador en arrepentimiento a través de Cristo. Y hoy será el día más glorioso de su vida.

Todos estos pensamientos de apremio vinieron en unos segundos antes de dar las últimas instrucciones a la gente.

Cuando me acomodé en mi silla, me pareció que había estado en la puerta del infierno arrastrando a pura fuerza cuerpos inermes. Me sentí cansado, intensamente cansado. La camisa estaba pegada al cuerpo por el sudor. A poco, varias manos se despedían de mí. Y yo, envuelto en mi misión, esperaba el siguiente paso para volver a gritar: "¡Cristo es el Vencedor del pecado y de Satanás!"

7

VIERNES: MIS GRANDES RETOS

Hoy fue un día de fiesta, de gran alegría. Tratamos en cada cruzada mayor de realizar simultáneamente una Campaña de Evangelismo Infantil. Ha sido para nuestra Asociación un honor contar con el trabajo y la devoción de Linda Pritchett, la Tía Linda, como todos la llamamos.

Linda ha estado con nosotros en diferentes lugares de América Latina y España, haciendo su labor evangelística con los niños. Creemos que el trabajo con los chicos es de capital importancia para la salvación de ellos y la de sus familias. Incontables son los casos en que los pequeños son los vehículos idóneos para que padres y tíos vengan al conocimiento del Señor. Por ello, aquí en Villahermosa, lo que ha realizado Tía Linda ha sido muy valioso.

He tratado de estar enterado de lo que se ha realizado con los niños en estos días pasados de Campaña. La Cruzada ha atraído durante la semana a varios miles de niños. Esta cantidad de niños nos hace ver la labor tan gigantesca que Linda ha desarrollado con un buen contingente de instructores de la localidad, enseñándoles los métodos que permitieran un buen resultado.

Un día en cada Campaña hacemos arreglos para que los pequeñines hagan su entrada en forma de desfile al sitio de la concentración pública de los adultos, ya sea en un estadio, un gimnasio o, como en esta ocasión, en la Plaza de Toros. Con esta acción esperamos que los padres identifiquen a sus vástagos y que se produzca una correspondencia emocionante entre ellos. Es un momento que casi siempre se sublima, demostrando un alto grado de emoción. Con esto, también anhelamos incentivar a los mayores a dedicarse a la evangelización de los niños de su ciudad.

Esta vez, poco antes de la predicación, se hizo el llamado a los niños, para que, en fila de dos en fondo, entrasen caminando, acompañados de sus instructores que les servían de guías, flanqueando todo el burladero hasta llegar a la plataforma de actos. Allí se ordenaron en filas, unos detrás de otros. Todo el recorrido fue con cantos y música, movimientos espontáneos de globos y banderas de celofán, cuyo colorido ponía una nota de extraordinaria belleza.

Tía Linda hizo uso de la palabra, y ella y los niños saludaron a la muchedumbre. Ella llevaba consigo a uno de sus títeres preferidos llamado Miguelito, un leoncito que hacía las delicias de los niños con sus ocurrencias. Por medio de la ventriloquia, la cual Linda maneja con destreza, se permite hacer una transmisión de mensajes saturados de interés, dinamismo y de impresión penetrante para chicos y grandes.

Así lo hizo esta noche tan especial, no tan sólo por la participación tan destacada de los pequeños en el ruedo, sino porque este día en todo México se celebra el Día de las Madres. Por lo tanto, el ánimo de todos los presentes era de suyo dispuesto a la celebración. Hubo aplausos, cantos, y exclamaciones de júbilo.

Hubo dos instantes de intensa emotividad y fue cuando los niños soltaron centenares de globos, elevándose y perdiéndose estos en la noche oscura; y el otro, al despedirse, agitando sus banderitas de celofán, cantando sus coros infantiles. Así salieron del coso taurino, cantando, en medio de una exquisita atmósfera de ternura, regocijo y lágrimas que brotaban por la emoción vivida. Tomé la palestra y expresé.

"¡Qué noche tan extraordinaria! ¿Están de acuerdo conmigo?" Se escuchó un sí multitudinario de fuerte exaltación.

"Este es un día muy especial," -proseguí- "el Día de las Madres. Yo quiero felicitar a México por la forma tan digna de honrar a las madrecitas. En pocos países de la tierra, -y que conste, conozco una buena cantidad de ellos-, se honra a la madre como se hace aquí. Y esto enaltece a la república mexicana."

"Yo estoy seguro que mi propia mamacita, la hermana Esther, fiel sierva de Dios, (y ante esta evocación, mi ser entero se conmovió, de tal forma, que mi voz se quebró y un nudo en la garganta quiso dejarme sin habla; sin embargo, pronto me recuperé y seguí dirigiéndome a mis interlocutores) la hermana Esther se encuentra gozándose con Cristo. Paréceme verla asomándose desde una ventana del cielo, mirando hacia la Plaza de Toros aquí en Villahermosa, alegrándose con nosotros."

"Vamos a orar, pidiendo por las madrecitas que se encuentran aquí, que Dios las bendiga muchísimo; y también por la Palabra que recibiremos esta noche."

Les solicité ponerse de pie y cerrar los ojos. Y oré:

"Padre, te adoramos. Esta ha sido una reunión espléndida. Hemos experimentado el fuego y la potencia de Tu Presencia. Ahora Padre, de manera particular te ruego bendigas a las madres de México, que sean llenas de la gracia de Cristo, consoladas de aflicciones, satisfechas de sus necesidades. Que se gocen viendo a sus hijos criándose en el temor y sabiduría de Dios. Dales muchos años de vida. A todas las madrecitas que están aquí enfermas, sánalas en este momento. Te suplico que les colmes el alma, el corazón y la mente, de inmensa alegría."

"Padre, nos preparamos para recibir tu Palabra; envíala con Tu poder. Que venga saturada de Tu gloria. Que corra por toda esta Plaza Monumental. Que todo este lugar se llene de Ti. Y prometemos, Señor, darte toda la honra y la gloria en el Nombre de Jesús. Amén."

Abrí mi Biblia en Isaías 66:13, pasaje alusivo a lo que estábamos celebrando: ¿Cómo consuela una madre?

Tres aspectos resalté a lo largo de la predicación. De la manera como una madre consuela a sus hijos, así Dios también consuela a sus hijos a través de Su Presencia. Les relaté entonces la historia de una madre que hizo lo imposible para allegarse a su hijo herido en la reciente guerra del Golfo Pérsico.

Después, la forma cómo Dios conforta por medio de sus palabras para cada situación que enfrenta el ser humano: Palabra de salvación, de confianza, de fidelidad y de prosperidad.

Y, por último, cómo Dios nos conforta por medio de sus acciones: nos liberta de nuestros pecados, sana nuestra tristeza, nos libera de la muerte y nos inunda de profunda paz.

Culminé haciéndoles una pregunta personal, "¿Tiene sed de Dios?"

Los invité a llenar su copa con la gracia abundante de Cristo.

Cientos de los allí presentes bajaron al centro de la arena. Las expresiones en los rostros eran elocuentes. Cada una parecía decir: "Quiero, Señor Jesús, lo que me ofreces. Aquí están mi corazón y mi vida. Haz lo que bien te pareciere."

Con una inmensa alegría finalizó esa noche de Campaña. La gente transmitía gozo en sus expresiones. Verdaderamente, Dios es el único que puede mudar al ser humano en una criatura feliz. Cuando bajé de la plataforma, se me acercó un periodista de un diario destacado de la Entidad. Me pidió que le concediera una entrevista. Accedí, y buscamos un sitio apropiado para la conversación.

Lo encontramos a un lado de la enfermería. Nos sentamos en burdas sillas metálicas donde sin dar tiempo a más, disparé contra el periodista, mi inconformidad a lo publicado en los días anteriores en cuanto a la notable disparidad de números de asistentes a la Plaza. El rotativo en cuestión había informado números bajos de asistencia. Así que aproveché esta ocasión para evaluar la diferencia de cálculos.

Aquel hombre, vestido informalmente, después de aceptar la realidad de nuestra cantidad, con grabadora en mano y con un acento que denotaba su nerviosismo, comenzó a desgranar sus preguntas; unas inteligentes, otras, un tanto tendenciosas.

"Señor Mottesi, ¿cómo evalúa la Cruzada, Tabasco '91?"

Con tanto tiempo de evangelista itinerante, yendo de un lugar a otro continuamente, me he encontrado con múltiples 'profetas seculares', como llamo yo a los periodistas, que me han dado un cierto aplomo en el trato con ellos. De paso, la verdad sea dicha, busco el careo con los reporteros, porque sé del poder que se encuentra detrás de su pluma. Considero que son oportunidades de oro que Dios nos concede para que por intermedio de ellos, hagamos llegar lo apetecible del Evangelio a la gran masa que nunca acude a un templo o a una cruzada pública.

En esta ocasión, como en todas las demás en el pasado, mis contestaciones han sido de primera intención, permitiendo que la mente y el corazón se unan en una respuesta ungida. Obviamente, hablo sin cortapisas, sin compromiso, con comedimiento, pero con energía, dejando bien claro nuestras convicciones. Varias veces dudo que sean publicados todos mis pensamientos expresados, sin embargo, esta vez, gracias a Dios, todo lo que dije fue editado y dado a la luz pública.

"Excelente," externé con ardor inusitado. "Este tipo de eventos desde hace mucho tiempo que los celebramos en el mundo latino. Hay una variedad de énfasis y niveles en que se realizan. Este merece la nota más alta: su liderazgo, excepcional; la unidad del pueblo cristiano, sublime; y todos los hombres, aunque de diferentes trasfondos doctrinales, trabajando juntos. Así que, esta Cruzada, comparada con otras, es magnífica."

"Hoy se cumple un año" -articuló el periodista con su semblante circunspecto- "de la visita del Papa Juan Pablo II a Tabasco. A él le preocupó el avance de los evangélicos aquí. En su opinión, ¿por qué cree usted que le inquietó este avance?"

"Le ha de haber preocupado porque la noticia del desarrollo cristiano es una realidad. El periódico "Excelsior", de la ciudad de

México del jueves 26 de abril de 1990, presenta un informe del Instituto de Demografía Mexicano, señalando que: en el año 2000, varios estados mexicanos tendrán una mayoría de lo que indebidamente ellos llaman "sectas protestantes". Indebidamente, porque de ningún modo somos una secta; somos un pueblo cristiano que amamos a México, cumplimos como ciudadanos, y le damos al país lo mejor que tenemos: la pureza del Evangelio."

"Es una preocupación, porque la iglesia está creciendo rápidamente, pero, no hay ningún tipo de proselitismo: la Iglesia en México y en América Latina no hace proselitismo; simplemente le da a la gente el Pan de Vida, para saciar la necesidad espiritual del pueblo."

"Hay una preocupación creciente por lo estadístico; por ejemplo la revista 'Newsweek', proporciona datos que han sido corroborados por el Vaticano. En ella se dijo que en América Latina, cada 24 horas, 9.600 latinoamericanos se convierten a Cristo; es decir, 400 latinos por hora. La referencia me pareció impresionante, pero luego también la corroboró la Conferencia de Obispos Católicos de América Latina. Evidentemente, América está cansada de palabras. Hemos probado toda clase de soluciones, hemos ido de un extremo a otro, pero existe un vacío que no puede ser colmado por nada, sino únicamente por Dios. Se le está dando al pueblo lo que necesita: Cristo. No predicamos religión, no presentamos mensajes de controversias, no discutimos doctrinas, no estamos robando ovejas a ninguna iglesia; simplemente estamos dando al sediento el agua que sacia; y al hambriento, el pan que satisface."

En una entrevista de casi una hora, fueron diversos los puntos que esclarecieron la realidad evangélica en América Latina. ¿Qué cantidad de protestantes pasa a las filas del catolicismo? ¿Por qué ha crecido el protestantismo en un estado donde el cristianismo fue perseguido por el gobierno? ¿Cómo puede haber paz cuando la riqueza está en manos de unos cuantos? ¿Cómo se evalúa las relaciones de la Iglesia y Estado en América Latina? ¿Los guerrilleros están haciendo mal luchando con las armas contra un régimen que los oprime? ¿Existe verdadera democracia en América Latina?

"Por último, señor Mottesi, los materialistas sostienen que "La religión es el opio de los pueblos". Usted, ¿qué nos puede decir?"

"Que tienen razón. Cualquier religión, llámese como se llame, es el opio de los pueblos, pero Jesucristo es la libertad de los pueblos. Relacionarnos con El, es tener vida en abundancia. Los materialistas tenían razón, mucha religión es opio para el pueblo; pero, mucho de Cristo es vida en abundancia."

Nos despedimos con oración, dejando en su fuero personal una palabra de este Evangelio, para su propia vida. Se fue el corresponsal, así como vino, con un rostro inexpresivo. Me hizo dudar que la conferencia saliera a la luz pública. Tres días después, me alegré muchísimo al ver en grandes páginas del periódico, la conversación completa, incluso hasta reproducida la portada de mi libro, "En Su Presencia", un ejemplar del cual le autografié y le regalé.

Creo, sinceramente, que el periodista ya no fue el mismo, después de nuestro encuentro.

En la travesía al hotel y en mi habitación no dejaba de meditar en los grandes retos frente a los que Dios me ha puesto. La juventud, que con una entrega radical podría cambiar la historia; los niños, las familias, los medios masivos, los políticos y los gobernadores que necesitan de Dios; y la Iglesia, tan necesitada de una renovación que la sane de sus complejos, exclusivismos, legalismos y su falta de compromiso.

Me dormí con los últimos dos retos revoloteando en mi cerebro: Proyecto 500 y Cooperación 2000.

8

SABADO: INTIMIDAD CON EL SEÑOR

Ya está avanzada la noche. Hemos tenido reunión en la habitación del hotel, después del servicio evangelístico. Los últimos detalles del cierre de Campaña fue lo que tratamos con el Comité Organizador. Terminamos al filo de la dos de la madrugada. Horacio fue el último en despedirse.

En la soledad de mi cuarto me di cuenta de mi insomnio. El sueño había huído. Procedí a extender sobre la cama, como es mi costumbre después de cada día de campaña, los papelitos con pedidos de oración que recibo de la gente a fin de que les ayude a orar.

Existen peticiones de la más variada índole. Matrimonios en crisis de divorcio, enfermedades de todo tipo, problemas financieros, conflictos de conciencia, abortos, rebeldía de los hijos, alcoholismo, drogas, homosexualismo; hasta por el loro que ya dejó de hablar.

Yo no reintegro ningún papelito, pero sí oro, implorando la compasión del Todopoderoso sobre todos los casos que me exponen. Mientras oraba, he sentido el calor inconfundible de la asistencia del Espíritu Santo. La alabanza en mis labios brota espontáneamente. Su fortaleza gradualmente va colmando cada poro de mi cuerpo. Hay soltura. Libertad de espíritu. El agradecimiento se confunde con la alabanza. Mi boca se satura de adoración.

Casi siempre que tengo un encuentro con los jóvenes, de alguna forma me excita un gran entusiasmo que libra en mí un cúmulo de vivencias, de sueños, de realidades espirituales.

Aunque a la fecha he cumplido los 49 años, mi existencia ordinaria la vivo como si tuviera unos inacabables 25. Es el sentir interno de una permanente juventud. Probablemente, mi ánimo jovial, la carencia de enfermedades, el denuedo desplazado en el trabajo, la broma inusitada, sean razones de una impresión juvenil, que no se acaba. Posteriormente, olvido que el cabello se cae, que la piel se afloja y que las patas de gallo se hacen evidentes. Llego a pensar que toda esta condición existencial, se debe a la intensidad con la que viví mi edad de adolescente.

Por eso, cuando predico, enseño, o participo en actividades con los muchachos, este sentimiento se concreta, de manera que la totalidad de mi persona física y espiritual adquiere un nuevo vigor. Creo conveniente anotar que me encanta, me embelesa estar con los jóvenes. Da gusto su lealtad, su pasión, su bullicio, su arrebato, su entrega. Para mí no existe otro período de visión de mayores perspectivas, de ministerio y de ideales por alcanzar.

Hoy, que ha sido Noche de Juventud en la Plaza, les he predicado ardorosamente con el corazón en la mano. Imagino que por mi intermedio, Jesucristo proyecta a todos ellos su reclamo de amor y fidelidad.

Normalmente les invito a un compromiso radical. Sabedor por experiencia que Dios no desea menos, les hago conocer con lujo de detalles la razón misma, la esencia, el núcleo de la entrega completa y sin cortapisas a Su causa.

¡Sí, existe un precio, un costo para seguir a Jesús! El que opine lo contrario no ha tenido un panorama completo del verdadero cristianismo. Ni se ha imaginado siquiera que la Santa Escritura lo sostiene. No es tan sólo cantos y éxtasis celestiales; también hay lágrimas y sufrimiento. Vida y muerte. Pero, aun así, las realidades presentes y futuras del Señor, en lo hondo del alma humana y en su diario devenir, evidencian su poder, su amor, su bondad, su misericordia; lo cual no tiene parangón. Yo lo he experimentado. Jesús, cuando me llamó, me llamó siendo yo un niño. La erupción de su compasión por los perdidos, que implantó en mi corazón a mis escasos doce años, ha investido fragorosamente mi vida durante todo este tiempo desde aquel entonces.

Sí, El colocó en mí un fuego sin término. En mí, un muchacho que era introvertido, pesimista, atiborrado de traumas, un candidato al seguro fracaso; sin embargo, a mi Señor le plugo poner su vista de gracia sobre mí, y sacar de la nada algo que le pudiera servir, que fuera de utilidad en Su reino.

Particularmente. Día con día. Segundo a segundo. Su mano tierna con habilidad de paciente artesano, fue moldeando al hombre que El deseaba que yo fuera, para honrar su Nombre.

Sería quimérico que hubiese podido soñar siquiera, que Dios me conduciría por senderos recónditos para ser un proclamador de su Buena Nueva.

El me fue enseñando a confiar en El, provocándome así a seguir un hilo de fe que aún hoy no finaliza. Cada día son nuevas sus maravillas, que me permiten valorar y fundamentar mi seguridad. Pero, y sobre todo, considero que va aumentando mi intimidad con El. Es cierto. Su voluntad ha sido un gran desafío. He luchado conmigo mismo desde que le conocí, tratando de vislumbrarla. A pesar de todas las contingencias ya claras, ya oscuras, cuando menos he estado consciente de esto: Dios me ha guiado, con una seguridad inexplicable, por unos caminos amorosos a mi entorno. Con el paso del tiempo, esta intimidad se ha procesado en una devoción sencilla, sin artificios, donde el amor es la moneda corriente entre ambos.

Las 24 horas son una vivencia continua de Su presencia. Cuanto más me doy cuenta y percibo ampliamente la autenticidad de Dios, paréceme una contradicción; el ataque de la maldad es más persistente. A mis contiendas no les veo fin. Satanás está al acecho. Un descuido..., y serían una catástrofe sus consecuencias. Reconozco mi fragilidad cómo ser humano. Razón más que suficiente para implorar con vehemencia y humildad la potencia y la gracia de mi Señor, porque no deseo faltarle a El, ni a mi prójimo. ¡Ah!, cómo no debo estar en una oración persistente, cuando Dios mismo me ha colocado en un nivel de gran responsabilidad. Miles de individuos de todas las latitudes nos ven, nos escuchan, están pendientes del mínimo accionar, para serles una inspiración, un ideal, un ejemplo a seguir, ora para bien, ora para mal.

Esto me ha animado a plasmar estas líneas, para que si hay alguien que las lea, pueda ser edificado y desafiado a la acción de ofrecerse sin reservas a Dios. A este Dios que nunca me ha dejado, y de Quien estoy cierto que "me capitaneará aun después de la muerte". Quiero que muchos, mayormente los jóvenes, prosigan la senda de la santidad, del sacrificio, de la devoción incesante, de servir a los demás, de rescatar lo inservible, de hacer el bien siempre, y a pesar de lo contrario.

Quiero que miles, algún día, puedan escuchar de los labios santos del Altísimo, las benditas palabras, "Bien, buen siervo y fiel; sobre poco has sido fiel, sobre mucho te pondré; entra en el gozo de tu Señor" (Mateo 25:21).

Con todo este fervor brotando del alma tocada por el Espíritu, ¿quién se acuerda de dormir? El Señor lo es todo. Las fuerzas se restauran. La fe se aviva. Los sueños se concretan. Es hermoso estar en Su presencia. Hay evocación. El pasado se hace presente. Es como una ofrenda del todo quemada en el altar del agradecimiento a nuestro Salvador. Nada somos sin El. Le pertenecemos.

Cada experiencia que nos ha sucedido, sirve para rememorar que Dios tiene control de todo y es el Dueño de todo. Su soberanía lo abarca todo. Como con el pueblo de Israel, al que continuamente le hacía memoria de Sus hechos portentosos, desde Abraham hasta Moisés, desde David hasta el último rey o profeta, para crear conciencia plena de que El es el Dios de la eterna Providencia, a fin que hubiese corazones abiertos a la gratitud de la abundante dádiva salida de su amante corazón.

Dios es nuestro Padre. Nosotros somos sus hijos. Y todo lo ha puesto a la mano, aun su Hijo y su Espíritu, para prodigar su bien sobre nosotros.

Ahora que arribo a este límite en mi meditación, adosada en el acto mismo de mi reverencia al único y verdadero Dios, me resulta sencillo preguntarme: ¿Por qué me ha amado tanto? Creo que jamás lo comprenderé. Posiblemente para que Su imagen y Su semejanza, que El ha puesto en mí, no fuera por los siglos de los siglos, jamás pisoteada.

9

DOMINGO: APOTEOSIS

Los días se han desgranado raudos. Apenas el domingo pasado estábamos con la expectativa del inicio de la Cruzada; hoy, el frenesí se volvía a suscitar con el objeto de cerrar a tambor batiente.

El Comité se encargaba de dar la nota final a su trabajo de organización, no dejando escapar ningún detalle que pudiera ir en detrimento de lo alcanzado.

Los resultados de la semana de Campaña eran óptimos. Me hacían pensar seriamente en que este movimiento evangelístico se perfilaba como una de las campañas de calificación de diez. Una Cruzada modelo en todos los aspectos: en lo interno, se logró una unidad maravillosa con el Cuerpo de Cristo, pues casi todas las denominaciones y movimientos evangélicos participaron fervorosamente en el cometido. En lo externo, la apertura gubernamental nos abrió de par en par las puertas de una hermosa libertad, para lograr alcances insospechados en el pronunciamiento del Evangelio de la salvación.

¿Cuántos fueron salvos? En vida jamás lo sabremos. Aunque se llevan estadísticas, los números finales sólo serán un pobre reflejo de una realidad inmensurable. Han sido muchísimas las experiencias que he tenido en cuanto a campañas en el pasado que, andando el tiempo y después de años, siguen generando cosas que jamás soñamos en el momento de la realización. En cuanto a Tabasco '91, en nadie cabía la duda, que este último día sería apoteósico.

Desde muy temprano, para el equipo fue un día de actividad. Hubo invitaciones de las diversas iglesias a predicar. En lo que a mí cabe, fue un día tranquilo. Escribí algunas notas que de seguro usaría en el boletín mensual que envío invariablemente a los sostenedores de la Asociación. Puse punto final al siguiente librito que UNILIT publicaría con el título: "Atrévete a dar amor". También grabé varios videos en mi habitación, con conferencias para pastores, que luego se distribuirían a los obreros cristianos del Estado.

DOMINGO: APOTEOSIS

Por la tarde, siempre en forma puntual, el hermano Saúl nos recogió para transportarnos a la Monumental. Habíamos dispuesto llegar con una hora de antelación. Queríamos que ningún problema apareciese a la hora del programa. Por el contrario, deberíamos prevenir cualquier contingencia que estuviera en nuestras manos resolver. Tuvimos que meter sillas desplegables en el centro de la arena, para sentar a los más que pudimos, porque las gradas fueron insuficientes.

Arribamos a la Plaza en medio de un gran regocijo. Sonrisas y saludos por doquier. Carros que se estacionaban donde podían. Autobuses que paraban para hacer descender el pasaje. Gente dándose prisa de todas las calles aledañas. La policía ayudando con el orden vial. Todos con un sólo destino: la clausura de Tabasco '91.

El ambiente se tornaba festivo. Adentro, la música invitaba a la gente a acomodarse en las gradas de cemento disponibles. La temperatura ambiental de 38 grados centígrados era soportable. Un ligero vientecito refrescaba.

Cada miembro del Comité y del Equipo se perdieron en sus respectivas responsabilidades. Todos hacían con denuedo lo que les correspondía. Llegó el momento de decidir: había que cerrar las puertas de acceso por la avalancha de gente que llegaba. El escenario estaba repleto. Era fascinante contemplar a más de 30.000 personas formando un maravilloso calidoscopio. Se informó, a través del sonido, a la gente que seguía llegando, que hiciera uso de la pantalla gigante que estaba afuera montada a un costado del coso taurino. Adentro no cabía un alma más.

Con este espectáculo de la Plaza a su máxima capacidad comenzó el programa.

¡Qué sencillo es realizar un devocional con tal participación de la gente! Los cantos congregacionales, nuestros solistas inspirados en sus melodías, el coro magno con su Aleluya de Haendel hizo vibrar y poner "la piel de punta", de emoción. Todo esto elevó a su punto álgido el ámbito espiritual. Esas 32.000 almas éramos como un solo ser, motivado, exaltado y conducido al lugar santísimo de la adoración del único y verdadero Dios.

Llegó el momento de mi participación y percibí el impacto de lo que la Palabra de Dios realizaba en toda aquella muchedumbre. Las palabras emitidas del mensaje parecían cuchillos calientes entrando en mantequilla. Suavemente y sin obstáculos eran aceptadas. Los argumentos bíblicos de salvación volaban por toda aquella circunferencia. Sentí que la percusión de los mismos, transponían el cerco de la Plaza Monumental para hacerse oír en todo Tabasco. Estaba ciertísimo que toda la ciudad capital era un oído abierto a la proclama del Redentor de Nazaret.

¡Qué emancipación nos concedió el Señor! Parecía que las alas del Espíritu Santo habían descendido sobre todo aquel pueblo para llevarlo a un avivamiento espiritual. Tenía la seguridad de que el Espíritu estaba ejecutando una labor mayúscula en miles de gentes. Y como una pequeña porción de todo este arrebato espiritual, a la hora del llamamiento, cientos de personas de todas las edades y condiciones se apretujaron en el centro de la arena taurina implorando misericordia al Crucificado. Era sobrecogedora la escena de tantos pecadores buscando a su Redentor. Un mar de manos levantadas al cielo, como señal de una disposición solidaria de aceptación a los reclamos de Dios.

Observando con ojos ávidos los actos de toda aquella multitud, como un relámpago vinieron a mi mente los instantes culminantes de los grandes eventos que Dios nos ha permitido vivir.

El Congreso de las lágrimas en Amsterdam '83, que marcó indeleblemente nuestras vidas para vastas obras que dignificarían el poder de nuestro Dios. De hecho, ya no fuimos los mismos después de aquel acontecimiento mundial y evangélico.

La tan nombrada Cruzada de Nicaragua '84, cuyo final creó un hito histórico, no tan sólo para el país, sino para nuestro propio ministerio. Nuevamente, en el año '86 en Amsterdam, quisimos abrevar las mieles que sólo Dios puede conceder, en una reunión internacional hecha con el objetivo de capitalizar lo realizado en el Congreso pasado del '83. ¡Cuántas lenguas y razas unidas por un Pentecostés!

Asimismo, la culminación de la Cruzada en El Salvador en el '84; y en Cali, Colombia, en su 450 Aniversario de su fundación; y en Miami en el '87; Barcelona en el mismo año; y el Congreso Hispano llegando a ser todo un acontecimiento en Los Angeles, California; y ...

Los murmullos. Los sollozos. Las palabras mudas que sólo el Creador puede oír, producían las notas celestiales que regocijaban a los habitantes del reino de Dios. Naturalmente, no fue en vano el sacrificio de Jesús. En estos precisos momentos, casi podía contemplar una sonrisa de satisfacción en el Padre Celestial. Valió la pena la inmolación del Hijo, por el rescate de lo que se había perdido en el Edén.

Con palabras emocionadas, declaré la clausura de la Cruzada, dando término a una semana preciosa de predicación del Evangelio.

DOMINGO: APOTEOSIS

Todo un año de preparación. Un Comité Organizador que supo administrar todo el potencial que tuvo en sus manos. Cada Seminario, cada reunión pastoral. Las pre-campañas hechas con la meta de llegar plenos a esta Campaña en la capital. La propaganda. La organización del material humano; desde las hermanas que barrieron la Plaza y cocinaron para el equipo, el médico que atendió las emergencias, el fotógrafo, el camarógrafo, los músicos, los ujieres, los consejeros, las secretarias, los encargados del sonido, computación y transporte, hasta el coro, cumplieron perfectamente su deber encomendado. Todos hicieron que esta Cruzada hubiese cerrado con broche de oro. Con verdadera victoria, no humana sino de Dios, que quiso y usó nuestros magros esfuerzos, a modo de realizar una empresa que dejaría su huella en el Cuerpo de Cristo localizado en esta parte del mundo, llamado Villahermosa, Tabasco.

Bajé del estrado con un mundo de personas rodeándome. Jóvenes, señoras, ancianos, me colmaban de parabienes con sus expresiones de afecto.

Ya adentro de nuestro camper, abriéndonos paso por aquel mare mágnum los saludos, los gritos, las señales de adiós eran gestos de gente preciosa, convertida y renovada por el poder restaurador de Jesús.

¡Qué regocijo en todo el equipo! Los rostros del Comité, que días antes sólo eran de preocupación constante, por fin, ahora, estaban relajados, satisfechos, en una palabra, orgullosos que su sudor y sus lágrimas en la oración, habían surtido el efecto soñado. Dios les había recompensado con creces.

Cuando nuestros cuerpos, rendidos por el cansancio se desplomaron en las camas ya muy entrada la noche, el sueño fue reparador, la misión se había cumplido. Un nuevo capítulo de los Hechos habíase escrito con pluma celestial.

10

LUNES: LA PARTIDA

Por la mañana, todo el equipo preparó maletas ya que teníamos un desayuno programado en el restaurante del Hotel con los miembros del Comité. Quisimos aprovechar el tiempo, alistando nuestras pertenencias. A mediodía deberíamos estar en el aeropuerto para nuestra partida.

Todos puntuales y bien acicaladitos nos ubicamos en el restaurante, prontos a compartir el menú matutino. Mientras desayunábamos, con mucha seriedad en el rostro, les hice la siguiente pregunta:

"¿Saben ustedes que ya no se va a fabricar la Coca-Cola en botella?"

Unos a otros se vieron dubitativos, y más de dos al mismo tiempo me preguntaron.

"¿Por qué, Alberto?"

Contesté con la risa contenida.

"Porque el hombre que le daba la forma, apretándola por abajo, se murió."

Una explosión de carcajadas se escuchó en el recinto. La broma nos hizo reír de buena gana. De allí en adelante se suscitaron chistes de buena factura que mantuvieron el buen humor.

En el ínterin, nos fueron presentadas las fotografías que se tomaron del evento; todas eran preciosas. Nos costó un poco decidir cuáles se usarían en el boletín y en las revistas especializadas, dando a la publicidad la Cruzada de Tabasco '91. Felicitamos de todo corazón a nuestros hermanos fotógrafos por su profesionalismo demostrado.

Más tarde, el Presidente del Comité nos anunció los números totales y oficiales de la Campaña. No cabía duda, en lo que a esfuerzo humano concierne, el éxito había sido rotundo.

Varias otras cosas de poca monta se dieron a conocer, entre el gozo esparcido de los presentes. Prácticamente, teníamos un pie en el avión. De algunos hermanos, de hecho nos despedimos. A mediodía deberíamos presentar nuestros boletos en el aeropuerto. Sólo tuve oportunidad de otra reunión con los responsables del Comité junto con Horacio en mi habitación. Nos interesaba conocer los resultados de las finanzas. Gracias a Dios, hubo suficiente para el pago de los costos que en un momento nos parecieron mayúsculos y difíciles de cubrir. Sin embargo, alcanzó y sobró una parte para la Asociación. Nos sentíamos felices. El Señor nos había bendecido con abundante provisión.

Poco antes de las doce abordamos los vehículos destinados a transportarnos a nuestro punto de partida. Hicimos el recorrido en amena plática evocando lo acontecido. No faltó el hecho de mirar retrospectivamente, como si les fuera platicando de viva voz la forma cómo inicié los trabajos de nuestra Asociación; pero esto sólo estaba en mi pensamiento.

"Después de haber laborado como evangelista asociado en el equipo del hermano Pablo Finkenbinder durante dos años, sentí el fuerte deseo de promover mi propia Asociación. Así lo hice saber a varios hermanos de mi entera confianza, confirmándome ellos en la idea. Los inicios, como toda cosa importante, fueron dificultosos. Nuestra primera oficina fue prestada. Mi ministerio se redujo a predicaciones en iglesias locales como un predicador itinerante. Más tarde, Dios fue desarrollándome a mayores alcances. Invitaciones de más y más países se fueron sucediendo. Los ministerios de la radio, la televisión y la literatura fueron ampliándose.

El equipo humano, que en sus principios era formado solamente por mi esposa Noemí y yo, después fue ampliándose con preciosos hermanos que venían a poner sus talentos al servicio de la Obra con corazones abiertos.

Desde el primer momento comencé a formar un grupo de ayuda financiera. Mensualmente enviaba cartas a los hermanos y hermanas manifestándoles mis actividades y haciéndoles conocer las necesidades de la propagación del Evangelio; así se fue moldeando un ejército de colaboradores llenos de amor y que sentían carga misionera. Con esto se creó un sistema de administración que maneja cada centavo que llega a la Asociación, con orden, integridad y propósito. He sido sumamente cuidadoso en este asunto, cuyo resultado a los años ha sido de profunda paz y bendición. El mismo gobierno de los Estados Unidos, que nos ha hecho auditorías fiscales, nos ha felicitado por la forma tan clara de llevar la administración.

La Asociación, desde sus orígenes ha tenido una Junta de Directores cuya finalidad es mantener el ministerio evangelístico con un carácter intachable. En 1992 celebraríamos el décimo-quinto aniversario del comienzo de nuestra Asociación. Decimos los rápidos 15 años, pero han sido años vehementes, agotadores, de una inmensa labor evangelística. Ignoro a la fecha las veces que he recorrido toda la América Latina. Una y otra vez, de ciudad en ciudad; de pueblo en pueblo, para divulgar el mensaje del Crucificado, Jesús de Nazareth. Las estadísticas son bastante elocuentes, y nos hablan acerca de una actividad de proyecciones gigantescas. Es aquí donde me dan ganas de caer de rodillas ante mi Dios, que ha sido tan bueno conmigo. Si no fuera por Su Presencia poderosa, Su actuar silencioso pero efectivo, allegando sus recursos para fomentar e invadir a los seres humanos con sus propósitos eternos de salvación, jamás hubiese podido ir más allá de la esquina de la casa donde vivo.

Miles y miles de gentes de todas las latitudes de nuestra amada Latinoamérica, han escuchado por la radio, la televisión y también en forma personal, las Buenas Nuevas de redención. En muchísimas ocasiones he percibido mi total impotencia por no poder partirme en mil pedazos y que cada uno de ellos pudiese predicar en cada región, provincia, y aun en cada villorrio, la salvación eterna de mi Señor.

Lo sé. Esto no es posible. Estoy perfectamente consciente que la labor no es de una sola persona sino de todo el Cuerpo de Cristo. Pero aun así, no deseo perder un instante, ni mucho menos, ninguna oportunidad que se me presente para guíar las almas al conocimiento de Cristo.

Es la prioridad número uno de mi vida. Este fue mi llamado. Quiera el Señor seguirme sosteniendo para seguir cumpliendo su encargo, hasta exhalar el último latido de mi corazón".

Mientras esperábamos la entrada a nuestro avión, hicimos corrillo en la sala mayor del aeropuerto. Existía una reciprocidad de afecto entre los hermanos del Comité y nosotros, que provocaba gozo entre todos. La victoria alcanzada nos colmaba de buen gusto el alma.

Hubo una tanda de buenos chistes que nos hicieron reír hasta las lágrimas. A varios de mis hermanos podrían diplomarlos en chistología con notas de excelencia. Bueno, hasta yo puse mi granito de arena, recordándoles algunos vividos realmente y otros fantasiosos.

Considero que el buen humor debe ser un ingrediente que nunca debe faltar en un equipo de trabajo. Jamás he pensado que el predicador debe ser de cara alargada, mustia, de manos entrelazadas en actitud de santo patrono, con mirada perdida en el empíreo. No. La verdad es que debemos ser capaces de demostrar una personalidad tocada por el Espíritu con una actitud gozosa, radiante, evitando con dominio propio los excesos. Aptos para discernir el momento que se vive, con una madurez porfiada en la experiencia diaria del vivir constante en el Espíritu.

En esta algarabía, llegó el instante de despedirnos. Un abrazo afectuoso a cada uno de los integrantes del Comité y palabras de un pronto regreso, fueron las últimas acciones que hicimos en Villahermosa.

Abordamos el avión de Mexicana de Aviación, que nos conduciría en un recorrido de 45 minutos a la capital de la república mexicana. De allí, conectaríamos por Pan Am a nuestro destino, la ciudad californiana de Los Angeles.

Acomodado en mi sillón, oí las instrucciones de la sobrecargo en la lejanía de mi cerebro. Prácticamente, las escenas evocatorias de mi existencia, hicieron presa de mi conciencia al punto que no pude reprimirlas, sino dejé que sin esfuerzo se hicieran presentes. Al fin y al cabo, tenía un buen tiempo antes de llegar a casa.

LIBRO II

11

MI PRIMERA CONCIENCIA DEL MUNDO

1942 es un año convulsivo en el mundo. El Eje, formado por Alemania, Italia y Japón están en la cúspide de su poder intervencionista. Hitler ha conquistado a Francia y a la mayor parte de Europa occidental. Sus ojos ávidos están fijos en Rusia. Está en camino Mussolini, quien apoya a Rommel al norte de Africa y va en busca de Egipto. Hirohito, con su golpe sorpresivo a Pearl Harbor en diciembre de 1941, ha obligado la entrada de Estados Unidos en la guerra y estallan severas batallas por las estratégicas islas del Pacífico.

Estos triunfos del Eje, hicieron soñar a sus miembros con la hegemonía mundial. Todo parecía que lo lograrían. Argentina vivía una fuerte tensión política. Externamente, no había aceptado el llamado de Estados Unidos a romper relaciones con el Eje, por su abierta simpatía hacia el nazismo, desencadenando con ello que el país del Norte vertiera fuertes presiones económicas que la obligarían a hacerlo dos años más tarde. Internamente, estaba llegando a su fin la "década infame", en la que el Presidente Ramón S. Castillo durante su gestión, manipuló abiertamente las votaciones, de manera que el partido conservador estuviera siempre en el poder. La corrupción, el fraude y el uso de la fuerza eran la técnica general. El pueblo, habiendo perdido la fe en el proceso democrático y descontento con su gobierno, era tierra fértil para un golpe de estado o una revolución.

En este estado de cosas, en una tranquila casa de la calle Gascón # 1553 en Palermo, barrio residencial cerca del Río de la Plata, en Buenos Aires, un bebé pronunciaba su primer "berrido" el 19 de abril.

Era el segundo hijo del matrimonio Mottesi-Rondani. Mis padres, José y Esther, habían contraído nupcias en el año de 1932. Ambos venían de familias inmigrantes de italianos. La vida de ellos fue ciertamente difícil. Por ejemplo, mi padre tuvo que dejar la escuela a los 9 años para dedicarse a trabajar y ayudar económicamente en su casa. Contaba que al despedirse de su maestro fue en un mar de lágrimas. Le dolía en el alma dejar de estudiar. Pero la necesidad era muy apremiante; tuvo que hacerlo. Se levantaba a las 5 de la mañana para ir a cargar carne en un frigorífico de la ciudad.

Al tiempo, su dedicación le proveyó un mejor modo de vida. Aprendió el oficio de ebanista, lo que clarificó la economía. Junto con su padre Orlando, iniciaron un negocio propio de pintura y decoración de casas. Prosperaron. Con el correr de los años, José, al retiro de su padre, se quedó con el negocio de construcción. El tenía una habilidad innata para hacer amistades. Sus amigos se contarían entre la flor y nata de la sociedad porteña de Buenos Aires.

Si a José se le había dificultado asistir a la escuela, eso no fue obstáculo para sus ansias de saber. Continuamente compraba libros, los cuales devoraba haciéndose de un magnífico acervo cultural. Fue un autodidacta en lo más extenso de la palabra. Llegó a tener una estupenda biblioteca.

Osvaldo Luis, el primogénito de la familia, nació cinco años después del enlace nupcial. Precisamente, cinco años más tarde, Alberto Héctor venía a este mundo.

Argentina es una ensalada de culturas. El 95% de los argentinos pertenece a la raza blanca, descendientes de europeos, principalmente de italianos y de españoles.

Hubo una política a finales del siglo pasado que permitió la inmigración masiva al país. Hasta 1930, hubo varias corrientes que vinieron a poblar la inmensa extensión de tierra que es Argentina, siendo el octavo país en el mundo en extensión territorial, pero, a la vez, una de las naciones de muy bajo índice poblacional. Sus dos grandes guerras y la gran depresión económica entre ellas, originó que grandes masas de diferentes naciones, como Italia, España, Inglaterra, Alemania, Polonia, Dinamarca, Suiza, etc., vinieran a establecerse a esta región austral. De allí que se dice como dicho popular, que los argentinos somos italianos que hablamos español, que quisiéramos ser franceses y nos creemos ingleses. También se dice que, prácticamente, no hay una familia argentina que no tenga a lo menos a un italiano en su seno.

Lo cierto es que la familia Mottesi-Rondani tenía en su seno mucho arraigo italiano. Los jueves y los domingos, la pasta era infaltable. Los ravioles y los tallarines que amasaba la abuela María eran de chuparse los dedos.

El gobierno del hogar venía fuertemente influenciado por los ancestros llegados de la ciudad de las siete colinas. Todo lo que se hacía era cien por ciento paternalista. El padre era el eje alrededor del cual giraban todas las acciones familiares. El "commendatore" era quien dictaba y ejercía todas las decisiones. La autoridad a veces se exageraba llegando a extremos que, hoy en día, nos producirían hilaridad. Pero así eran esos tiempos.

Crecí en un ambiente circunspecto. Mis padres no eran dados a las francachelas; más bien, las salidas de casa, que eran esporádicas, tenían un tono de negocios. Y las reuniones en que éramos los anfitriones se reducían a interminables conversaciones de fútbol y política. Para ese entonces mi padre, como mi abuelo Orlando, se había retirado de la vida activa, y llevaba todo el negocio a cuestas. Era ya una empresa de construcciones respetable, que permitía una vida holgada en el hogar.

No hubo derroche, pero tampoco carencias. Nuestro ambiente social incluía a personas de la aristocracia. Y aquí, lo admirable es que un hombre sin escuela, sin educación formal, con el tiempo incluyó en su círculo social a algo de lo más selecto de Argentina. Mi papá hizo muchos amigos entre ellos. Como Don Julio Giveli, con su carro último modelo. Cada domingo pasaba por la casa para asistir juntos al Estadio de River Plate. Mi padre fue uno de los fundadores del equipo ríoplatense, de tal manera que, como socio vitalicio, desde nuestra platea pude contemplar varios de los mejores goles del equipo.

Desde pequeño me gustó mucho el deporte. La natación, el basket-ball y el fútbol fueron los que más practicaba. Pero, muy adentro de mí, floreció un deseo, hereditario por vía de mi padre, el cual era el gusto por la lectura.

Como estaba rodeado de una selecta y exclusiva biblioteca, me era sumamente sencillo alargar la mano y tomar el volumen que me apetecía.

¡Qué gusto enorme el de acariciar un libro, comenzar a leerlo y terminarlo, siendo un libro sin muñequitos, pura letra! Comenzó en mí el despertar de mi imaginación. Podría decir que me convertí desde mi pequeña edad en un turista intelectual. A través de los libros imaginaba las agrestes tierras, los sórdidos desiertos, las campiñas románticas y los grandes dramas de una humanidad a la que me iniciaba a conocer como mi primera conciencia del mundo.

Leía a los clásicos de todos los tiempos. Grandes manuscritos, los devoraba. Cuando no tenía clases, o tenía 2 o 3 días de asueto, no dejaba el libro sino hasta terminarlo. Acostado, sentado, de pie, caminando. Creo que probé todas las posturas imaginables, y algunas que inventé, para no desembarazarme del libro en turno.

Una noche en que había una reunión familiar, mis papás y algunos tíos departían en casa con mate y empanadas. Alcancé a escuchar lo siguiente refiriéndose a mí.

Adolfo, uno de mis tíos por parte de mi papá, llamó la atención: "Es imposible que Albertito lea tanto. He comentado con Celia mi esposa, que posiblemente se encuentre enfermo. Deberían de poner cuidado en él. No vaya a resultar que tenga algún mal en el cerebro. Vos sabés, se cuentan tantas historias."

"No se preocupen," habló mi mamá en tono apacible y cordial. "A Alberto siempre le han gustado los libros. Aquí en la casa, en vez de adornos existen libros por doquier. Es sencillo que Alberto, rodeado de tantos, tome libros en vez de juguetes. José y yo lo hemos observado. A él definitivamente le gusta la lectura."

"Pero eso no puede ser posible," habló Guillermo, otro tío cuya cara me parecía demasiado alargada. "En un niño como él creo que está mal en sus ansias de leer. Ustedes saben, los libros contienen variedad incontable de temas. ¿Quién dice que Albertito no esté leyendo cosas sucias? Su marcado interés puede ser motivado por lecturas de adultos."

"No, Guillermo," con tono tajante externó mi papá, "eso que decís está fuera de la realidad. Primero, porque los libros que Alberto lee son los que encuentra en casa y yo no he comprado libros que vayan en contra de la moral. Y segundo, aunque vos no lo creas, Esther y yo nos damos cuenta de los libros que toma nuestro hijo. Muchas veces, de reojo, me doy cuenta de lo que está leyendo. Discúlpennos, Guillermo y Adolfo, Alberto ni está enfermo, ni lee cosas no aptas. Lo único que sí podemos decir, es que él ha nacido con ese deseo y, además, está rodeado de libros, pues que más."

Con una sonrisa me fuí a mi recámara. Por lo menos me había enterado que mi interés por los libros les era manifiesto.

Con los años me daría cuenta de la importancia que tuvieron mis primeras lecturas. Ese gusto por leer ha sido uno de los placeres que yo no cambiaría por nada.

Además, los libros fueron mis verdaderos amigos. Pocas veces salía a la calle a jugar con los del barrio. Los chiquillos de las casas adjuntas formaban sus corrillos, los cuales yo nunca frecuenté.

Yo era un niño solitario. Mi hermano Osvaldo, con cinco años adelante, marcaba una gran diferencia. Nuestros juegos comunes eran pocos. También nuestros pleitos.

Como no había más niños en casa, yo me refugiaba en el primer libro que tenía a la mano. Era tan absorbente la lectura de mis libros, que el juego con los del barrio me resultaba, incluso, un chiste.

Mi niñez se fue marcando por una inusitada seriedad por la vida. De hecho, los mismos libros fueron moldeando un carácter taciturno, propenso a la quietud. Buscaba siempre el lugar más alejado para estar fuera de las interrupciones. En casa tenía un sillón donde me recreaba con mis lecturas. Allí me ensimismaba por horas y horas.

Desde el mismo momento en que tuve razón de mí mismo, me mostraba rebelde a ciertas imposiciones.

Por aquel entonces, la moda de los "pibes" era llevar el pelo engominado, tipo Elvis Presley; mi mamá me ponía capas enteras de gomina, con tal de verme bien peinado. Aparte, los pantaloncitos cortos eran el pan nuestro de cada día. Odiaba materialmente esta forma de ser.

Cuando mamá y mi tía Pititi me llevaban de compras, -y esto era casi todos los días-, una forma de hacerles entender que no me gustaba ir, era sentarme en la acera de la calle sin el menor deseo de moverme. Al final, siempre ganaron mi mamá y mi tía.

Otra forma de hacer patente mi inconformidad era cuando me compraban zapatos nuevos. No me gustaban los de color blanco. Así es que siempre que traía calzado blanco, por las calles iba pateando cuanta cosa me encontraba para romperlos o hacerlos inservibles.

Estas acciones implicaban una contra a la imposición. Había rigidez de mando en mis padres y yo, de alguna manera, daba a entender mi rebeldía, les gritaba silenciosamente que me sofocaban con todas sus imposiciones.

Entré a estudiar la primaria en la escuela de la calle Pringles, más o menos a ocho cuadras de mi casa. Iba y venía caminando. Los años se sucedieron simples. Era un estudiante regular. Mi empeño no iba más allá de tener contentos a los maestros y a mi familia. La escuela me pareció una actividad normal, como todos los chicos iban a ella, pues yo, ¿por qué no?

Exactamente enfrente de mi casa se alzaba un edificio de construcción antiquísima. Allí funcionaba una Biblioteca del Partido Socialista. Obvio es decir, que lo que me atrajo fueron los libros. Me encantaba recorrer sus fichas bibliográficas, tratando de encontrar un título atrayente. Cuando lo tenía y pedía el libro, buscaba la silla y la mesa del último rincón. Ya me conocían los encargados de la biblioteca. Varias veces me vieron tan absorto, que les daba una especie de dolor pedirme el libro, así qué, amablemente me lo prestaban para seguir leyendo en mi casa. Naturalmente, después se los devolvía. En esta misma biblioteca tenían un salón de juego. Algunas veces lo usé acompañando a algunos conocidos, recreándonos en juegos de salón.

Hubo momentos de plena alegría. Como cuando hacía de chaperón. Paco cortejaba a mi tía Angélica, hermana de mi papá. Para que pudieran estar un rato a solas, pedían permiso a mis padres para llevarme a la Calesita, un carrusel que en uno de sus lados tenía un gancho que al pasar deberíamos ensartar. Cuando lo hacíamos, nos daban como premio otra vuelta gratis. Cada semana íbamos por la noche. Era todo un acontecimiento para mí. Cada semana también, el tío Paco, aficionado a los automóviles, me llevaba al estadio del club Ferrocarril Oeste para ver las carreras de autos pequeños, pero veloces, que hacían mi felicidad.

Aun así, mi carácter se fue cargando de cierto negativismo. Algunos traumas debidos a la "suprema autoridad paternal", a la lejanía de mi hermano Osvaldo, a la absorbente tía Pititi y la escena del tío Anselmo, marcaron indeleblemente mi mediato futuro.

12

LA PREGUNTA SIN RESPUESTA

A la vuelta de la manzana del bloque de casas donde vivíamos, estaba la casa de unos tíos de mi mamá. De niño, seguido iba a esa casa. Ya por algo que mamá enviaba, o por reuniones familiares, o sencillamente por saludarlos. Los teníamos tan cerca, que era familiar vernos todos los días. La casa, si no grande, tampoco era chica. Estaba hecha de ladrillo pesado con grandes ventanas verticales. El portón de madera nos introducía directo a una pequeña fuente en medio del patio. Alrededor en las paredes, también como en mi casa, no faltaban las jaulas de los pájaros. Sus habitaciones me eran frías, quizá porque no había niños. El tío Anselmo nunca se casó. Ya era grande de edad en el tiempo cuando le visitaba. Su porte típico de rasgos europeos.

Pero lo que llamó muchísimo mi atención fue su personalidad. Podría decir en el alto sentido de la palabra que era un hombre bueno. Sus maneras correctas, su hablar ante propios y extraños, de fina conducta. Las gentes opinaban abiertamente de su bondad. Su gesto era amable. Su sonrisa siempre a flor de labios. Nunca oí una mala palabra, ningún desvarío que hubiese terminado en pleito o en simple enojo. Era un hombre ejemplar.

Por aquel entonces, cuando yo frisaba los escasos siete años, no conocíamos la luz del Evangelio, ni ellos ni nosotros, pues éramos católicos nominales.

Cierto día nos dimos cuenta que el tío Anselmo enfermó. Enfermó de veras, y a tal grado, que fue una enfermedad de muerte. Le atendieron con profusa solicitud. El médico a diario iba a verle. Llegó el momento en que todo un día no se separó de él. El temor a la muerte se olía en cada habitación. Preocupados y tristes, permanecíamos esperando lo irremediable.

En un momento de sosiego, en que no había personas alrededor del lecho del tío, entré furtivamente a su habitación. Quería verle.

Estaba semioscuro. Las cortinas cerradas, excepto una por donde escasamente entraba la luz mortecina de la tarde. Los objetos que rodeaban la cama de mi tío me parecieron sin vida, como conteniendo la respiración. Los cuadros de los retratos colgados en la pared, casi me pedían que caminara de puntitas, de tal forma, que cualquier ruido hecho, sería como un sacrilegio en aquel lugar.

La cama de mi tío me pareció hecha con esmero. Sus tubos de latón cobrizado, relucían. La colcha, las cobijas y las sábanas estaban perfectamente en orden, como si nadie estuviera acostado allí.

El me miraba desde que entré. Sus ojos estaban vidriosos, casi opacos. Permanecimos callados unos instantes. Noté en su expresión una gran angustia que, de súbito, hizo recorrer por mi ser una sensación extraña.

Estaba totalmente demacrado. Su amarillez resultaba ofensiva. Su pelo cano, caído hacia atrás, estaba revuelto. Y su barba de varios días sin afeitar, todo ello daba un aspecto sombrío, casi tétrico, podría decir.

El olor de la habitación era de medicinas contenidas en sus frascos a un lado de la cama en un pequeño buró, donde una lámpara de corte antiguo, descansaba dispuesta a disipar por doquier su luz cuando se lo requiriese.

Al estar cercano al tío, sin saber qué decir, él se incorporó tomándome con fuerza de los hombros. Sentí un temor grande.

"¡Alberto, Alberto!" Su voz era grave y con tremenda desazón, que me hizo temblar de pies a cabeza. Mi reacción fue de asombro ante lo inusitado del momento. Veo su camiseta blanca y su pijama de color a cuadros. Sus ojos han recobrado brillo, lo cual me transfiere una poderosa zozobra, para mí desconocida. La aflicción dibujada en su rostro me llena de miedo indescriptible. Miedo que miro generado en la profundidad del ser que me atenaza con fuerza.

"¡Alberto, Alberto, ¿qué va a ser de mi vida?!" Su pregunta me deja perplejo. Jamás hubiese pensado que alguien como él, que no hizo daño a nadie, que era un dechado de hombre bueno, ahora, en este preciso momento, me hiciera semejante pregunta.

Me quedé de una sola pieza. Simplemente, mi cerebro grababa esos instantes cruciales. Me sentí desconcertado, extrañado al máximo. ¿Qué puede responder un niño de siete años ante tan inusitada escena?

De nuevo, la voz clara e inmensamente anhelosa de mi tío resonó en mis oídos.

"¡Alberto! ¿Qué será de mi vida en la eternidad? ¿Qué va a ser de mi vida?"

Frente a mi mudez y a lo rígido de mi cuerpo tembloroso, al no encontrar respuesta a su infinita inquietud, mi tío me soltó. Dejóse caer sobre su almohada con los ojos cerrados, terriblemente agotado, más por la perplejidad de una pregunta sin respuesta, que por un esfuerzo físico. Le vi como quien se abandona a un sueño sin deseos de volver.

Paulatinamente fui dando pasos hacia atrás hasta llegar a la puerta. La abrí y la cerré rápidamente, con sumo respeto. Temía haber asistido a uno de esos momentos, que nunca iba a olvidar mientras viviera. Esa ansia sin respuesta por la eternidad del tío, no me dejaría jamás. Fui impotente por mi niñez; sin embargo, su impacto tendría hondas derivaciones en mi existencia.

Al salir de allí, vi que el médico entraba a examinar al paciente. Me estaba acomodando en una silla con el objeto de recuperarme, cuando el galeno salió, con un mutis de tristeza, anunciando a todos los presentes que el tío Anselmo había fallecido.

Aquella noticia produjo un formidable golpe en mi ser interior. Sólo hacía dos o tres minutos que había estado con el tío. Sus palabras dichas a mi oído, fueron sus últimas palabras en este mundo. ¿Por qué a mí?... ¿Por qué a mí?...

13

EL CAMPEON DE BOX

Palermo, uno de los barrios más notorios de la ciudad, se encuentra al norte del centro de Buenos Aires, a escasos quince minutos en el tranvía.

Este pasaba exactamente en frente de la casa. La paralela de acero brillante que servía de guía al tren siempre me fue familiar. La calle estaba pavimentada. Las casas adyacentes eran estereotipos de gente de clase media. A pocos pasos estaba Palermo chico, donde vivían algunos de los hombres más ricos de la capital. Así que no nos extrañe que los clubes de todo tipo hicieran su habitat allí. Hipódromos, canchas de golf, de tenis, gimnasios, piscinas, etc.

La casa de mis padres era austera, reflejo del carácter de ellos. Era muy grande. Varias habitaciones se comunicaban entre sí. El comedor, con su mesa de caoba en forma de elipse, a la que nunca le faltó el mantel confeccionado por mamá. Encima de esa mesa teníamos un candil de vidrio cortado. Las paredes eran lisas, sin motivo alguno. Las puertas de madera; grises o café oscuro eran sus colores. Los pisos de todas las habitaciones eran de madera. A mí nunca me gustaron. No podía uno caminar sin producir sonidos.

La sala era muy sobria. Unos sillones tipo victoriano y una mesa de centro era todo lo que contenía. Sólo una pared mantenía una pintura rupestre donde varias señoritas en el campo compartían un día de asueto.

Las recámaras eran sumamente austeras. Las paredes, con papel tapiz, y uno que otro cuadro pequeño que mostraba a mi abuelo de frente siempre de traje y de bigote blanco, y una de mi hermano Osvaldo y yo. Por cierto, Osvaldo tuvo siempre un buen humor. Era perspicaz e inteligente. Cuando no me hacía una broma, yo hasta lo extrañaba. Nunca lo vi llorar o sentirse triste por una pena. Me parecía que en el fondo se reía continuamente de mí, por tomar yo tan en serio la vida.

En el patio de la casa, las jaulas eran infaltables. A mi mamá le gustó mantener aves de todo tipo. Hasta un loro, que quién sabe de dónde lo adquirió, pero allí estaba, moliendo entre dientes su comida y regando todo alrededor con sus migajas. Así es que yo crecí entre trinos de aves. Ojalá se me hubiese pegado algo para por lo menos defenderme ahora con los himnos.

Un día, en una de esas raras veces cuando mi papá me llevó a su trabajo, él tuvo necesidad de ver a su cuñado, mi tío Raúl. El tío vivía al noreste de la ciudad y teníamos que atravesar la metrópoli para llegar a su casa. Su negocio eran las puertas y las ventanas. Mi papá estaba tratando un asunto, cuando un hombre entró al interior del taller.

"¿Qué tal, Raúl?," saludó con mucho agrado y familiaridad a mi tío.

"¡Qué bueno que viniste, Eduardo! Tu encargo lo tengo casi listo. No lo he terminado por un detalle que sólo vos me lo podés indicar. ¿No tenés mucha prisa?"

"No, te espero."

"¡Ah, bruto de mí!," exclamó mi tío tocándose la frente con su mano, "por el gusto y la necesidad que tenía de verte, no te he presentado a mi cuñado José. El es el mayor de la familia."

Con una sonrisa y sin dejar de verle a los ojos, mi papá lo saludó.

"Mirá, Eduardo, también te presento a mi sobrino Alberto; es el segundo hijo de mi cuñado." Se dirigió mi tío Raúl a mí; "este hombre es un gran atleta; mejor dicho, es un gran boxeador."

"Por favor, Raúl, no es para tanto. Sencillamente, es mi trabajo, tanto así como hacer ventanas y puertas, el tuyo, no más."

"Modestia aparte."

Nuevamente se dirigió a mí mi tío.

"El es Eduardo Lause, campeón sudamericano. Ha peleado con los mejores y ha dado magníficas peleas. Es todo un ídolo para la afición."

Si desde que entró al taller yo no lo había dejado de mirar, ahora, sabiendo lo que este hombre era, tuve una fuerte impresión. Por primera vez en mi vida conocía a alguien tan famoso. Un cúmulo de sueños encontrados hicieron mella en mi cerebro. Me parecía todo aquello como irreal. Como si no fuera cierto. Delante de mí estaba un hombre que podría ser un prototipo para un ideal.

"No le creas tanto a tu tío," me dijo, alargando su mano para saludarme. "Sencillamente, me ha gustado el boxeo y éso es todo. ¡Venga esa mano!"

Cuando sentí ese contacto de su diestra apretándome como si fuese de hierro, me produjo una intensa corriente emotiva en todo mi cuerpo. Quedé anonadado. ¡El campeón Eduardo Lause me había estrechado la mano!

De allí en adelante ya no supe lo que pasó. Mi regreso a casa fue en absoluto silencio. Quería que esa emoción no se perdiera por ninguna interrupción. Durante dos o tres días mis acciones eran mecánicas. Evocaba una y otra vez ese encuentro. Soñaba. Idealizaba.

Por varios días no quise lavarme la mano derecha. Esto representó altercados con mi mamá. Pero no quería que esa impresión sentida al momento de saludarme, desapareciera con el agua y el jabón. Si mi madre no me hubiera dado mi tunda, creo que todavía, a la fecha, mi mano yo la tuviera sin lavar.

Por aquel entonces hubo un detalle que me dejaba perplejo cada vez que me sucedía. Una tarde estaba yo jugando a las bolitas en la acera de mi casa. Lo hacía solo. No había nadie más en la calle, excepto la gente adulta que en sus prisas y preocupaciones pareciendo zombies, se atrevían a pasar por allí. Yo no les hacía caso. Me absorbía en mi juego.

Estaba de rodillas tratando de pegarle a una bolita, cuando sentí la impresión de que alguien se había parado junto a mí y me observaba.

"¿Te divertís?," preguntó doña Rosa Curcio, vecina nuestra.

"Sí," respondí con desgano.

"Me da gusto que sea así. ¿Sábes una cosa, Alberto? Dios te quiere mucho y tiene un plan maravilloso para tu vida."

Fueron varias las ocasiones en que la señora Curcio me dijo las mismas palabras. Siempre que me las decía, me dejaba pensativo preguntándome a mí mismo por qué me externaba esas palabras, las cuales yo no comprendía. Me parecía como que me hablaba en ruso.

Me eran incomprensibles. Sabía que la señora era muy amable, sencilla y respetada en el barrio. Pero, ¿por qué a mí me decía todo esto? Yo no lo entendía.

Con el tiempo vería la gran trascendencia que la familia Curcio tendría en la vida de los Mottesi.

14

LA NOCHE DEL TROMPON

"¡Alberto!", -oí la voz de mi mamá que llamaba desde la cocina-. Yo estaba en mi recámara con un libro en las manos. Lo dejé sobre mi cama con el canto hacia arriba y las hojas abiertas, justo donde iba leyendo, con la intención de proseguir mi lectura una vez que supiera qué deseaba mi mamá. Fui a la cocina.

"Si, mami, dime."

"Vé al almacén y trae un cuarto de queso. La cena está lista, pero se me olvidó comprarlo. Y bueno, a vos que no te gusta, creo que sería una cena insípida si tu pan no lleva quesito, ¿verdad?"

Mi mamá sabía mi debilidad por el producto lácteo; y no tan sólo mía, sino de toda la familia. Sin embargo, para mí, era un veneno. Así que con gusto tomé el dinero que mi progenitora me alcanzó y salí rumbo al almacén.

Serían como las ocho de la noche. El clima lo sentí muy agradable. Un vientecito venido del Río de la Plata hacía la noche espléndida. Quizá por esto percibí mucha actividad en la calle. Las casas iluminadas y con sus ventanas abiertas de par en par. Las personas que venían de sus trabajos platicaban sonrientes. El tranvía con su ruido característico, me pareció musical. Un tango de Carlos Gardel se esparcía en fuertes matices que inundaban el vecindario.

Vi a don Juancito el peluquero, laborando en la cabeza de uno de sus clientes y en amena charla. Otros esperaban turno, leyendo el periódico o las revistas que sólo los adultos tenían derecho a leer. En la esquina de la bocacalle, un grupo de más de cuarenta niños, todos del vecindario, le hacían corro a Carlitos.

Este era hijo precisamente de don Juancito el peluquero. Desde muy chico le había gustado el deporte, a tal grado, que se hallaba forjando un cuerpo de bien ganada musculatura. Hacía bastante ejercicio. Así que los chicos de nuestra edad lo veían como algo fuera de serie. Además, la fama de Carlitos la tenía más que ganada.

Seguro de su fuerza y de su disciplina en el deporte, en un futuro mediato llegaría a ser un campeón olímpico representando a nuestro país en la Olimpiada de Tokio, y un consolidado cantante de ópera. Yo creo que le agradaba ser "el tarzán del barrio", el "supermán" a quien todos miraban con respeto.

Los chicos admiraban su robustez, tocándole como si fuese de otro planeta. Obviamente, Carlitos sacaba buen provecho de todo esto. El era el temerario, el "huy yu yui" del barrio.

Yo no me metía con él ni con los demás. Como yo casi no vagaba por la calle, eran contadas las veces en que nos vimos cara a cara. Sin embargo, esa noche sí, estaba allí.

Al pasar junto a ellos no hubo nada que comentar. Sólo un chiquillo me movió la cabeza, sonriéndome. Llegué al almacén de don Jacinto pidiendo mi queso. Mientras lo sacaba del refrigerador, lo cortaba y lo pesaba, el almacenero no dejaba de hablar con otro cliente.

"Te digo, el hecho que el Congreso haya conferido a Perón el título de "Libertador de la República" y a Evita, "Jefa espiritual de la Nación", me parece una exageración."

"Pero, ¿por qué?" contestó su interlocutor, que vestía un saco gris muy largo para su tamaño, "¿Que acaso Perón no nos ha dado una nueva forma de vida? Las garantías individuales que gozamos, la preocupación de ellos por dar al pueblo una mayor prosperidad, sobre todo a los muy pobres, ¿no merecen por lo menos esos títulos en señal de gratitud?"

"Respeto su opinión," prosiguió el almacenero que, tenía una reputación de filósofo en el barrio, "pero la verdad sea dicha de paso. Los grandes pensadores del pasado han sido explícitos en cuanto a una verdadera libertad, que debe nacer en la misma conciencia del individuo y se proyecta a la sociedad, sin menoscabo de ataduras ni compromisos de falsos intereses. Lo que yo veo ahora en el Congreso, es una hueste de interesados, que quieren caer bien y serle simpáticos al mandamás. No, señor. Esto es absolutamente falso. Dígame si no. Eso de ponerse de pie cien veces en una sola sesión ante los "jefes", ¿no le parece un absurdo?"

No esperó respuesta, sino que se dirigió a mí.

"Son cuarenta y cinco centavos, pibe."

Pagué y salí del establecimiento, dejando a estos dos señores enfrascados en su conversación.

A media cuadra adelante, miré que el corrillo de chicos se hallaba detrás de Carlitos. Percibí que algo iba a suceder. Comencé a escuchar voces fuertes de insulto a mi persona. Risas y carcajadas infantiles por estos improperios eran totalmente notorias.

Todo podría esperarme, menos esto. Más no me detuve. Seguí avanzando hasta llegar frente a ellos. No tenía manera de esquivarlos. Había sólo un camino a casa, y ese era justamente el que tenía que recorrer.

Los dicterios subieron de tono de parte de Carlitos. Definitivamente, deseaba lucirse delante de toda esta parva de chicos a mis costillas. Y yo, como era un niño de carácter introvertido, muy acomplejado, tuve miedo. Pero lo soporté sin externarlo. Contemplaba en Carlitos y sus injurias, un gigante que se me atravesaba en el camino. Veía también a todos aquellos chicos de mi vecindario, reírse jocosamente de mí. Y esto lastimó mi orgullo.

Posiblemente, si Carlitos me hubiera afrentado en solitario, sin público, no hubiese sentido esta vergüenza de mí mismo y otra sería ahora la historia.

Pero no. Se había levantado el escenario. Cuarenta niños en gran algarabía, rodeándonos, esperando ver brotar sangre ante la demostración de la fuerza de unos músculos reverenciados por ellos, chocando en mis flojas carnes.

Carlitos y yo en medio de la calle, cuando, de súbito, sin dejar caer el queso, coloco tremendo trompazo en plena cara de mi enemigo, que se va de espaldas a la acera aturdido. Se lleva la mano al rostro, viendo estupefacto la sangre que mana de su boca y nariz.

Probablemente, mirar su propia sangre le da pavor. Se levanta raudo y echa a correr. Lo veo, sin dar crédito a mi puño, y menos a mis fuerzas. ¿De dónde ha salido tal fortaleza y valentía? No lo supe.

No obstante, la camarilla de chicos que por unos instantes quedaron callados, absortos porque ellos creían que iban a verme tirado en el suelo gritando pidiendo clemencia, se avalanzaron sobre mí en muestras de simpatía, elogiando mi "valor". Prácticamente, me llevaron en vilo hasta la puerta de mi casa.

Consideraban que habían encontrado a un nuevo héroe. Me sentí pleno. Era la satisfacción tan bonita de haber vencido a un Goliat, que me dejé llevar por la euforia de los niños, gozando el momento de aquella victoria. Entré a la casa. Mi mami me reprimió por la tardanza. No le dije nada. Quería estar callado. Mi cerebro daba vueltas una y otra vez a lo acontecido, envolviéndome en un deleite que no deseaba que desapareciera pronto. Creo que nunca me gustó tanto el queso, como en aquella noche del trompón.

15

¡VAYA PREMIO QUE GANE!

Creo profundamente en el propósito eterno de Dios para las vidas humanas en particular. Me es imposible aceptar el azar, o la concatenación de hechos de un destino ciego. ¡No! Me es más sencillo, y no violento mi conciencia al saber que existe Dios, que en sus decretos eternos, El ha dispuesto un proceso para un fin determinado, sin menoscabo de la libertad individual. Dentro de este contexto, existen multitud de acciones o actos, que se van sucediendo en forma progresiva hasta alcanzar la finalidad propuesta. No dudo que son escalones que nos van llevando a una revelación más amplia; ora de las cosas fatuas de la vida, ora de las cosas que a vida eterna permanecen.

Corría el año de 1951 cuando yo tenía escasamente nueve años. La vida de niño, en términos generales, feliz, dependiendo de una familia más o menos bien avenida. Mi padre, que administraba una empresa de pintura y decoraciones, nos proporcionaba una situación económica desahogada. Disponíamos de lo suficiente en todo. Mi madre cuidaba el orden de la casa, ayudada por mi tía Matilde, a quien cariñosamente llamábamos tía Pititi.

Siempre hubo tiempo para tener limpias cada una de las pajareras, sin que faltara la comida de los cantores silvestres que alegraban la casa con sus trinos. Las palomas, en su incesante trajinar, ponían un sello de actividad constante en el hogar de mis progenitores.

Como por las tardes iba a la escuela, después de desayunar y realizar la tarea que nos dejaban el día anterior, disponía de tiempo dándome la oportunidad de salir al frente de la casa a jugar bolitas o algún otro juego con los chiquillos del barrio. Quiero aclarar una cosa: yo no era muy dado a tener compañeritos; las más de las veces me las pasaba solo. No porque fuese de un carácter fuertemente huraño, sino porque sentía cierto placer de jugar en forma solitaria. Mi personalidad se inclinaba a ser retraída, podría decir, casi un tanto o cuanto acomplejada, debido, creo, a la maniática manera de perseguirme con su inmensa cuchara la tía Pititi. Experimentaba un profundo rechazo a esto. La tía creía que un niño sano, tenía forzosamente que ser gordo y, de ahí, la persecución de que fui objeto. Fuera de estas correrías por toda la casa, con la tía siempre detrás de mí, yo fui como todos los chicos, con nuestros juegos y fantasías, con las travesuras y las reprimendas que colorean el diario vivir.

Una mañana, sentado a un lado de la puerta de mi casa, me divertía viendo los autos correr por la avenida. El tranvía eléctrico, en sus inseparables rieles de acero templado, transitaba envuelto en sus toscos sonidos de metal.

Yo estaba absorto en ello cuando, inopinadamente, percibí el calor de una mano que se posaba sobre mi cabeza. Volteé y miré unos zapatos cafés de moda antigua y un hábito del mismo color, que fui recorriendo mientras levantaba la vista hasta llegar a la cara de la desconocida, la cual se atrevía, con su mano sobre mi cabeza, a llamar mi atención. Era una monja.

"¿Qué hacés?" me interrogó en un dulce sonido de voz emitido de una boca chica, enmarcada en un rostro ovalado de tez blanca, lozana y juvenil. Sus ojos brillaban cálidamente, provocando en mi ser, confianza.

"Nada," le respondí con cierto desgano e, inclinando la cabeza, inconscientemente creí que con este acto la conversación culminaría.

"Bueno, si no estás haciendo nada, ¿te agradaría que te invitara a concurrir con otros chicos adonde jugaríamos, organizaríamos algunos paseos, tendríamos fiestecitas con caramelos, y donde tú podrías estar a gusto? Tendrías que comentarlo con tu mamá. Y ¡claro!, yo misma le pediría el permiso para que te dejara ir. Además, quiero decirte, que no está lejos el lugar de reunión. ¿Conoces la capilla de la iglesia de Santa Lucía?"

"Si, está a dos calles de aquí."

"¡Excelente! Como puedes darte cuenta, no está lejos. ¿Quieres que le pida el consentimiento a tu mamá?"

Permanecí unos segundos sin hablar; contemplaba sus ojos, su expresión de rostro, como si quisiera por medio de esos rasgos encontrar intenciones guardadas. Más no advertí nada que no fuese franqueza y simpatía de parte de esa monja, que esperaba pacientemente mi respuesta.

"De acuerdo. Mi mamá se llama Esther. Vamos a verla."

Entramos a la casa. Grité a mamá que la buscaban. En pocos instantes apareció ella con un sacudidor de polvo en la mano, sorprendiéndose de que una monja pisara la entrada de su casa.

Con ese mismo encanto que inspiraba confianza, de inmediato relajó a mi mami, concediéndome el permiso necesario, y prometiendo que el sábado próximo ella misma conduciría a su retoño a la capilla.

La hermana Graciela, que así se había presentado a mi mamá, se despidió. La acompañé hasta la puerta y nos tocó despedirnos, conviniendo en que el siguiente sábado por la mañana nos veríamos nuevamente. Así comenzó una de las experiencias más lindas de mi infancia. Los juegos, los paseos por el río o el zoológico, las fiestecitas con globos y gelatinas; pero sobre todo, aquellas pláticas llenas de colorido y entusiasmo que la hermana Graciela nos impartía acerca de Dios.

Por primera vez en mi vida fui conociendo a Dios a través de esta mujer. Yo era católico, mas iba a la iglesia a la muerte de un obispo, como se dice. Esto es, era un católico de nombre. Pocas veces me acerqué a la parroquia. Mi conocimiento eclesial era totalmente nulo. Mi familia, como yo, éramos inapetentes a estas cosas de la religión.

Esta hermana devota poseía el don de enseñar, de instruir con gracia. Todos los que nos reuníamos con ella, la respetábamos. Su bondad era transmitida a todos por igual. Su preocupación por cada uno de nosotros, constante hasta más no poder. Su alegría era el tono distintivo que marcaba a cada uno de sus actos; de tal manera, que a los pibes de su grupo los tenía fascinados. No había reunión en la que no nos hablara de Dios. Era tenaz en transmitir y demostrar la religión que le habían enseñado. Franca y transparente, pero, sobre todo, con un entusiasmo por lo que creía, emanaba de su ser amor sin cortapisas.

Fui conociendo y tomando muy en serio a ese Dios que difundía la hermana Graciela. Despertó en mí un hondo interés religioso que me era desconocido. Esa diminuta luz de revelación divina inundó la pequeñez de mi corazón. Era como la implantación de una semilla que a su tiempo daría su fruto.

Los meses me fueron gratos. Durante los dos años, casi tres, aprendí muchas, muchísimas cosas de religión. Infaltable a las reuniones en la capilla, o en el salón contíguo, o en el jardín. Sentí hambre de conocer más de ese Dios. A tal grado, que no me importaba que mi familia no acudiera a la iglesia. Yo tomaba mi propia iniciativa en concurrir a los oficios y labores inherentes a la capilla. Me convertí en un practicante sincero.

En diversas ocasiones externé mi entusiasmo religioso en las tertulias que se celebraban en casa. Les decía que quería llegar a ser Papa. Unos se sorprendían santiguándose, otros vacilaban, y los demás se reían incrédulos de mis ocurrencias. No obstante, había fecundado en mí una ansia que veía, en sus alcances, sólo satisfacerla en el podio que el Papa poseía. Imaginaba que ese lugar y honor era el clímax donde se podría colmar el alma y no desear ya nada más. Por lo tanto, ese objetivo que como una eclosión surgió de mi interior, me mantuvo interesado, proclive a devorar todo conocimiento, ritual o labor que me acercara más a mis intenciones.

Tendría los once años cumplidos cuando se nos anunció que habría un concurso entre los fieles, mayormente entre los niños y jóvenes. Diversas eran las asignaturas. Teología, religión, doctrina, etc. que tendríamos que aprender. No perdí tiempo. De por sí, emocionado por las cosas religiosas, comprendí que esta competición podría darme un adelanto en mi meta del subconsciente. Me afané. Trabajé. Estudié con ardor y fui ganando las fases preliminares.

De hecho, no me sorprendió el día que tuve que dirimir conocimientos con jóvenes seminaristas en la gran final. ¡Qué emoción!

La iglesia estaba de bote en bote. Los concursantes eran varios, y entre ellos yo era el más pequeño. Las preguntas se fueron dando primero sencillas, después, más complejas. Cuando se anunció al ganador, provocó en mi ser una gran satisfacción. Yo, Alberto Mottesi, había salido campeón de aquella justa. ¿Cómo era posible? Muchachos de mayor edad, seminaristas apegados únicamente al estudio religioso, y yo ¡les había ganado!

Fue una fiesta de felicitaciones. Mi familia, la hermana Graciela y mis condiscípulos no cabían en la alegría que les produje. ¡Ah!, pero el premio. No tan sólo fue un trofeo de bronce con una estatua cuya mano sostenía una guirnalda. ¡No! Días después, ignoro cómo lo lograron los párrocos, pero me hicieron llegar a mis manos temblorosas, el verdadero premio que, obviamente, yo no lo esperaba.

Era una medalla de oro y una carta manuscrita, ¡de puño y letra del mismísimo Papa Pío XII! Me quedé mudo y extasiado. Jamás hubiese pensado en tal acontecimiento. Esto me abrió, concluyentemente, a una apetencia fortísima por las cosas de Dios.

16

EL PROTESTANTISMO

¡Qué raros son los caminos de Dios! Después del triunfo en la competencia, los días fueron de éxtasis, pero, como todas las cosas de este mundo, también llega el momento en que todo se acaba.

Yo proseguí con mayor denuedo la búsqueda de oportunidades para llegar a mi ideal trazado,... ser Papa. Aunque ya no daba a conocer mi deseo, porque ya sabía que podría seguir siendo guisado de comentarios negativos. Así que mejor me lo guardaba. Estaba seguro de lo que quería y eso me bastaba.

Mi vida en la escuela era normal. Mi desempeño era el de un estudiante regular. Mi verdadero entusiasmo estaba en la iglesia.

Observaba todos y cada uno de los detalles en que se ejecutaba la liturgia. Todos los actos en que el cura se ocupaba me eran de especial interés. Pregunté qué necesitaba para ser un sacerdote. Me informaron de los detalles. Pensé que un buen modo de conseguir mi anuencia al siguiente paso, era convertirme en monaguillo. Así me daría cuenta de todos los pormenores litúrgicos y, de paso, practicaría para llegar a ser un buen sacerdote.

Alberto Mottesi se convirtió verdaderamente en un practicante sincero y devoto de su religión, hasta el mismo momento en que sucedería algo portentoso en su vida.

Osvaldo, mi hermano, se hizo muy amigo de la familia Curcio. Comenzó a concurrir a una iglesia evangélica, la misma a la que ellos asistían regularmente. El pastor de la iglesia tenía varios hijos e hijas. Una de ellas, Beatriz, la menor, fue el blanco del corazón de mi hermano. El se enamoró de ella.

Osvaldo comenzó a frecuentar a la familia Curcio. Fue invitado por ellos a su iglesia. Una iglesia enclavada en el barrio del Once, no lejos de donde vivíamos. Poco después nos hacía el comentario, con no poco entusiasmo, de que había aceptado a Jesús como su Salvador en la iglesia bautista. Esto lo consideré chocante. No así mis padres; porque antes de ese tiempo, ellos habían concurrido a un establecimiento del Ejército de Salvación y habían escuchado la predicación del Evangelio, gustándoles. Ahora que Osvaldo venía con esta noticia, se interesaron en ir ellos también. Fueron, y también hicieron profesión de fe.

Yo me abstuve de ir con ellos. Sentía que ir a una iglesia protestante era traicionar mi creencia. Pensaba que los evangélicos eran gente emparentada con el diablo. Y yo no quería oler a azufre, ni que me crecieran cuernos ni cola. Casi un año me mantuve en mi decisión de no aceptar las reiteradas invitaciones de mi familia para acompañarlos a sus cultos.

Hubo ciertos momentos en que me sentía triste, pensando que mi familia me abandonaba, que preferían su iglesia evangélica a lo que podía sentir el pequeño de la casa.

Aun así, me hice el fuerte. "Si ellos quieren ir a su iglesia -pensaba- yo seguiría ferviente en la mía."

Redoblé mis esfuerzos en la capilla en todo lo que me ordenaban. Hice saber al sacerdote mi querencia de hacerme monaguillo. De hecho y prácticamente, hacía muchas labores que el monaguillo ejecuta. Sólo que anhelaba que el asunto fuera oficial.

Me indicaron que debía confeccionarme el traje de esta orden menor. Ni tardo ni perezoso fui a que me tomaran las medidas. Yo quería ser monaguillo lo más pronto posible.

El domingo de esa semana en que me tomaron las medidas, la insistencia de mi familia por acompañarlos a su iglesia, cobró efecto en mí. Acepté ir con ellos el domingo por la mañana. ¿Qué fue lo que sucedió ese día? ¿Por qué sin ninguna explicación loable, sin nada que me hubiera impresionado, pude haber cambiado de decisión?

Para mí es un misterio que no he podido aclarar. Pero así fue.

La familia Mottesi en pleno, bien trajeaditos, nos sentamos en una banca de madera de la Iglesia del Once. Me sentía raro, completamente fuera de mi entorno. Había una especie de temor, como si esperara que de cualquier lugar saltara el diablo para engullirme. No hubo tal.

Me llamó la atención que no había imágenes por ningún lado. Sólo una especie de altar con un púlpito y floreros a los costados.

De unos libros leían y cantaban unas canciones que me fueron conocidas porque mi familia en algunas ocasiones las silbaban o tarareaban en casa. Ahora me daba cuenta de dónde procedían.

El pastor Pluis, que así lo nombraron cuando llegó el momento de que participara, era un hombre formal. Su personalidad y su porte de holandés, lo distinguía de los demás. Dio algunos avisos y la bienvenida a las personas que venían por primera vez; yo entre ellas. Vi que causé un gusto en la reunión como si de hecho me estuvieran esperando, y esto me dio seguridad de mi estancia en ese lugar. A poco nos enviaron a diferentes salones fuera de la nave mayor. Era la Escuela Dominical, con una enseñanza conforme a las edades de la gente. A mí me correspondió con niños de mi edad. Cuando terminó el maestro de darnos la lección, nos dirigimos de nueva cuenta a la nave mayor de la iglesia. Mientras todos los asistentes en absoluto silencio escuchaban con atención la predicación del pastor, de dentro de mí brotó una fuerte convicción: no volvería a la iglesia católica.

Así lo hice. Durante casi un año asistí con regularidad a la Iglesia Bautista del Once. Me agradó su manera de ser. Veía interesante la predicación que no era en latín sino en un perfecto español el cual entendía perfectamente. Había una interrelación entre la gente que yo no conocía. Había risas y abrazos afectuosos. En el ambiente flotaba un calor humano que desconocía.

Hubo pronto en mí una grata aceptación con todos mis condiscípulos. Veía un compañerismo que tampoco había experimentado antes.

Todo esto me mantuvo ese año, aprendiendo nuevas cosas de la Biblia. Algunas que ya conocía, cobraron nueva vida. Las veía con un nuevo matiz; me parecía que contenían algo práctico en lo cotidiano que me era desconocido.

El 9 de diciembre de 1954, cuando frisaba los doce años, tuve una experiencia inolvidable. Ya llevaba casi un año asistiendo regularmente a la Iglesia del Once, cuando en ese día por la noche estaba sentado en una de las bancas traseras del templo, participando del culto normal de predicación. Cantaba, oraba, leía la Biblia, y oí como en la lejanía el mensaje del pastor Pluis, cuando al final de su homilía, pidió al coro entonar un himno.

Comencé a escuchar los sonidos iniciales y con ellos sentí embargar todo mi ser de una convicción antes jamás sentida. El coro deletreó el himno con aquella música que me pareció celestial.

"Venid, venid,
Si estáis cansados, venid"

Convincentemente supe que Dios me estaba llamando. Para mí este himno era la voz audible del Eterno que me invitaba a ir a El. Sabía con perfección que era un llamado ineludible y que tenía que obedecer. Sentía un profundo amor que me abrazaba y las lágrimas saltaron de mis ojos.

Cuando el pastor Pluis hizo el llamado al altar, yo fui el primero. Ahí en ese altar de la Iglesia del Once, esa noche con mis lágrimas cayendo sobre la alfombra, acepté a mi Señor Jesucristo.

Lo sentía tan real. Me parecía verlo con una expresión de ternura y amor incontenible y absorvente. Era imposible para mí huir. ¿A qué lugar podría dirigirme que no estuviera en la Presencia de Dios? Me dejé arrastrar, fundirme en ese río de amor, cuyas aguas, hasta el día de hoy, no han dejado de saciarme.

17

LA IGLESIA DEL ONCE

En la calle Ecuador 370 del vecindario del Once se encontraba la Iglesia Bautista pastoreada por don Lorenzo Pluis. En aquellos tiempos, la comunidad evangélica de Argentina era sobradamente pequeña. Sin embargo, la fama de don Lorenzo excedía a su propia comunidad, siendo conocido y respetado por propios y ajenos. Era un hombre de extracción holandesa; sus ancestros habían venido en la primera inmigración que vino a la Argentina por los años de 1876. Su acento era inconfundible. Su español lo identificaba y le daba un aire de respetabilidad. Amén de su propia manera de vestir. Era todo un "gentleman". Su porte estilo inglés infundía autoridad a sus actos. Siempre de traje con estilos y colores diferentes y sobrios, pero la camisa, impecablemente blanca, nunca le faltó. Su sombrero de fieltro, su bastón y su portafolio eran inseparables. Además, el reloj con cadena que colgaba de una de las presillas del pantalón a la bolsa del mismo, le daba un aire de singularidad. Su persona era seria. Su sonrisa sencilla casi siempre con actitud inteligente. Medía sus palabras al hablar.

Este hombre tendría gran influencia en la muchachada que asistía a su templo. Pronto nos enseñó a conducir un servicio de alabanza. Después de tener práctica en la adoración, nos metió de lleno a aprender el arte de la homilética. Fue un pastor de pastores. El instruyó a muchísimos de nosotros. Casi treinta pastores salieron de sus enseñanzas en los años que le conocí. Supimos con él lo que era una grey y cómo apacentarla. El edificio de la iglesia, de una construcción harto sencilla, se componía de una nave mayor, algunos salones adyacentes, un piso alto con más salas de clases y una casa pastoral construída en la parte de atrás.

Doña Julia era la esposa del pastor. Para casi toda familia argentina, tenga o no trasfondo italiano, el domingo es día de pastas preparadas en ollas grandes con salsas especiales. Es el día familiar por excelencia. La familia Pluis seguía la regla, reuniéndose después del culto matutino. La familia de ellos consistía en siete hijos e hijas, algunos casados, los nietos, los novios y a veces se quedaba alguno que otro colado de la iglesia.

Descubrí junto con otro muchacho que doña Julia, muy temprano el domingo preparaba la comida. Una gran olla ya lista con la salsa hecha con chorizo y diferentes tucos, quedaba a fueguito muy lento de manera que cuando salieran del templo, el manjar estaría a punto. Como todos iban a la reunión de la iglesia, la casa pastoral quedaba sola con la tentación de aquella olla esparciendo sus ricos aromas. Nos fue fácil escabullirnos más de tres veces, domingo a domingo en el intermedio de la escuela dominical a la parte trasera, encontrar un pedazo de pan, introducirlo en el recipiente con su salsa exquisita y saborearlo a pierna tendida en la sala. ¡Era todo un acontecimiento para nosotros comer aquél tuco italiano..., hasta que mi hermano nos descubrió!

Pienso que él no se hubiera retraído de efectuar esa felonía si hubiera estado en nuestro lugar, pero como era el novio de la hija del pastor, pues ni tardo ni perezoso nos puso en evidencia. Quedó como un verdadero héroe delante de su prometida y su familia. A mí me dieron tremenda reprimenda que hasta el día de hoy me dura el sonrojo de la pena. Pocas fueron mis travesuras de niño, la verdad es que la seriedad por la vida dominaba a cada uno de mis actos. El temor de Dios lo sentía cada vez más nítido, lo cual me provocaba una clara detención en acciones que tenían el sello de malo.

Fue en esta edad de los doce años cuando en la sociedad de jóvenes, un sábado por la tarde, presenté mi primer tema homilético. Fui ayudado por mi pastor en su confección. Quizá por haberlo dicho delante de mis condiscípulos, no tuvo tanta trascendencia. Estábamos varios aprendiendo el arte. De esta sociedad salieron predicadores, siendo un verdadero semillero para Argentina.

Pero el predicar mi primer sermón en un día especial como era el culto del domingo por la mañana en el templo, ponía nervioso al más pintado. Jamás olvidaría esta vivencia. Yo tendría como quince años de edad. Cada seis meses, la sociedad de jóvenes tenía a su cargo el culto principal del domingo por la mañana. A mí me pidieron que diera la predicación.

Aquel día llegué más temprano de lo acostumbrado. Quería orar. Pedir a saciedad a Dios su ayuda. Mi nerviosismo lo sentía mayúsculo, a pesar de haber escrito todo mi sermón palabra por palabra, de habérmelo aprendido de memoria, de haberlo recitado no sé cuántas veces, y cuidando la dicción, los ademanes, el tiempo, la postura, etc., etc.

Deseoso de que llegase el día, ahora era lo contrario, quería que se alargara por la eternidad. Me abrumaba el sentir mi deficiencia; sin embargo, no había forma de cambiar. Llegó el día y la hora.

Después de la Escuela Dominical, todos los asistentes se reunían en la nave mayor de la iglesia. Nos tocó sentarnos en el lugar de honor. El devocional corrió a través de mis compañeros, mientras yo veía a esa gente que tenía frente a mí. La inmensa mayoría me eran conocidos, pero aun así, los veía como jueces dispuestos a llevar a cabo su cometido.

Todos con sus mejores ropas. Yo iba con uno de mis trajes que mejor me sentaba. Me sudaban las manos, cuando oí pronunciar mi nombre para pasar a la cátedra.

De un salto estuve detrás del púlpito. ¡Qué momento! Creo que ningún predicador ha olvidado ese instante. Observar en pleno toda la iglesia desde ese sitio. Sentir que de pronto uno se ha convertido en un punto de contacto entre Dios y los hombres, que tiene uno la responsabilidad de compartir el mensaje del Altísimo, que delante de uno están muchísimos ojos y mentes pendientes de cada pronunciamiento, todo ello es una experiencia preciosa. ¡Si, nos tiemblan las piernas y nos sudan las manos! La garganta de pronto se anuda. El corazón parece salirse de su lugar. Pero una vez que se rebasan los límites de nuestro físico, externando nuestra primera palabra, parece que una fuerza nos inyecta el valor, la osadía y la unción de presentar en palabras escogidas la hermosura poderosa del Evangelio.

Mis veinte minutos de predicación, de pronto me parecieron cinco. Cuando me di cuenta, estaba haciendo el llamamiento. ¡Y aquí la bendición de Dios!

En aquella mañana hubo doce profesiones de fe. Como si el Señor me estuviera rasgando el velo de mi futuro. La misma escena perviviendo continuamente a través de toda la vida. Aquí se marcó indeleblemente la fragilidad de mi corazón.

18

EL LLAMADO INELUDIBLE

Tenía un lugar preferido; era un sillón metido en una de las habitaciones de la parte trasera de la casa. Si ese sillón pudiese hablar, platicaría las cosas más insólitas que soñé allí. Era un mueble viejo, aterciopelado, con olán que cubría la parte de abajo. Pasé muchísimas horas en él. Me acomodaba perfectamente. Arremolinarse en su hueco era una invitación excelente para abandonarme a la lectura.

Desde siempre ví ese sillón. Ignoro cuándo lo compraron, y también cuándo se deshicieron de él. Lo cierto es que fue en ese lugar donde pude visionar las escenas más preciosas del evangelismo mundial.

Mi afán por leer no decaía, todo lo contrario, se hizo más intenso. Ahora, aparte de los libros que en casa poseía, se me abrió un mundo desconocido en los libros que mi pastor me prestaba.

En muchas ocasiones observaba que no leía, sino devoraba los volúmenes que caían en mis manos. Para mí, la lectura se convirtió en una necesidad, que a veces la sentía insaciable. Mis mejores lecturas las hice en aquel período de mi vida. Mi imaginación volaba en cada página impresa. Me impregnaba de su sabor, de su olor. Vivía las peripecias de los protagonistas. Sentía su dolor, su alegría, su llanto. Y también, el impacto de la confrontación con su mensaje.

"En Sus Pasos" señalaba una pregunta vital en muchísimas acciones ordinarias de la vida. El pastor Enrique Ford y su modo de predicar; Eduardo Norman, que dirigía un diario en su localidad; Virginia Page y su pregunta ¿qué haría Jesús con un millón de dólares?; o la garganta privilegiada para el canto, de Raquel Larsen.

Esta interrogación poseyó a mi espíritu por días; qué digo, por años. ¿Qué haría Jesús en mi lugar? Aunque era una novela, esto no minimizó su mensaje a mi corazón. Sabía de la realidad de la voluntad de Dios, y esto comenzó a ser para mí una búsqueda incesante en medio de las tinieblas. Sabía que los hombres que estuvieron cerca de El, de alguna manera entendieron las palabras de Dios dirigidas al ser humano que deseaba su presencia y su poder. A ellos fui con corazón abierto. Cada libro biográfico lo absorbía. Quería ver en sus páginas cómo Dios actuaba. Y me di cuenta con el tiempo que para cada persona la actuación de El era diferente, según su eterna y maravillosa soberanía.

No obstante, caminé con Dwight L. Moody, el zapatero y vendedor viajero, por su tierra natal Massachusetts, después Illinois, más tarde las Islas Británicas y Londres, sus campañas masivas en Brooklyn, Filadelfia y Nueva York. Cuántas ciudades, convenciones, retiros, campañas, seminarios, escuelas. Se dice que Moody viajó más de un millón de millas y que predicó ante más de diez millones de personas. Yo le acompañé a través de la biografía que su hijo nos legó. Inflamó mi alma por ser útil al Señor. No importaban nuestras capacidades o nuestros talentos. Dios trastocaba nuestra inutilidad o falta de sabiduría; lo simple El lo levantaba para humillar al soberbio.

Viajé con el padre de las misiones modernas, otro zapatero, otro destinado al fracaso según las medidas humanas. Pero Dios tiene la última palabra cuando el corazón se dispone. Su tenaz determinación por obtener resultados de su visión, y no dejarse vencer por los múltiples obstáculos, inflamaron mi espíritu débil, apocado y lleno de pesimismo. Sufrí mientras leía la vida de Guillermo Carey; sin embargo, me di cuenta que Dios es el que triunfa al final del camino, dejando una huella indeleble en el mundo que nos tocó vivir.

El diario de David Brainerd fue bañado por mis lágrimas, mientras recorría página a página la desesperación, la soledad, la enfermedad, la aparente vaciedad de sus esfuerzos. Esos veintinueve años de vida tratando de alcanzar a los indios de Norte América, muriendo por ellos, sólo teniendo un pequeño vislumbre al final de sus días con aquellos indios que comenzaron a creer, transformó mi pensamiento y ablandó a lo sumo mi sensibilidad espiritual. Cuando cerré la última hoja del diario, mis manos tomaron mi cara bañada en lágrimas y permanecí largo rato digiriendo lo que significa servir a Jesús.

La vida de los Judson abatió mi alma infantil. ¿Es posible sufrir tanto por la obra de Dios? Nuestro llamado, ¿puede ser un espejismo brotado por un falso sentimiento? Los cristianos, y en especial los que siembran la Palabra en lugares inhóspitos, ¿deben sufrir tanto? ¿Los siervos de Dios están propensos a la desolación espiritual, como Adoniram Judson en su postración en Birmania, quien exclamó con palabras de gran hondura: "Dios es para mí el Gran Desconocido. Yo creo en El, pero no puedo hallarlo"?

Así fueron desfilando las vidas de los hombres de Dios: Henry Martyn, David Livingston, E. Stanley Jones, Carlota D. Moon, A. B. Simpson, Carlos Haddon Spurgeon y sus "Colecciones de Sermones", "La Tesorería de David" y "Meditaciones Diarias", Murray y su "Escuela de la Oración", Torrey.

Juan Wesley, el creador del metodismo pasó por mis ojos y se internó muy dentro de mí. La gran capacidad de trabajo cuando a los ochenta y ocho años todavía predicaba cinco o seis veces al día. Cuando una vez sólo predicó dos veces lo tuvo como un "día de descanso". Su organización, su gran labor evangelizadora y sus sermones hacían arder mi corazón.

"Mis queridos amigos: De todo corazón predicaría hasta media noche, hasta que ya no pudiera predicar más, con tal de haceros bien. ¡Oh, si este cuerpo mío pudiera resistir el que yo hablara más por amor a mi Redentor! ¡Si tuviera mil vidas, si tuviera mil lenguas, las emplearía todas para invitar a los pecadores a llegarse a Jesucristo! Venid, permitidme que persuada a algunos para que vengan conmigo." Yo también quería predicar así. Llamar con ardor a los pecadores al arrepentimiento.

Andaba en los trece años y estos sermones me los bebía. Los de Spurgeon, amplios, sesudos, colmados de argumentos, me los devoraba. Creo que mi ansia por leer desde pequeño me fue preparando para entender estas obras voluminosas. Y más que para entenderlas, su lectura provocaba emociones sin par en mi alma. También quería correr a los campos irredentos. Yo también deseaba que mi boca se llenara de las palabras de Dios y anunciarlas por los caminos del mundo.

Todo este calidoscopio de experiencias que vivía sin moverme de mi sillón, fueron colmando mi depósito hasta que se derramó en visiones y sueños de obra evangelizadora.

Cuando tuve entre mis manos los libros del Dr. Oswald J. Smith, sobre todo "Pasión por las Almas", no pude más. Esa misma pasión se encendió en mí sin volverse a apagar. La visión mundial de la evangelización entraba plena en lo profundo de mi ser.

"Pero, hay aquellos que ven el mundo entero. Ven Europa, Asia, Africa, América del Norte y Sur, y las Islas de los Mares. Ellos tienen la visión de Dios y esa es la visión que El quiere que tengamos: una visión mundial."

Pero dirá alguno, "¿por qué ir a los demás países antes que todos hayan sido salvos aquí?" Lo contestaré con cuatro preguntas... ¿Por qué salió David Livingston de Escocia para ir al Africa cuando en Escocia quedaban quienes aún no eran cristianos? ¿Por qué salió William Carey de Inglaterra para ir a la India antes que todos en Inglaterra hubieran sido evangelizados? ¿Por qué salió Judson de Estados Unidos para ir a Birmania antes que en Estados Unidos todos fueran traídos a Cristo? ¿Por qué salió el apóstol Pablo hacia Europa antes que Palestina hubiera oído el Evangelio? Mis amigos, hay una sóla respuesta y la doy en las palabras de la Biblia: "El campo es el mundo."

Una noche, estando en mi sillón vetusto, roto y descolorido, me sentía desfallecer. Durante meses había estado peleando en mi interior con la voluntad de Dios. Esta lucha me enfermó. Transpiraba frío. El temblor en todo mi cuerpo me era irrefrenable. Esa noche algo pasó; sentí que la habitación se llenó de una agradable Presencia. Me sentí ligero, gozoso, con una capacidad preciosa de meditar en Dios.

De pronto, mi mente se abrió a una hermosísima visión. Veía multitudes de gente en explanadas inmensas. Miraba sus caras. Me observaba frente a ellos, predicándoles.

Mi corazón se inflamó de una portentosa vehemencia. Sabía que el Señor me estaba llamando. No pude resistir; mis ojos se vaciaron en abundantes e irrefrenables lágrimas; sollozaba sin parar. Sentía la presencia de Dios, tan real, que sólo con balbuceos pude exclamar: "¡Sí, Señor, no resisto más. Haré tu voluntad. Predicaré tu Palabra! ¡Te amo, Señor, te amo!"

19

EL SEMINARIO MAS GRANDE DEL MUNDO

Toda aquella gama de emociones y de experiencias espirituales transmitidas por la constante lectura de la Biblia y cuanto libro cristiano encontraba a mi paso, fue respaldada por la predicación y la vivencia de cuanto hombre de Dios se interpuso en mi camino.

Mi vida en la iglesia era de continuo trabajar. Hacía lo que fuera. Desde tomar una escoba hasta preparar un sermón. Sentía verdadero placer por estar en una labor sobre otra.

Mi motivación de ser Papa, habíase quedado en el baúl de los recuerdos. Ahora, con mi llamado a la predicación, mis motivaciones eran totalmente otras. Una de ellas era prepararme. La necesidad creciente de mi corazón me conducía a saber y conocer más de Dios para poseer un mensaje más convincente, más útil, más certero, de manera que pudiese ver resultados en vidas y corazones convertidos a Cristo.

Con esta convicción, cada vez que oí que alguien venía a compartir experiencias y a dar mensajes, era uno de los primeros en apuntarme. No me perdía de escuchar a ningún siervo de Dios. Estaba en la creencia de que cualquier indicio existencial en la vida de estos hombres, relacionada con la voluntad de Dios, era una luz que aclaraba mi sendero.

Además, cada vez que escuchaba a alguno de estos hombres, mi corazón ardía. Mi alma se inflamaba por ver realizar en mi propia vida semejantes experiencias. Saber que yo también podía ser un instrumento usado por el poderoso Dios.

Me estremecía en lo hondo cuando un pastor nos refirió la matanza de los cinco misioneros por los indios aucas en las selvas profundas del Ecuador. ¿Cómo es posible que en nuestros días pasen estas cosas? Bueno, esto sería poco.

Después, la Asociación de Jóvenes Bautistas invitó a un predicador argentino que había ido a Colombia, don José Bongarrá, de los Hermanos Libres. Era el tiempo de la persecución. En esa época nos narró don José que ciento nueve mártires habían dado sus vidas por Jesús. Las experiencias dramáticas que vivió al ir a predicar allá, nos erizaban la piel del cuerpo. En lo interno yo sentía una clara certidumbre de que Dios me estaba instruyendo por medio de aquellos sus siervos.

Más adelante se abriría la oportunidad de entrar al Seminario. Pero desde aquellos días, conocer y abrevar la savia de los hombres de Dios a quienes iba conociendo, se convirtió para mí en el seminario más grande del mundo.

Escuchaba argumentación bíblica, ponencias, enseñanza, exégesis del Nuevo y Antiguo Testamentos, pero no como lecciones programadas por un magisterio docente, sino como vivencia pura. Teoría hecha práctica. En más de las veces, del mismo campo de acción surgían las lecciones más conmovedoras y convincentes que oído humano podía escuchar. ¿Qué relación podía tener el saber que existe el Mal en el universo pero que el Bien siempre será el triunfante, cuando uno oía de las matanzas, los crímenes sin piedad sobre aquellos que eran hijos de Dios? Si murieron, ¿cómo podría uno decir que el Bien triunfó?

Sin embargo, cuando en la experiencia narrada uno conocía el contexto, uno podía exclamar como Tertuliano, quien dijo: "La sangre de los mártires es la semilla del cristianismo".

Entonces, todo el panorama se clarificaba y uno miraba a las claras el trabajo tras bambalinas que Dios hace por medio de aquellos fieles cuyas vidas sentían ser nada con tal de servir a su Dios.

¡Cuánta enseñanza me transmitieron mis maestros itinerantes! Verlos; oírlos en su propia voz. Conmoverme al reflejo de su propio sentir. Fue maravilloso que el Señor me haya permitido tal dispendio amoroso de Su voluntad.

Cuando supe que una viejita holandesa, de casi ochenta años, que había rescatado de las garras del nazismo a cientos de judíos en su casa convertida en un refugio secreto, venía a Buenos Aires, me aponsté para no perder la oportunidad de conocerla. La impresión que tuve de aquella viejita de andar lento, de cabello cano peinado con cuidado extremo, de ojos azules e inteligentes y perspicaces detrás de aquellas gafas cristalinas, de su hablar pausado cargado de un dramatismo como jamás había oído, embelesó mi ser.

La Segunda Guerra Mundial, los campos de concentración, la matanza de los judíos, las crueldades inimaginables, y los crímenes atroces que sólo debieran engrosar el corazón de un odio perpetuo, en aquella viejita se habían tornado en una bendición de lo Alto. "Toda pérdida humana es usada por Dios para su gloria," exclamaba ella con profunda emoción.

¡Qué amor me transmitió Corrie Ten Boom! Sus sueños de ayuda a la humanidad necesitada. Sus visiones por un mundo evangelizado. Ahora eran míos. Desde mi banca, embelesado, con mis lágrimas que me nublaban la imagen de aquella hermosa viejita, me hacía poseedor de la compasión de Dios por el mundo.

¡Bendita sea esa viejita, de amor encarnado en los campos de concentración! ¡Bendito sea Dios por transformar la maldad acérrima en un cúmulo de bendiciones!

Salí con el corazón en la mano después de escuchar a esa mujer. Otro acontecimiento me seguiría en este período de mi juventud.

Un día, inopinadamente, comencé a ver y oír por doquier anuncios de una Cruzada que realizaría un predicador venido de Toronto, Canadá, el Dr. Oswald J. Smith.

¡Imagínense cómo se puso de loco mi corazón! No lo creía; el mismo autor de "Pasión por las Almas" y de "El País que Amo más", el fundador de la iglesia más grande del Canadá, "La Iglesia del Pueblo", el visionario del evangelismo mundial, quien en más de sesenta y seis países había hecho cruzadas de evangelismo, y miles de personas, por su intermedio, habían aceptado a Jesús, él mismo era quien venía a mi tierra natal.

Fueron días para mí expectantes antes de la Cruzada. En aquellos tiempos, en Argentina el pueblo evangélico era muy pequeño. La obra evangelística gozaba de poco renombre, a tal grado, que nunca antes se había hecho una cruzada como la que se pretendía realizar y, menos aún, en un lugar público. Sin embargo, Dios permitió esta gracia. Fue alquilado el estadio Luna Park para esta Cruzada. Por primera vez el pueblo protestante unía esfuerzos para llevar a efecto este acontecimiento. Y fue toda una bendición.

Los días en que estuvo el hermano Smith, usado por Dios, hizo estallar nuestros corazones. Aparte de la gente que abarrotó el sitio, las decisiones por Cristo que se hicieron, el Dr. Smith trasuntaba un amor a la acción evangelística que dinamizaba nuestras almas.

El último día de la Cruzada, él terminó su predicación con la historia del Dr. Duff. Su voz de barítono en su inglés natal se dejaba escuchar sonora por los alto-parlantes, haciendo los espacios para que su intérprete diera la versión en castellano.

"El Dr. Alejandro Duff, ese gran veterano de la obra misionera en la India, regresó a Escocia a morir. Habló ante la Asamblea General de la Iglesia Presbiteriana e hizo un sentido llamado, pero sin obtener respuesta. En medio de su llamado, se desmayó y tuvo que ser llevado en brazos para su atención. El médico se inclinó sobre él y examinó el corazón. El enfermo abrió los ojos."

"¿Dónde estoy?" exclamó.

"No se mueva," -dijo el facultativo-. "Usted ha sufrido un ataque al corazón. No se mueva."

"Pero," -dijo el Dr. Duff- "yo no he terminado el llamado. Déjeme volver. Llévame de vuelta. Debo terminar el llamado a la obra misionera en la India."

"No se mueva," -le repitió el médico- "si usted se levanta, será a riesgo de su vida."

Pero, a pesar de las protestas, el viejo luchador se puso de pie con gran esfuerzo y, con el médico sosteniéndole de un lado, y el moderador de la Asamblea del otro, subió los escalones hasta el púlpito. Al aparecer sobre la plataforma, toda la Asamblea le rindió homenaje poniéndose de pie. Una vez sentada la congregación, el anciano continuó hablando y dijo lo siguiente:

"Cuando la reina Victoria llama voluntarios para ir a la India, responden centenares de jóvenes, pero cuando llama el Rey Jesús, nadie va."

Hubo una pausa. Silencio absoluto. De nuevo comenzó a hablar.

"¿Será verdad que los padres de Escocia ya no tienen hijos para dar a la India?"

Hubo una nueva pausa. Siguió el silencio.

"Muy bien," -concluyó el veterano- "viejo como soy, volveré a la India. Puedo acostarme sobre las riberas del Ganges para morir allí, y decir a la gente de la India, que Escocia ha tenido un hombre, que les amaba suficiente como para dar su vida por ellos."

En un instante, por toda la Asamblea, jóvenes se pararon de un salto, diciendo: "¡Yo iré! ¡Yo iré!"

"Amigo mío," -terminó el Dr. Smith- "¿irás tú? ¿Te ha hablado Dios? ¿Has oído su llamado? ¿No quieres responder: Señor, heme aquí, envíame a mí?"

Yo no esperé más, de un salto dejé mi butaca y me perdí en las decenas de jóvenes arrodillados en el frente de la plataforma. Mi corazón, con grandes latidos, no dejaba de exclamar: "¡Señor, heme aquí, envíame a mí! ¡Envíame, Señor, envíame a mí!"

20

SECRETARIO GENERAL

El tono que marcó Argentina en el mundo, mientras se realizaba la segunda conflagración mundial, fue de ser proclive al Eje, en otras palabras, al nazismo. Sería ya en las vísperas del final, 1944, cuando por presiones constantes de Estados Unidos, Argentina se declaró neutral en el conflicto.

El gobierno argentino, en su afán por mantener el segundo lugar como proveedor de carne en el mundo, no quiso cerrar las dos puertas de las naciones beligerantes. Por una parte, existía una gran amistad entre líderes del nazismo y nuestro gobierno. Perón estuvo varias veces en la Italia de Benito Mussolini, compartiendo experiencias militares que después impondría en sus mandatos; y, por la otra, Gran Bretaña era el máximo comprador de carne.

Una vez que Juan Domingo Perón obtuvo el mando del gobierno, e impuso sus doctrinas políticas, creó toda una manera de ser, que fue bien recibida por la mayoría, en especial el pueblo, "sus descamisados", pero mal avenida por los que ostentaban el poder de antaño, la oligarquía y la fuerza castrense.

Mientras vivió Eva Perón, prácticamente ambos se convirtieron en dioses. Después de la muerte de Evita en 1952, su esposo Juan Domingo Perón ya no fue el mismo y la verdadera situación de Argentina se hizo notoria a los ojos del mundo.

La situación política del país austral ha sido sumamente accidentada. Golpes de estado a más no poder, huelgas en todos los sectores, sublevaciones, masacres, detenciones sin cuento, etc. La necesidad ha obligado a que el pueblo argentino sea muy politizado y uno de los sectores civiles profundamente afectado es el estudiantil. Su voz nunca ha dejado de hacerse sentir. Las ideas marxistas con su comunismo y socialismo, eran verdaderos focos de atracción para la juventud, desde la época de Perón, quien mantuvo férreamente controlado al movimiento estudiantil.

SECRETARIO GENERAL

Al terminar la preparatoria, estudié en el Colegio Nicolás Avellaneda. Esta escuela, por ser uno de los centros educativos más grandes en la capital, también gozaba de una fama política inquebrantable. El estudiantado militante se cargaba fortísimamente hacia la izquierda. El marxismo-leninismo había sentado sus reales en cada uno de sus cubículos.

En este colegio existía un Centro Estudiantil con un secretario general que era la máxima figura del ambiente estudiantil. A este joven se lo entrenaba de una manera especial por el partido comunista. Asistía semanalmente a sesiones especiales con grupos de entrenamiento. Claro que también se requería de ciertas dotes naturales de la persona asignada: don de gentes, agudeza mental, preparación académica y dialéctica para la oratoria, entre lo principal.

En las elecciones para la designación del nuevo Secretario General a alguien de mi salón se le ocurrió postularme. Si en un principio me pareció un juego que pronto terminaría, ya no lo fue así cuando en las urnas finales salí triunfador en las votaciones. Un joven con las características antes mencionadas era mi rival. Desconozco por qué azares gané. Casi sin pensarlo, me hallé ocupando el cargo de Secretario General.

Bien sabía que yo no tendría el apoyo comunistoide de la escuela. Me enfrenté como cristiano a todas y a cada una de las obligaciones inherentes al cargo. Fue un período de intensos combates políticos entre el estudiantado; aun así, puse el sello de un compromiso sin componendas.

No fue nada fácil ir en contra de la corriente. Cuando en las decisiones la gran mayoría decía sí, yo interponía un no rotundo. Había dentro de mí convicciones que jamás puse en entredicho y, lógicamente, este proceder me acarreó varios enemigos.

Una noche de verano, como a las tres y media de la madrugada, se oyeron fuertes golpes en la puerta. Como era una hora inusual, mis padres, desde adentro, preguntaron, "¿Quién llama?"

Se oían varias gentes en la calle. Una voz ronca de joven se oyó. "¿La familia Mottesi?"

Mi papá, con su voz severa, continuó el diálogo.

"Sí, ¿qué desea?"

"Ver y hablar con los padres de Alberto."

"Estas no son horas de visita. Vengan más tarde."

"Sólo queremos decirles que un día de estos van a encontrar el cadáver de su hijo Alberto flotando en el Río de la Plata."

Quiero decir que estas amenazas no eran un juego, ni mucho menos una broma; era la verdadera respuesta a mi actuación como

Secretario General, que no se dejaba manipular por compromisos dudosos. Estaba cierto que cada convención estudiantil representaba fuego a la lata, metralla pura. Máxime que en las calles, el obrero y el patrón estaban a fuego y sangre tratando de sacar cada quien a cada cual, sus mayores recursos.

Esto tenía caldeada la atmósfera civil. La política se mantenía en completa efervescencia. Y el medio estudiantil como fuerza de choque, que podría mostrarse incontenible e ingobernable, representaba un serio problema a las autoridades.

Fue relativamente poco el tiempo que estuve al frente del estudiantado; sin embargo, esta experiencia dejaría su huella en mí. Más tarde, vería hasta con asombro, que mi actuación en otras futuras condiciones adversas, se mantenía firme y sin fluctuar.

Definitivamente, no fue sencillo ser Secretario General, pero la experiencia fue una lección inolvidable.

21

"QUE SUENE LA TROMPETA DE PLATA"

Si mi vida estudiantil fue activa, en lo religioso fue muchísimo más. Nuestro pastor, como verdadero líder visionario, tuvo la gracia de darnos libertad de acción. Supo manejar con aquiescencia la energía contenida de una juventud pujante. A cada proyecto que se le presentaba buscando su anuencia, sabía dar con tacto el consejo, la directriz o la sugerencia. Por tanto, en este ambiente de liberalidad pudimos desarrollar talentos y vocaciones en bien de la Obra.

Para mí era un gusto trabajar en la iglesia. Nuestro grupo de adolescentes llegó a unificarse tan bien, que las labores de equipo resultaban una bendición. De este grupo, más de treinta pastores saldrían a engrosar las filas del ministerio en el Cuerpo de Cristo. Varios llegarían a puestos directivos de misiones paraeclesiales a nivel continental.

La iglesia vivía un avivamiento. Todo era actividad. Siempre había trabajo por hacer. Cada departamento metido en su labor, que, coordinado con todos los demás, englobaba un avance total de la congregación.

Nuestro movimiento tenía varias iglesias en todo el país. Se tenía una libre correspondencia para trabajos unidos. Uno de ellos consistía en realizar congresos juveniles. Jóvenes de todo el país se alistaban año con año, para desplazarse hacia la Capital y llevar adelante las misiones planeadas.

Quiero reiterar que en Argentina la obra evangélica era muy pequeña. Nuestro congreso albergaba a unos dos mil jóvenes. Pero estos congresos tuvieron un efecto perdurable en todos los que asistíamos. Los concursos eran una atracción de convivencia y los mensajes dados con unción de lo Alto, nos hacían vivir días de intenso fervor cristiano. Yo fui asistente continuo a la iglesia. Tenía la impresión de que si algún día faltaba, me perdía un conocimiento de alguna enseñanza dada en la Escuela Dominical, o algún mensaje, que ya no volvería a oír jamás, sintiendo con ello que mi preparación quedaría coja para siempre. Si alguna razón fuera de mi voluntad me obligaba a no asistir, me producía enorme angustia. Prefería, pues, que estas ocasiones de inasistencia no se presentaran nunca.

En la Escuela Dominical, pronto sentí el deseo de enseñar. Después, fui el superintendente de la misma. En la Sociedad de Jóvenes escalé los puestos directivos. Tuve la presidencia a mi cargo y no tan sólo de la sociedad de mi iglesia, sino la de la Asociación, la cual agrupaba a todos los grupos del Gran Buenos Aires.

Nuestro trabajo era muy variado: diversas obras de teatro para Navidad y Semana Santa; invitaciones de personas conocidas en nuestro medio, pastores y profesionales; campamentos; reuniones sociales; congresos; campañas evangelísticas; enseñanzas de diversa índole, hasta lecciones de urbanidad. Todo lo que se nos ocurría que fuera benéfico para el adelanto del grupo, lo llevamos a la práctica.

Entre todo ello, lo que sobresalía, eran los congresos anuales que llevábamos a efecto en la gran carpa que levantábamos en el solar adjunto al viejo edificio del Seminario de la calle Ramón Falcón y Bolaños.

¡Qué expectación en los días previos al congreso! Los programas, las invitaciones, los premios, la organización de los elementos venidos de provincia, el hospedaje, la comida. ¡Cuántos detalles de organización!

El día de la inauguración, cuando la mayoría de los asistentes sentados en las sillas escuchábamos la voz de apertura, también se abría nuestro corazón a una inmensa expectativa espiritual.

Los talleres y los certámenes nos mantenían con un interés continuo. Los mensajes por la noche encendían nuestras almas a las más diversas emociones y retos a emular.

Uno de estos congresos lo denominamos: "Que suene la trompeta de plata". Fue el tema general. Y el mensaje final estuvo a cargo de un hombre probo, respetado y muy conocido. Su carácter era medio apático, quizá, podría decir, medio raro. Creo que era un hombre fuera de época. Inteligente y visionario, parecía haber salido de algún avivamiento del siglo pasado. Al ver a este hombre, uno podría compararlo con algún Müller, un Torrey, o un Spurgeon. El profesor Santiago Canclini, yerno de don Juan Vareto, conocido en todo el Continente y una de las glorias del cristianismo americano, fue padre del Dr. Arnoldo Canclini. Los tres formaron y muchos más de aquel tiempo una pléyade de gente entregada, apasionada del Señor de la gloria, que remontaron caminos nuevos y señalaron hitos en la historia cristiana de su país y allende al mismo.

Este hombre, don Santiago, un tesoro viviente, fue el que nos llevó el último mensaje basado en Jeremías 4:19.

> *"¡Mis entrañas, mis entrañas! Me duelen las telas de mi corazón: mi corazón ruge dentro de mí; no callaré; porque voz de trompeta has oído, oh alma mía, pregón de guerra." (Texto sacado de la Antigua Versión 1906).*

Desde mi punto de observación, enfrente de este anciano, no dejé escapar ninguna de sus expresiones.

Era ya un domingo de noche. Las bombillas eléctricas alumbraban todo el escenario y la parte más lejana de la carpa. Habíamos tenido días de intenso calor, pero esta noche había refrescado, debido al viento tan característico de Buenos Aires. La capacidad de la carpa estaba a tope. Muchísima gente permanecía de pie. Estábamos por concluír el congreso. A cada joven se le había dado una vela sin saber para qué nos serviría.

La voz del predicador nos llevó por los canales bíblicos de un Jeremías llorón y su situación vivible de su tiempo. Un hombre comprometido con su llamamiento.

Don Santiago nos supo meter en la pasión de aquel hombre. Nos supo llevar a los estados álgidos de sus emociones emitidas por las experiencias crueles de un mundo cruento e inmisericordi. Pero, también, a ver más allá de su entorno, al Invisible que todo lo puede para conducir a su Pueblo a la realidad de Su gracia.

Sí, duelen las telas del corazón cuando vemos tanto pecado alrededor. Ruge nuestra alma como voz de Dios, que usa a los Jeremías de cada época, para rescatar lo perdido y acoger con amor tierno a los suyos.

"¡Jóvenes, oíd trompeta de Dios en vuestro corazón! ¡Es tiempo de que vuestra alma pregone con lealtad y firmeza la salvación de vuestro Señor! ¡Oídle, oídle!" -resonó este grito saturado del ambiente espiritual en todo el recinto, pero fue más allá, a las mismas coyunturas de los presentes.

Me había comido cada una de sus palabras. Alberto sentía que era Jeremías, y que la trompeta había sonado con fuerte fulgor. Mi emoción era intensa.

En un momento dado se apagaron todas las luces. De varios puntos comenzaron a encenderse las velitas. Una a una, hasta la totalidad. ¡Qué espectáculo tan precioso! Luces diminutas en cada mano titilaban. Al llamado a realizar una dedicación al servicio del Señor, cientos de jóvenes nos adelantamos hacia la plataforma. Allí levantamos nuestra diestra con nuestra velita encendida, como señal de consagración total. Una emoción profunda nos embargó; bañado el rostro en lágrimas, exclamé en sollozos: "¡Señor, Señor! Aquí está mi vida. Es tuya. Te pertenece. Haz uso de ella como bien te pareciere."

Para mí esto no era un juego. Revestía la más profunda seriedad. Sabía que Dios era real. Habíamos tenido momentos de íntima sociedad, que cuando se producían experiencias como ésta, resultaban puntos en la eternidad cuando se podía respirar la atmósfera del Reino de Dios. Era como entrar con temor y temblor en el Lugar Santísimo, pararse delante del Arca del Pacto, -tipo del trono y de la presencia del Altísimo-, y caer de hinojos, humillado y quebrantado, esperando sólo en la misericordia y en la gracia de mi Señor.

Mientras viva, nunca olvidaré aquel congreso, el cual fue usado por el Espíritu Santo para colmar el corazón con el mensaje de Dios para mí.

¡Sí, ahora comenzaba a sonar potente la trompeta de plata! ¡El sonido despertado por Dios en aquella ocasión no ha dejado de rugir! El dolor de mi corazón por los perdidos no se ha extinguido, porque he oído el sonido de la trompeta..., y no callaré.

22

CONOZCO A NOEMI

¡Qué intrincados son los caminos del amor! Nunca sabe uno en qué momento o en qué lugar, "Cupido" flechará nuestro corazón.

Mi vida sentimental, hasta cierto punto, fue determinada por mi manera de pensar. Demasiado temprano me di cuenta de la importacia vital que significaban las relaciones amorosas entre los jóvenes.

Después de la escuela y sus tareas, la mayor parte del tiempo disponible lo dedicábamos a la iglesia. Casi todos los días teníamos actividad. Esto provocaba una relación estrecha entre la juventud. Manteníamos una relación muy unida, siendo esta la característica sobresaliente entre los jóvenes de ambos sexos. No era nada extraordinario que surgieran los noviazgos.

Observaba que un noviazgo necesitaba de tiempo principalmente, de dinero y de una buena dosis de madurez. Para mis doce años cuando pensaba estas cosas, me sentía bastante maduro para mi edad. Desde pequeño, la vida me había metido en un sendero de seriedad. La responsabilidad por cada acto vivido era una nota sobresaliente en mi carácter. Me angustiaba sobremanera que alguna orden encomendada a mi cuidado, no se ejecutara por una falta de responsabilidad mía. De allí que este modo particular de mi personalidad, me llevara a pensar con seriedad en las relaciones entre los jóvenes. En cuanto a dinero, poco. Como hijo de casa, dependía íntegramente de mis padres. Por lo tanto, no podía sentir que me sobraban las monedas como para mantener un dispendio que pudiese elevar el presupuesto paternal.

Y, por último, el tiempo era mi bien menos disponible. La escuela y la iglesia me absorbían. Pensaba que para tener un noviazgo, por fuerza tendría que decrecer en alguna de mis actividades. No podría darme en un cien por ciento a aquello que era todo mi ideal. Estos pensamientos rectores me inclinaron a mantenerme al margen en las relaciones amorosas.

Merece un acápite aparte la convicción de que Dios, soberano en todo, debería tener su importancia fundamental en la búsqueda de la compañera que sería la cónyuge de mi vida ulterior. Yo así lo pensé, y lo llevé a la práctica.

Cada vez que mi corazón se interesaba en alguna joven, antes que nada resolvía esto con Dios. Aunque a veces mi amor platónico se mantenía firme, cuando menos me lo esperaba, éste pasaba al olvido. Así transcurrió el tiempo. Después pensé que sería bueno que me mantuviese sin novia hasta terminar la carrera, que, según mis planes, no sería antes de los veinticinco años. Y hubiese sido así, si no hubiera asistido a los parques de Ezeiza un día de picnic.

Concordamos en la Sociedad de Jóvenes tener un día de esparcimiento al aire libre. El jueves 8 de diciembre de 1960 era un día feriado que podíamos usar para tal menester. Alquilamos un ómnibus y todos, con sus alimentos cada quien, llegamos a un lugar espacioso de árboles y campos, con mesas y sillas, y parrillas para la carne asada. Estos parques de Ezeiza están cerca al Aeropuerto Internacional de Buenos Aires.

Jugamos entre todos, fútbol, voleibol y muchos otros juegos. Como había otros grupos cristianos, que también tuvieron la feliz idea de un picnic, allí nos reunimos y concertamos buenos juegos de competencias.

En un momento en que dejé de participar, por ver que toda mi muchachada estuviese sin problemas, andaba caminando por los verdes pastos cuando, de pronto, me llamó la atención una joven sentada en una mesa, leyendo. Ella, al sentir que alguien la miraba con insistencia, dejó su lectura y me miró.

¿Qué poder tienen los ojos para llegar a impactar el alma? Yo no lo sé. Una cosa sí es cierta. Aquella mirada tierna, dulce, de unos ojos grandes y brillantes, hizo su impresión muy dentro de mí. Nos miramos unos segundos. Nos sonreímos con pudor juvenil. Eso fue todo. Cada quién volvió a su actividad, pero ya no fuimos los mismos.

Como si me hubiesen dado alas, sentí volar. Mi cerebro fue hecho trizas por incontables pensamientos encontrados. De no sé qué misterios, la sensación que tuve de esta joven menuda, de cabello corto, vestida con una falda tableada tipo marinero y su blusa blanca, me hizo caminar, correr, detenerme, reírme, brincar. Si alguien hubiese visto lo que me estaba pasando, seguro pensaría que me había dado la locura. Yo estaba feliz. Había visto a una joven preciosa. Y ella me había mirado y sonreído.

Pero también las preguntas me asaltaron: ¿de dónde será?, ¿con qué grupo viene?, ¿la volveré a ver?, ¿será cristiana?, ¿cuál será su nombre?

Furtivamente entre los grupos que se encontraban por ahí, la buscaba. A la distancia trataba de verla. Después se me perdió de vista y ya no la encontré.

Terminó el picnic. Nos dispusimos a retornar. Nos acomodamos en nuestro ómnibus y yo desde la ventanilla trataba de hallarla entre la gente, pero sin resultado. Un encuentro de unos segundos y ya estaba sufriendo por su ausencia.

Tomamos la carretera de retorno. La algarabía de los jóvenes de mi iglesia, sus chistes, sus cantos, los sentía lejanos. Mi mente estaba en aquella joven de ojos grandes y cafés.

Habíamos avanzado un buen trecho cuando vimos a otro ómnibus delante de nosotros, estacionado a la vera del camino. Todos los jóvenes habían descendido y estaban en la actitud de no saber qué hacer. Nuestro chofer se estacionó detrás, con la perspectiva de dar ayuda a su compañero. Como yo era el responsable, bajé para darme cuenta del problema.

Cuál no sería mi sorpresa al ver que la joven que ahora ocupaba mis pensamientos, estaba precisamente en este grupo. Casi salté de alegría. Bueno, no lo manifesté. Pero eso sí, mi interés por resolver el problema tomó caracteres muy, pero muy personales.

"¿Qué pasó?," -preguntó nuestro chofer a su colega que estaba de rodillas debajo del motor de su ómnibus. Se incorporó, y le dijo descorazonado: "Una banda se rompió y no traigo repuesto. Tengo por fuerza que ir a la ciudad a traerla. ¿Vos de casualidad no traes alguna?"

"No, ché. No traigo repuesto. ¿Se te ocurre algo en que te pueda ayudar?"

"Pues no sé. Lo grave es que si me voy con vos a la ciudad a comprarla y regresar, me va a consumir mínimo dos horas, ¿y cómo dejo a la gente? Ya es tarde, pronto va a anochecer."

"Cierto; esto sí es grave. El paraje aquí es muy solitario."

Todo este diálogo lo escuchaba tratando de ver cómo podría también yo ayudar. Sabiendo que dos ojos estaban en mí, comenté una posible salida.

"Bueno," -dije con resolución-, "¿qué les parece si todos tratamos de irnos en nuestro ómnibus. Un poco apretados, pero creo que podemos caber todos. Así nadie se queda. Usted se va con nosotros y después vuelve para arreglar su desperfecto."

"Si nos permiten hacer esto, creo que es lo mejor," -sentenció el chofer con alegre disposición.

El mismo chofer habló con todo su pasaje informándoles del problema y la solución que había concertado. Esto, naturalmente, me puso como héroe con la muchachada. Brincando de alegría los más, subieron a nuestro transporte y nos acomodamos. Yo en lo interno no perdía detalles de los movimientos que hacía la joven de los ojos grandes, brillantes y cafés.

Me ocupé solícitamente de acomodar a nuestros invitados. "Fortuitamente" busqué un lugar para mí junto a la joven de mis ensueños.

Encendimos los motores y tomamos la carretera rumbo a la ciudad.

"Vaya, problemas que pasan, ¿verdad?," -dije esto en el afán de iniciar la conversación y también para tratar de disipar de alguna forma el tremendo nerviosismo que sentía estallar en mí al estar junto a aquella joven.

"Veníamos bien, cuando de pronto perdimos velocidad y se paró el ómnibus," -oí por primera vez aquella voz con éxtasis contenido-, "bajó el chofer y nos dijo lo que pasaba. Nos preocupó. Gracias a Dios que pasaron ustedes, si no no sé qué hubiésemos hecho. Era peligroso quedarse varias horas en ese lugar. Y pronto sería de noche."

Yo escuchaba con suma atención su disponibilidad al diálogo. Me pareció sencilla, con soltura en el hablar.

"¿Cómo te llamás?"

"Noemí, ¿y vos?"

"Alberto."

"¿De qué iglesia sos?..."

Platicamos con animada solicitud. Nos dimos cuenta que nos éramos gratos y había correspondencia cn nuestros intereses.

Como Villa Ballester, suburbio de Buenos Aires, estaba al norte de la ciudad, no nos fue difícil ir a dejarles en su iglesia. Antes de llegar le dije que si podíamos volver a vernos esa próxima semana.

"Sí, decime qué día, sólo que tiene que ser después de las cinco. Estoy llevando a cabo en la iglesia una Escuela Bíblica de Vacaciones y salimos a esa hora. Dispondría de una hora antes de llegar a casa."

"¡Oh!, ¿cómo le haré? Estoy precisamente realizando mi primera campaña evangelística justamente aquí en Villa Ballester. Toda la semana estaré predicando y por la tarde estaré muy ocupado."

"¡Caramba!, ¿cómo le podremos hacer?"

"No lo sé. ¿No podrías a una hora en la mañana?"

"Me es difícil. A las nueve comenzamos la clase de la escuelita."

"Sabes..., a ver cómo le hago. Voy a tratar de arreglar mi horario y te veo a las cinco. ¿Dónde te vería?"

"¿Conocés la Plaza de Chilabert?"

"¿La de los bancos de piedra?"

"¡Ajá! Es ésa, exactamente."

"Bueno, entonces a las cinco el próximo lunes. ¿De acuerdo?"

"De acuerdo."

Nos despedimos mirándonos a los ojos, tratando de dar a conocer el interés tan grande que se había despertado entre ambos. El calor de su mano transmitió un calor precioso, que lo sentí casi angelical. Me marché porque era preciso hacerlo. Pero, de buena gana, hubiera seguido prendado a ella hasta que la muerte nos separara.

Justo a la cita convenida, nos vimos. Tomamos una hora para caminar por los alrededores de Chilabert, sector de gran influencia alemana perteneciente al pueblo de Villa Ballester. ¿Cuántas calles caminamos? Lo ignoro. Convenimos en seguir viéndonos.

Fue emocionante platicar durante aquellos primeros días por esas calles pletóricas de árboles frondosos.

Nuestras conversaciones basadas en lo que hacíamos, los recuerdos y las ilusiones futuras, no tenían coto.

A Noemí le encantaba conversar. Su alegría era contagiosa. Muy pronto mi cerebro sólo tenía su imagen y el sonido de sus palabras. Fueron días como si anduviera en las nubes. Me di cuenta de que estaba enamorado. Tenía dieciocho años de edad. Todavía me faltaban siete años para, según yo, tener mi primera novia. Sin embargo..., a pocas cuadras de su hogar había un parque muy arboleado, con enormes macizos de flores. Una banca de granito supo de nuestros ensueños.

Cada vez que me sonreía o tomaba su mano, ocurría una explosión dentro de mí. Experimentaba sensaciones jamás sentidas. Soñaba de noche y de día. Vimos palpablemente nuestra mutua atracción. Sabíamos que aquella incipiente relación iría mucho más allá que una amistad pasajera. Quisimos ver juntos nuestro futuro. Y, justamente en ese momento, bajo la sombra de aquellos árboles que trinaban de vez en cuando por sus alados huéspedes, Noemí y yo hicimos una decisión que ha trascendido a través de los años como una directriz para asegurar nuestra felicidad.

Noemí puso sus manos sobre las mías. Sintiendo la emoción desbordarse porque le había pedido comprometerse conmigo, con los oídos que me zumbaban y sintiendo el rubor sobre mi cara, esperé, anheloso, su respuesta.

"Sabes, Alberto, siento decir esto. Siempre pondremos al Señor primero en nuestras vidas y en nuestra relación. Lo demás, El lo hará."

La respuesta era un sí entre líneas; no obstante, iba al núcleo mismo donde se desarrollarían nuestras existencias. Dios estaba por encima de todo. Aun de nuestras emociones. Si obedecíamos, estaríamos fundamentando nuestra futura felicidad. Era Dios, tanto para Noemí como para mí, el todo de nuestro ser. Justo era que El tuviera en esta nuestra incipiente decisión, el primer lugar. Noemí tenía razón. Y Dios ha honrado, hasta la fecha, aquella decisión.

23

EL DENOMINACIONALISMO

Desde el primer día en que pisé la Iglesia del Once fui fiel a la Denominación que ella representaba. Los bautistas tienen renombre mundial. Son una gran organización cuyos líderes y misioneros se han esparcido prácticamente por todo el mundo.

Argentina, en el tiempo de mi adolescencia, tenía poca actividad evangélica. Pero esto no impedía para que en las principales ciudades del interior hubiese iglesias bien constituidas y docenas de misiones. Su cuerpo docente, administrativo y doctrinal, bien equipado, mantenía congregaciones en un constante reflujo de interés y trabajo litúrgico y misional. A mí me fue grato su constante preocupación por el adelanto en el conocimiento compartido. Sus pastores se mantenían preocupados por aumentar el número de sus feligreses, pero también porque crecieran en conocimiento espiritual.

Por ser la obra evangélica pequeña en el país, poco o nada se entrelazaban las Denominaciones para trabajos unidos. Todos estaban imbuidos en sus propios intereses, tratando de alcanzar solos al mundo. Casi inconscientemente se había metido en la conciencia la idea de que, fuera de los bautistas, todos los demás estaban perdidos. Y esto que digo tiene capital importancia. De ninguna manera quisiera herir a ninguno de mis hermanos que leen estas líneas. Jamás ofendería a nadie. Quiero ser agradecido por la formación que Dios me dio y si señalo este apartado es porque lo considero de capital significancia para un saneamiento de nuestras relaciones dentro del Cuerpo de Cristo, que es Su Iglesia.Quiero que ustedes, mis amables lectores, vean el proceso por el cual el Señor me llevó, de ninguna manera para herir a nadie, sino para prevenir o curar de un falso denominacionalismo que llega a ser negativo, contraproducente. Mis muchas lecturas de los más variados personajes de las múltiples "fes", me fue dando una conciencia cada vez más significativa de que Dios tenía un inmenso pueblo, que dependía no sólo de los bautistas, o de los metodistas, o de los presbiterianos o de los pentecostales, sino de todos cuantos proclaman a Jesucristo como el único Salvador del alma y el Señor de la vida. Aunque en años jamás pisé los atrios de ninguna otra iglesia, había dentro de mi ser una inquietud por conocer más allá.

Sabía de varias Denominaciones cristianas evangélicas. Sabía también de su trabajo y su denuedo por predicar a Jesús. Pero, había un sentir con mayúscula. Llegué a pensar que saliendo y yendo a otra Denominación era como caer en un pozo sin fondo. El tipo de formación denominacionalista en que se me había instruído, había creado el sentimiento de que al identificarme con otros, aunque se llamaran cristianos, podría perder mi identidad bautista y que, como resultado de ello, caería sin remedio en un hoyo sin término.

Yo, desde mi mismo comienzo, percibí que había mucho más. Estaba cierto que Dios tenía un pueblo grande y lindo. Que mi grey a la cual pertenecía, solamente era un agregado a la inmensidad del pueblo, que con toda seguridad, Dios poseía. Estaba latente esta conciencia. Dios había comenzado una obra en mí, la cual, paulatinamente y con mucho tacto y paciencia, daría su fruto. La actividad de mi iglesia era plena. De hecho, podría decir que no me hacía falta conocer otra cara de la moneda.

Estaba profundamente comprometido con la predicación. La sentía en los huesos. Junto con otros compañeros, íbamos a predicar en los parques y en las calles más transitadas. Conseguíamos literatura y abordábamos omnibuses, subterráneos, tranvías, mercados y cines, para repartirla y dar pequeños mensajes de salvación.

¡Qué no sería nuestra ansia de evangelizar! No nos importaba la inclemencia del tiempo, con lluvia o con frío, con calor o viento, de mañana o de tarde, nos manteníamos en nuestro anhelo de predicación. Una guitarra o un acordeón nos servía para atraer a la gente a modo de dispararles la Palabra de salvación y llevarlos a hacer una decisión por Cristo.

No faltaron las sobradas burlas e improperios, las amenazas, y uno que otro tomataso. Sin embargo, estábamos en nuestros trece. Se nos hacía difícil no hacerlo. Aun con nuestros pantaloncillos cortos, siendo unos chiquillos, no nos importaban nuestras carencias; los villorrios, las plazuelas y los jardines eran puntos de contacto con la gente para llevarlas al Señor. Era emocionante ver el trabajo de Dios en los corazones. Dios usaba nuestros primigenios esfuerzos coronándolos con respuestas hermosas de personas que aceptaban, que se involucraban en un compromiso con el Rey de reyes. Todo este trabajo evangelístico y nuestras responsabilidades con la Sociedad de Jóvenes nos mantenía en continuo ajetreo. Yo, seguía leyendo con voracidad. Tiempo que tenía, tiempo que no perdía sin dejar de leer unas líneas del libro en turno. Teología, doctrina, estudios bíblicos, ensayos, exégesis. Cuanto veía como promesa para prepararme mejor en la propagación del Evangelio, era susceptible a devorármelo. Quería predicar bien y no cejaba en obtener cuanto conocimiento me dieran los libros y los predicadores que tenía a mano. Comenzaron a invitarme de otras iglesias de nuestra propia Denominación Bautista a predicar. Después, las campañas en las mismas iglesias por tres días o por una semana.

Mi vida se volvió un remolino sin parar. Me levantaba muy de mañana para ir a la escuela de bachiller, y me acostaba ya muy entrada la noche. Con qué dulzura me metía a la cama. Llegaba tan cansado, que hasta desvestirme era un lujo que no me quería dar. Unos segundos más de sueño me apetecían mejor que quitarme la ropa. El dormir y el reparar las fuerzas se trastocaba en un placer. Al otro día, el trajinar de siempre. A pesar del dinamismo de nuestro actuar, dentro de la conciencia no dejaba de ser preocupación las "otras" Denominaciones. Ya por haber conocido a un hermano en la librería, o por ver algún aviso anunciando campañas de evangelismo, tenía el escozor. Y más que el escozor, la curiosidad de conocer, de saber acerca de "ellos."

Los pentecostales habían irrumpido fuerte en Argentina. Eran notorias las conversaciones acerca de "sus doctrinas, sus visiones y sus formas espontáneas de adorar". Algunas veces me daba el ánimo de ir a una de esas iglesias y conocerles. Pero más podía mi arraigado denominacionalismo. Un día, caminando por la calle Hidalgo donde se encuentra situada una de las iglesias más grandes de las Asambleas de Dios, me detuve para observarlos. Fueron escasos segundos donde vi una multitud de gente cantando y palmeando un himno. Un fuerte temblor se apoderó de mí, como si estuviese a punto de caer en un pozo sin fondo; el corazón se aceleró, y casi corrí de allí. ¿Hasta dónde nos puede llevar un denominacionalismo a ultranza? ¿Cuánto hemos perdido por nuestras divisiones? ¿Qué no el pueblo de Dios es uno e indivisible? ¿Cuál es la razón de las Denominaciones? ¿Qué no hemos ido ya bastante lejos con nuestro egoísmo? ¿Qué no podemos dejar un poco nuestro individualismo?

¡Oh, el Señor me daría lecciones de amor de su pueblo precioso que está con los bautistas, con los pentecostales, con los nazarenos, con los presbiterianos, los metodistas, los hermanos libres, etc., y me haría caer avergonzado por mi denominacionalismo tonto y espúreo!

24

INICIO LA OBRA PASTORAL

Uno de mis mayores problemas y frustraciones en mi adolescencia fue el de querer interpretar correctamente la voluntad de Dios. Desde el momento mismo de mi conversión, quise no equivocarme en lo que Dios me ordenara. Sabía de un propósito eterno para cada vida. Estaba consciente que yo tenía un trabajo para hacer. Cuando yo percibo el llamamiento a servirle, la conciencia de la voluntad divina que en muchos momentos la sentí angustiadora, se acrecienta, se agiganta.

Leía asiduamente la Biblia. Devoraba cuanto libro tenía a la mano. Rebuscaba en las biografías de los grandes hombres de Dios, y en los predicadores contemporáneos que tenía la bendición de escuchar, trataba de atisbar luces que iluminaran el "pensar y hacer de Dios."

Estaba determinado a no equivocarme. Mis oraciones eran demandantes de señales que me hicieran seguras las acciones a realizar. Quería oír la Voz audible o ver al ángel de luz transfigurándose para traerme las órdenes. Pero nunca fue así.

Para mí la voluntad divina era suprema en mi existencia; no entenderla correctamente, me traumaba.

Pasé períodos de confusión. Estaba cierto que a Dios le interesaban aun las nimiedades del diario vivir; en cambio, ¿en cuántas ocasiones parecía que estaba metido en un túnel oscuro o atascado en un lodazal?

Así como venían tiempos de intensa confusión, también me daba cuenta que internamente había cierto sostén que producía seguridad y sosiego. No lo entendía. Pero ahí estaba en los resultados que obtenía en el trabajo del Señor y en mi vida particular. Algunas noches me las pasaba orando. La responsabilidad de la obra en la iglesia, y las predicaciones, pesaban sobre mí.

Quiero anotar, aunque en mi Denominación no se hablaba ni se llevaban a efecto veladas de oración y ayunos, yo sentía necesidad de hacerlo. Había una certidumbre de que eran conceptos bíblicos y que, por medio de mis lecturas había cobrado discernimiento del valor de ellos para un acercamiento y una dependencia más directa del Señor.

Naturalmente, yo veía los resultados en mí. Una mayor libertad de acción se transmitía en el proceso del trabajo.

Por aquel entonces yo estaba sumergido en una baraúnda de trabajo y responsabilidades. Corría por todos lados de la ciudad.

El bachillerato lo había culminado y estaba con la incógnita de proseguir una carrera o meterme de lleno al ministerio. Esto último me entusiasmaba a lo grande.

Entonces comencé a trabajar secularmente. Tenía necesidad de mi propia independencia económica.

Primero encontré un trabajo de vendedor de máquinas de rasurar "Remington" y algunos enseres eléctricos. Como consecuencia de mis contactos con la gente, se me presentó otra oportunidad que podía ejecutar al mismo tiempo; cobraba facturas para la editorial Amauta. Soltero aún, me sostenía perfectamente. No obstante, había un "pero", el tiempo.

Viajaba en "subte", en colectivos, caminaba y, a veces, corría cuando llevaba quemando el tiempo.

En ese tiempo, 1960, se abrieron dos oportunidades de trabajo pastoral. Por un lado, el pastor de Noemí, en Villa Ballester, falleció, quedándose la iglesia acéfala. Necesitaban prontamente de alguien que relevara el puesto del pastor. Me agradaba la idea sabiendo que era la iglesia de Noemí, mi novia. Así estaría cerca de ella. Sin embargo, una familia, los Castrovince, miembros de la iglesia de San Justo, deseaban comenzar una obra misionera en su propia casa. Se abría la ocasión de plantar una nueva congregación.

Valoré ambas conveniencias, quedándome con la última. En la primera sería una ayuda pastoral más, mientras que en la segunda, tendría toda la responsabilidad e iniciaría el trabajo desde cero. Como el apóstol Pablo, quien edificó donde no había fundamento. Sabía de mis pobres rudimentos y de mi inexperiencia pastoral. Confiaba sólo en mi gran anhelo de servicio al Señor y de mi capacidad de trabajo. Lo demás..., lo dejaría a Dios.

Con el permiso del pastor, don Lorenzo Pluis, me encaminé a la casa sencilla y humilde de los Castrovince. Se hicieron invitaciones a los vecinos, a los familiares y a cuantos se nos puso enfrente para la asistencia a las células familiares. Pronto me di cuenta de la bendición de Dios. El trabajo surtió efecto al 30, 60 y al 100%. Si nerviosamente había comenzado esta obra, pronto nos demandó un lugar propio para la edificación material de un templo.

Hubo días cuando no cabíamos en la casa. Se usaban cuanta silla y sillón la familia tenía. Aun así, apretaditos, duramos un poco más de dos años.

La congregación, al crecer, demandó otras exigencias. Como yo no era pastor ordenado, tenía la necesidad de invitar continuamente a pastores reconocidos para cumplir ciertas obligaciones. Presentaciones de niños, bautismos, impartición de la Santa Cena, etc. No estaba capacitado para hacerlo; así que, me obligué a entrar a estudiar en el Seminario.

Presenté mi aplicación y me matriculé en el Seminario Bautista. A poco comencé mis clases. Estas me parecieron sencillas, debido a mis largas horas de lecturas. Por la formación que había obtenido con mi pastor y la práctica constante de la predicación en iglesias y calles, sociedades juveniles y convenciones, las clases ahora en el Seminario se me hacían fáciles.

Aun así, hubo maestros cuyas enseñanzas perviven en mi mente. Preciosos conocimientos que se me impartieron en mi juventud y que nunca han desaparecido de mí. Pronto me ordenaron al ministerio.

El trabajo secular, la obra evangelística y el noviazgo me tuvieron en un permanente yo-yo. De Palermo, donde vivía, yendo hacia el norte me llevaba una hora el trayecto para visitar a mi novia. Viajando hacia el sur, también una hora, se encontraba el área de mi trabajo. Y como a hora y cuarto, hacia el oeste, se encontraba la iglesia.

Imagínense, me la pasaba todo el día y parte de la noche, viajando. Era tremendo. El día se me escurría como arena entre los dedos, compartiendo el estudio, el trabajo secular, el pastorado y el noviazgo. Cuando por las noches llegaba a la cama, caía rendido. Ni tiempo de soñar me daba. Casi al instante, oía el ruidazo del despertador, anunciándome un nuevo día de jornada.

25

EL LLAMADO AL EVANGELISMO

Cuando estaba en mis veintiún años de edad, me invitaron a realizar dos Cruzadas en Quito, Ecuador. Llegó la fecha, septiembre de 1963 y partí. Llegué al aeropuerto de la ciudad capital donde un comité me recibió. Más tarde, un misionero mayor, me confesaba su impresión al verme descender del avión. El le dijo a otro colega en tono de admiración.

"¿Este es el evangelista? ¡Recórcholis! Pensé que sería más viejo. Este es un muchachito."

Lo cierto es que algunas gentes habían dado referencias de mi persona, creyeron que yo podría realizar una Cruzada mayor y me invitaron. La realidad es que no me conocían personalmente. Por ello la extrañeza.

Las Cruzadas se desarrollarían en dos lugares: una en el Coliseo Cerrado, de Quito, y la otra, en el Coliseo Huancavilca, de Guayaquil.

En el primer día de la Campaña, estando en el hotel donde me hospedaba, faltando escasas dos horas, imprevistamente me invadió un temor creciente. La imagen de una multitud de doce o quince mil gentes fulgurando en mi cerebro, me hizo temblar de pies a cabeza. Aquello me pareció demasiado grande para mí. Las piernas se me aflojaron. Caí al piso en señal de impotencia. Tuve el pensamiento de salir corriendo de allí. Quería huir. En esa circunstancia de severa crisis emocional, inopinadamente el cuarto fue llenándose de una Presencia sublime. Una atmósfera exquisita empecé a respirar. El desasosiego reinante en mí, paulatinamente fue desapareciendo para dar lugar a una paz hermosa que invadió cada centímetro de mi ser. Una impresión gloriosa impactó mi conciencia. Sabía que era Dios. Y, de pronto, un pensamiento hace luz en mi mente, como si oyera una voz audible.

"Una llama nueva arderá por todo el Continente. Quiero tu vida como combustible para mi plan."

Era tal el ambiente que me rodeaba, que no había ninguna duda de que era la voz de Dios. No me fue difícil balbucear entre lágrimas abundantes, "Señor, aquí estoy. Usame, por favor."

En este cuarto del hotel en la capital de Quito, Ecuador, recibo de parte de Dios mi llamado al evangelismo masivo. Es tan concreto este llamado, que aunque mi corazón ardía en el servicio pastoral que ejecutaba en la Iglesia de Haedo, después de esta vivencia, comienza fuerte, potente, un fuego evangelístico que consume mi ser todos los días que llevo de vida.

No es un llamado cualquiera. Uno no tiene la opción de hacer o dejar de hacer. ¡Jamás! Es la vida misma. Hay una energía dentro de mí dispuesta a salir siempre. Si por alguna razón uno no hace conforme al llamado recibido, esta energía hace tal presión que uno siente que va a morir. A uno lo sofoca si no libera su potencial. Por otro lado, haciendo justamente lo comisionado, a uno lo envuelve una profunda e inagotable paz.

Este llamado comenzó a ser una pasión abrasadora; consumía mis huesos y mi carne. Sabía que mi vida no tendría sentido si no obedecía a mi Señor. ¡Ah! y mi servicio sería a costo de lo que fuera. Aun dar la vida, si era necesario.

Fue tan potente y definitivo este llamado, que yo estaba listo aun a detener a la gente, pagarles por los minutos que me dispensaran, a fin de comunicarles el amor de Cristo. ¡Sí! Pagar a la gente si es necesario, pero que me escuchara, que me oyera de la salvación que hay en el Señor.

Después de levantarme, de secarme los ojos y la cara, ya no volví a ser el mismo. Mi corazón ardía. Había estado en mi monte Sinaí delante de la zarza que ardía sin consumirse. Ahora bajaba. El púlpito del Coliseo Cerrado, de Quito, me aguardaba. Una muchedumbre oiría con pasión, con amor, con ternura del cielo la historia del Hijo Salvador de Dios, contada millones de veces.

Unos meses más tarde, el 28 de febrero de 1964, Noemí y yo nos uníamos en santo matrimonio. Era un día de calor insoportable. Tórrido a más no poder. El ambiente se nos metía por los poros de nuestro cuerpo. Nerviosos y todo, así nos fuimos al Registro Civil por la tarde, acompañados de un grupo de íntimos. Después de estampar nuestras firmas, ya de noche, bajo una verdadera tromba que inundó Buenos Aires con accidentes automovilísticos al por mayor; unos primos sufrirían un percance, y el carro que nos llevaba a nosotros no se salvaría, quedándose sin frenos, y así tuvimos que subirnos a una acera a manera de detenernos.

Aun así, con todo y la inundación, el templo de la iglesia estaba lleno de bote en bote. No cabía un alfiler más. Mi pastor, don Lorenzo Pluis, fue el encargado de Dios de unirnos bajo Su bendición.

Aquí comenzaba una hermosa relación bajo el amparo del Omnipotente, la cual durará hasta que sólo la muerte nos separe. Dos hijos vendrían a completar el círculo familiar: Marcelo y Martín.

La familia Mottesi-Mazzarielo estaba marcada por el sello divino para seguir las pisadas del Galileo, aunque éstas se dirigieran... a la misma cárcel de Devoto.

26

LA CARCEL DE DEVOTO

Nunca fue fácil para mí el estudio en el Seminario. Tenía ya varias responsabilidades que cumplir. Muchas veces me dormía en el "subte" o en los omnibuses y por las noches se me caían los libros de las manos. Fue de mucho sacrifio mi período estudiantil.

En los cuatro años de estudio, teníamos la obligación de realizar trabajos prácticos. La mayoría de los jóvenes comenzaban ayudando a algún pastor en la localidad. Yo, como ya era pastor, opté por asistir a la cárcel como capellán de presos.

Ya hacía tiempo que yo tenía la intención de realizar este trabajo. Veía que era un lugar sumamente necesitado de ayuda espiritual, amén de que pocas personas cristianas se interesaban en proporcionar este servicio. Obtuve los permisos necesarios, y me introduje, junto con otros dos compañeros del Seminario, a la Cárcel de Devoto.

Esta experiencia dejaría su huella indeleble en mi corazón de lo que es la protección de Dios.

Aquella cárcel, la más grande de Argentina, contenía en su seno a una multitud de seres proscritos por la sociedad y de la más variada índole de criminalidad. Se ubicaba en la parte noroeste de la ciudad de Buenos Aires, cercana a la avenida General Paz, que dividía a la capital del Gran Buenos Aires, cerca del partido de San Martín.

Al transponer las enormes puertas de acero y mientras uno va caminando hacia adentro, las puertas se van cerrando una a una detrás, y de uno se apodera una extraña sensación de temor y de oprobio. Las miradas de los presos son el lenguaje de ellos dentro de los reclusorios. Uno las siente quemantes, de estudio intenso, como para saber las intenciones de los desconocidos que se atreven a hollar aquellos recintos cargados de odio y de maldad.

Caminar por los corredores hasta el lugar asignado por las autoridades, fue siempre tenso. El corazón se aceleraba haciendo esfuerzos por mantenerse ecuánime. Toda vez que estábamos dentro éramos rodeados por un fuerte grupo de presos ofreciéndonos cosas a cambio de dinero, o simplemente para ver qué traían estos desconocidos. Veía que la vigilancia sólo consistía en dos guardias con metralleta en lo alto de las almenas.

Iba junto a otros dos estudiantes del Seminario que eran músicos; bueno, eso parecía. Uno era un judío convertido que pulsaba el violín, cuyo sonido sacado de su interior parecía gato maullador. Y el otro, tocaba un acordeón. ¡Pobres presos! Con estos dos "virtuosos" de la música, y yo de predicador, bueno, era para correr por toda la Argentina.

Ibamos dos veces por semana. Una visita la hacíamos en la noche, con devocional y predicación. La otra, la hacía yo solo al otro día para fundamentar o discipular a los interesados de la noche anterior que habían mostrado su deseo de entregarse a Cristo.

Este trabajo carcelario tuvo muchas derivaciones. Como pastor me tocó ministrar a varias familias de los presos. Muchas cosas simpáticas y dramáticas viví en ese tiempo en que me desempeñé como capellán.

Dentro de la cárcel es notorio y sintomático que casi todos se creen inocentes. La mayoría dice que no sabe por qué está allí encerrada. Particularmente, uno me llamó la atención.

Normalmente se juntaba en el corrillo. Oía silencioso lo que los demás me decían o pedían. La mirada siempre la sentía clavada en mí. Cuando ya todos me hacían sus encargos, él se acercaba y me decía, con una voz de toro.

"Pastor, ayúdeme a salir de este lugar. Usted puede hablar con las autoridades. A usted sí le harán caso."

"¿Por qué estas aquí?" le preguntaba yo con el fin de conocerle un poco.

"Pues no sé." Nada más me agarraron y me encerraron. Ya llevo varios años e ignoro por qué. Yo no he hecho mal a nadie.

Su expresión de doliente, su voz matizada, hacían que cualquiera tuviera dudas de la posible injusticia de las autoridades.

"Esta bien. Déjame averiguar qué puedo hacer."

"Se lo voy a agradecer mucho. Yo quiero salir de aquí para ayudar a mi familia que está en desgracia. Créame, a usted sí le van a hacer caso. A uno aquí encerrado lo tratan como animal y se olvidan de que existimos. Bueno, pastor, espero sus noticias. Que le vaya bien. La próxima nos vemos aquí. Muchas gracias."

Y se iba, perdiéndose entre sus compañeros que también no sabían por qué estaban allí.

Por la promesa hecha, me dirigía a las autoridades a modo de conocer el caso. ¡Vaya sorpresa que me llevaba!

Este hombre estaba preso por llevar sobre sí 19 muertes. Lo apodaban el "pibe de la navaja". Simplemente entraba a las casas que le gustaban, tomando a las mujeres por el cuello y se los cortaba. Y el pobre pregonaba que no sabía por qué estaba allí.

No obstante este tipo de casos, Dios me permitió guiar a muchos a los pies de Cristo, y aun a sus familiares. A pesar de nuestros pobres rudimentos, el Señor prosperaba nuestros esfuerzos.

Un día sucedió un hecho dramático. Como pastor, tenía a mi cargo un cuadro, sección o sector de presos. Este había sido diseñado para albergar a setenta y cinco personas; sin embargo, para cuando yo asistía, la capacidad rebasaba los cuatrocientos. Esta sobrepoblación carcelaria tenía resultados funestos. Era como si al entrar a la cárcel y caminar por sus corredores, a uno súbitamente se le echara encima una enorme rata sobrealimentada de violencia y perversión. El ambiente se tornaba eléctricamente maligno y perverso.

Por alguna causa que se me escapa a la memoria, yo no pude asistir a mi visita regular de cada semana. Debería ser algo imprescindible, porque mi manera de ser responsable me inoculaba de faltar a mis compromisos. Desde chico había desarrollado mi responsabilidad, que para estos años me hacía cumplir a carta cabal mis encomiendas. Esto hace más dramático el caso, y realza la ayuda divina recibida.

Exactamente el día en que debería estar a la hora acostumbrada adentro con los presos impartiéndoles enseñanza, se sublevó el pueblo carcelario. Varios guardianes fueron tomados como rehénes. Los hacían ponerse de rodillas; les apuntaban en la frente, y les disparaban a mansalva explotándoles la cabeza.

Desde ese momento se cerró herméticamente la totalidad de la cárcel. Nadie entró ni a nadie dejaron salir. La situación se tornó desquiciadora y tremendamente tensa. Los presos fueron sitiados sin recibir agua ni alimentos, mucho menos visitas de nadie. Los diálogos a gritos de las autoridades, tratando de soliviantar a los presos, fue de frustración durante varios días.

Un número indeterminado de policías y soldados estuvieron rodeando el reclusorio. Los presos empezaron a sufrir inanición. Ante esta situación desesperada, al fin la policía los convenció de que se entregaran, jurándoles que no habría represalias.

Una vez que los rijosos se entregaron, los metieron a una sala espaciosa, y allí, sin juicio ni nada, fueron acribillados sin misericordia.

Este episodio cruento llegó a ser uno de los hechos más lamentables de todos los presidios de la República Argentina. Todos los medios publicitarios por varias semanas comentaron el hecho. Para mí fue impresionante contemplar la maravillosa protección del Señor. Yo debería haber estado allí cumpliendo mi labor de capellán. Era infaltable. Me hubiese quedado adentro porque era el horario exacto de mi responsabilidad. Pero... ¡Cuán grande es el Señor en su misericordia! Alabé al Señor junto con mi congregación por su protección divina, durante varias semanas después de ese acontecimiento nacional que ensombreció terriblemente las cárceles de mi país.

27

EL HILO DE FE

¿Cómo puede ser que siendo yo un muchacho acomplejado, llegado con una formación pesimista, medio tonto, medio bobo, a Dios se le ocurra meterme en un asunto de fe? Esto me sorprende. Creo que tendría que haber llamado a otro, que ya tuviera fe, que estuviera diestro en las lides de lo invisible.

En realidad, si yo hubiera sido el dueño de una empresa a la cual Alberto Mottesi aplica o en donde pretende conseguir trabajo, nunca lo hubiera contratado. Una vez terminada la entrevista, le hubiera dicho: "Alberto, vaya tranquilo a casa, yo lo llamo después."

Al salir de la oficina hubiese pensado: "A éste no lo llamo jamás. Si lo incluyera en mi nómina, seguro me quiebra la empresa."

Y acá yo veo cumplirse en mi vida el versículo que dice: "escogió a lo vil y a lo que no es para avergonzar a lo que es." Yo encajo perfectamente ahí. Me paro a predicar porque se encuentra ese trozo bíblico. Si no estuviera este versículo, yo no tendría habilitación ninguna para predicar. Dios es el Dios del asombro, de la maravilla, de lo fabuloso, de lo extraordinario. El realiza cosas que el hombre jamás haría.

Como a los dos años de vender maquinitas de afeitar y de cobrar por ellas, tuve la oportunidad de ingresar a un nuevo trabajo. Era la Comisión de Radio y Televisión de nuestra Convención de Iglesias. Con este empleo tuve que viajar muchas veces al interior del país. El ministerio radial era sumamente pequeño en ese tiempo, 1964, en Argentina. Las necesidades financieras de la nueva familia Mottesi-Mazzarielo ameritaban mi inclusión en la nómina de un trabajo regular. Como pastor, yo no recibía ninguna ayuda económica. Mi único sostén venía de este empleo que, aunque cristiano, dividía profundamente mi tiempo. Siempre andaba corriendo. Los trabajos de la iglesia cada vez exigían más de mí. Sentía que mi deber era estar íntegramente en ella. Luchaba poderosamente entre mi trabajo en la Comisión, el Seminario, la iglesia y mi familia. Aparte de todo esto, mi ser interior vivía una etapa de profundo temor. Tenía miedo a la paternidad. Yo no quería tener hijos.

En muchas ocasiones este miedo o fobia se acrecentaba. Era el antecedente de mi niñez, esa crianza de complejos, de traumas que habían provocado una perspectiva pesimista de mi existencia y que ahora recrudecía en una aprensión insana por no tener familia. Observaba el mundo exterior y salía a flote el razonamiento: "¡Dios mío, qué voy a hacer si tengo hijos, porque como están los jóvenes en este tiempo y perdida la juventud, es mejor no tenerlos; no quiero hijos para que se pierdan!"

Un día en que tuve un momento de esparcimiento, el cual aproveché para meditar en Dios, El me habló claramente:

"Alberto, sírveme a mí, y yo te prometo que tomaré cuidado de tus hijos."

Esta promesa me inundó de profunda paz.

Poco a poco, ese terror atormentador fue desapareciendo. La promesa divina tendría su fiel cumplimiento al correr el tiempo.

Por otro lado, las demandas de la iglesia me angustiaban. Veía que mi trabajo era más demandante. Empezó a crecer el pensamiento de dedicarme a tiempo completo al ministerio pastoral.

La intranquilidad subió de tono, aunque el trabajo en la Comisión de Radio y Televisión era cristiano, no dejaba de llenarme de zozobra el pasar días enteros en una oficina. Así llegó el momento en que no aguanté más.

Faltaba como un mes para el alumbramiento de nuestro primer retoño. Las implicaciones emocionales del caso estaban en su punto cumbre.

Estábamos con los preparativos para las fiestas de Navidad con una iglesia nueva, sencilla y económicamente pobre. A la fecha, no teníamos un buen número de fieles, aunque con los que estaban, enfrentábamos los problemas que surgían.

En esos días me acerqué a mi esposa y le dije: "Noemí, mira, hace meses que vengo luchando en mi interior con una decisión; siento que el Señor me está llamando a un servicio completo en la iglesia, creo que desea que me dedique plenamente al pastorado. Si esto es así, tendré que presentar mi renuncia a la Comisión de Radio y Televisión."

Mi esposa, en el estado de gravidez en que se encontraba, mirándome con mucha comprensión, sentenció con amabilidad: "Bueno, si es el Señor quien te está llamando, no hay ningún problema."

Con ese apoyo, como si me hubiesen quitado una gran loza de encima, al otro día presenté mi renuncia por escrito, diciéndoles que sólo un mes más trabajaría en la Comisión. Eso fue un viernes. No comenté con nadie más el asunto.

El domingo fuimos a la iglesia. Realizamos todos los trabajos del culto por la noche y, al final, pedí a la grey que cuando finalizara el servicio se quedara unos minutos más a propósito de finiquitar los últimos detalles que hacían falta para la campaña evangelística que en esa próxima semana tendríamos.

Así se hizo. Estaba yo hablándoles a los hermanos acerca de sus responsabilidades, cuando imprevistamente un hermano pide la palabra, se la concedo, pensando que va a añadir algo al tema.

"Pastor, yo no sé lo que me ha sucedido, pero en esta semana que terminó, sentí que ya es hora que usted dé todo su tiempo al pastorado."

Me quedé helado y sin habla. Sorprendido, oigo que once hermanos más me reiteran lo mismo. Cuando he terminado de escuchar el deseo de este grupo de hermanos, casi temblando les relato lo de mi renuncia al trabajo y mi anhelo de dedicación completa al pastorado. Les hago notar que esto sólo lo sabía mi esposa, y que la decisión había sido completamente personal. Y ahora que oigo la voz de este grupo, no me cabe la menor duda que detrás de todo esto está el Señor. Los hermanos recién convertidos, muy sencillos, me piden que salga unos momentos del local. Salgo y se quedan a dialogar. Un rato después me llaman y me dicen que han hecho un compromiso para reunir el dinero faltante para que su pastor se dedique tiempo completo a la obra.

Fue este mi primer salto de fe. Aquí se iniciaba lo que he llamado el hilo de fe. Durante toda mi vida hasta el día de hoy, vendrán acontecimientos que me revelarán la provisión abundante de Dios. Paso a paso, pacientemente, el Señor me estará diciendo: "Aquí estoy." La iglesia nunca faltó en su contribución. Vino mi hijo Marcelo, tuvimos un automóvil, cuando en aquel entonces era difícil que un pastor lo tuviera. No recuerdo, para ser exactos, haber tenido estrecheces económicas.

Poco antes de meterme de lleno al pastorado, vimos que la iglesia necesitaba de fondos económicos para un mejor edificio y algunos planes de extendimiento que considerábamos pertinentes. Todos sabíamos que como miembros de la Convención de Iglesias, de la cual nuestra congregación formaba parte, podíamos solicitar ayuda fraternal la cual consistía en un plan de fomento financiero a las iglesias.

Había congregaciones de treinta años atrás, que continuamente, año tras año, eran objeto de esta ayuda. A nosotros, como iglesia, se nos ocurrió pedir tal sostén.

Fui a verles, y me encontré con la novedad que, justamente en ese año, se había suspendido la ayuda fraternal. Esto duraría un año. Razón que me objetaron: se iba a reorganizar el sistema del plan. Por lo tanto, en ese año no atenderían a ningún pedido; me dijeron que volviera el siguiente año y que no habría obstáculo en ayudarnos a la congregación y a mí.

Pues en ese año, fortalecido por la manera en que Dios había respondido a mi salto de fe, aun sin haberlo solicitado, junto con aquellos creyentes de reciente cuño, nos lanzamos a creer a Dios y a su Palabra.

Al año, por algún motivo me encontré con algunos miembros de la Comisión de Ayuda. Me dijeron que ahora si era posible obtener financiamiento, que aplicara y que me resolverían en poco tiempo.

Yo les respondí con una negativa.

"Hermanos queridos, la ayuda ya no la queremos. Y no se vaya a pensar que es por resentimiento o algún pensamiento malo; no, simplemente que al no obtener la ayuda económica la vez anterior, nos motivaron a creer a la Palabra de Dios. Y nos ha resultado maravilloso. De ninguna manera me gustaría que volviéramos atrás. Esa actitud de fe que se ha empezado a desarrollar no la queremos dejar; seguiremos, pues, dependiendo de los recursos de Dios".

Con esto se iniciaba una marca en mi ministerio. En el fondo de mi corazón comenzó a desarrollarse una convicción preciosa. Ahora sabía que la dependencia a algún organismo, persona o cosa humana era sumamente peligrosa y nociva. No estaba en contra de la ayuda misionera. Creo en las misiones. Amo la obra misionera. Y estoy agradecido por los misioneros. Sin embargo, me he convencido que esta acción de ayuda se torna paternalista. Son como el tío rico que deberá pagar las cuentas, lo cual es malísimo. Jamás podrá el que comienza, desarrollar así ningún tipo de fe. De fe en Dios. De esperar en El. De recibir a su tiempo la ayuda del Cielo.

Yo creo que los hispanos tenemos que aprender a pagar nuestras propias cuentas. De concebir y realizar a cabalidad nuestros propios proyectos que honren al Padre Celestial.

Hace treinta años, la comunidad evangélica en Argentina era minúscula. Sin embargo, nos arrojamos a hacer toda la obra de la iglesia pagada por nosotros mismos. Yo me lanzo al pastorado de tiempo completo, sin saber si esta iglesia pobre sostendría mi determinación. Era como si Dios me hubiese dicho: "Alberto, no esperes ver nada tangible delante de tus ojos para realizar mi voluntad. Tú lánzate en el Nombre de mi Hijo Jesús, que yo siempre te respaldaré."

Alguna vez más tarde alguien me dijo que "Nuestro ministerio era como meter los pies en las aguas; aunque estuvieran frías, profundas, amenazantes; si Dios había hablado diciendo que las abriría, entonces iríamos siempre a meter pies y tobillos y lo que fuera necesario, sabiendo que ese Dios maravilloso jamás fallaría a su Palabra." A través de toda nuestra historia, cuyos hechos confirmaron más tarde, nunca hicimos algo por ver un recurso concreto delante de nosotros, sino como respuesta a la iniciativa del Espíritu Santo expresada en palabras y hechos por determinar.

Dios había dicho: "Voy a abrir las aguas." Aunque estas aguas se veían impresionantes, sumamente heladas, metimos con arrojo los pies. Por unos instantes, sentimos el frío de las aguas que hizo temblar nuestro cuerpo, pero Dios, siempre atento, concluyó abriendo las aguas.

Once años trabajando gloriosamente, rodeado de iglesias sostenidas por los misioneros, o con pastores trabajando secularmente. Yo mantuve una familia, crié a mis hijos en una situación de no ricos, pero holgadamente. Vi a mi templo construirse enfrente de la Plaza principal de Haedo. Nada nos faltó. Realmente, Dios es un Dios que cumple fielmente Su Palabra.

28

LOS BOMBEROS Y LA PILA BAUTISMAL

Desde el principio de mi pastorado en la casa de los Castrovince, mi propósito y meta principales fueron una actuación cien por ciento evangelística. Enseñé a los primeros miembros una continua labor en pro de alcanzar a los perdidos para Cristo. Mi incipiente iglesia supo aceptar con agrado este estilo de vida. Para mí no me era extraño. Vivía bajo esa pasión. Mi labor de propagación del Evangelio a donde fuera, y en el clima que sea; en la carpa, en el parque o en el ómnibus era algo contagioso.

En mis primeros años de ministerio conocí al pastor Juan Florio, un hombre sencillo a la máxima potencia, obrero, sin luces intelectuales. Pastoreaba una iglesia bautista en las afueras de la capital bonaerense, en San Justo, en el Partido de Matanza. Tenía una hermosa y saludable virtud cristiana: era un apasionado de la evangelización. Poseía una carpa de buenas dimensiones. En variadas ocasiones fui invitado por él a predicar en ella. En cada campaña que realizaba, me buscaba y yo contento le brindaba mi apoyo. A la vez, cuando necesitaba su carpa para campañas en mi sector, él jamás me la negó. Llegamos a tener una gran amistad. El hermano Juan Florio vino a dejar una magnífica influencia en mi vida, ese matiz evangelístico que me acompañaría en la senda de mi pastorado y en mi ministerio actual.

Tal era el desbordamiento de mi pasión evangelizadora que en un año tuvimos en nuestra iglesia doce campañas de una semana entera a todo mar y a todo viento. Nos movíamos en todo nuestro sector. Pensábamos en cualquier cosa que pudiese ser instrumento evangelizador.

La congregación comenzó a crecer. Desde ese momento se organizó a todos los fieles en una participación activa. Era emocionante ver cada día cómo todos estaban entusiasmados en sus actividades. Cada uno sentía como suya la responsabilidad encomendada.

El crecimiento nos obligó a pensar en cornprar un terreno y edificar casa a Jehová. Pusimos oración, trabajo y vida a modo de conseguir un lugar propio para la adoración. Esto se concretó en Haedo, en la zona oeste del Gran Buenos Aires. Con una plaza principal enfrente, sentíamos que nuestra ubicación era óptima. Todas las comodidades de un amplio espectro de transporte y una zona tranquila por naturaleza. Iniciamos en un terreno con una capilla de madera y después compramos otro lote de terreno enfrente de la plaza principal.

Inauguramos el templo, un edificio sencillo. El servicio de consagración puso la nota espiritual de una satisfacción interna que se cumplía. Una pequeña grey salida de un trabajo batallador, de rodillas y con lágrimas vertidas buscaba siempre la ayuda del Todopoderoso. Sabía que sólo Cristo "añadía a Su Iglesia los que habían de ser salvos". Pero esto no nos hizo dormirnos en nuestros laureles. Sabíamos también que nosotros, con nuestra disposición, podríamos ser instrumentos para el uso en las manos de Dios. Por eso manteníamos un sello distintivo muy claro en la pequeña Iglesia de Haedo: su visión evangelística y de constante trabajo.

Pero, un día, sin proponérnoslo, sucedió algo fuera de lo común.

El primer domingo después de la inauguración de nuestro templo, nos habíamos propuesto llevar a cabo los primeros bautismos en el bautisterio recién terminado. Como el edificio era nuevo, nunca pensamos en probar la presión del agua. Supusimos que la fuerza de salida sería normal a la que estábamos acostumbrados en otras partes de la ciudad.

Llegamos de mañana y abrimos la llave del agua, pensando que a la tarde, estaría en un buen nivel para los bautismos. Nos olvidamos de ello e hicimos nuestro programa dominical. Nos fuimos a comer y regresamos por la tarde dispuestos a tener un buen servicio bautismal.

Cuál no sería nuestra sorpresa al ver que el nivel del agua no alcanzaba ni a los tobillos de los que se pretendieran meter al bautisterio. Vimos que la hora era avanzada, que los hermanos comenzaban a colmar los asientos de la iglesia, que los preparativos de los candidatos a bautizarse estaban a punto, y la tina bautismal permanecía prácticamente vacía. Me agarré la cabeza afanosamente, delante de algunos hermanos que veíamos estaban azorados.

"¡Dios mío! ¿Qué vamos a hacer?"

El hermano Federico Shuster, tesorero y gran hombre-orquesta, quien hizo de todo para ayudarme en mis once años de pastorado, con una gran seguridad y calma me externó lo siguiente.

"No se preocupe, pastor. Soy amigo de los bomberos de la ciudad, y con una llamada de teléfono le soluciono este problema."

Diciendo y haciendo, el hermano Shuster dio media vuelta y se dirigió al teléfono más cercano.

Los que nos quedamos, nos veíamos perplejos unos a otros, preguntándonos, ¿qué podrían hacer unos bomberos en una iglesia para solucionar el problema del bautisterio?

Más tardó el hermano en ir a hablar, cuando comenzamos a escuchar la sirena de los bomberos. En cinco minutos el ulular se oía fortísimo recorrer las calles aledañas a nuestro templo. Los bomberos a alta velocidad recorrieron las avenidas y, en un dos por tres, estuvieron enfrente. Con presteza bajaron y estiraron mangueras introduciéndolas en el templo. Llegaron al bautisterio, y en menos de lo que nosotros salíamos de nuestro asombro, el capitán de los bomberos con amplia sonrisa se dirigió a mí.

"Listo, pastor; su pila está llena. Fue un honor servirle."

Lo único que me salió de la boca fue un gracias muy sincero.

Algo que no había notado es que cuando el capitán salía, un verdadero enjambre de gente curiosa estaba en las puertas de nuestro templo. El tremendo ulular de las sirenas había hecho que una gran muchedumbre, pensando que el nuevo edificio de la iglesia se estaba quemando, corriera a mirar el supuesto accidente.

Este episodio cómico lo usó Dios para dar a conocer a nuestra iglesia a la gente en derredor nuestro. No necesitábamos realizar alguna publicidad para que la iglesia fuera conocida. El Señor sabe usar Su propia agencia publicitaria, que rebasa a todas nuestras expectativas humanas. De ahora en adelante vendrían muchas cosas más que pondrían a la Iglesia de Haedo no tan sólo en la mente de la Capital, sino de todo el país de Argentina.

29

EL MANTO DEL SIERVO DE DIOS

En los primeros días de 1954 viajaba de Chile a Argentina un hombre anglosajón, con una visión metida hasta los huesos. Esta visión había nacido dos años antes en Tallahassee, Florida, cuando Tommy Hicks, en oración, contempló un mapa de América del Sur, tapizado por un inmenso campo de trigo maduro, listo para la siega. Mientras veía, extasiado, aquel trigal mecido por el viento, súbitamente, los tallos de trigo se fueron transformando en cuerpos humanos, que con las manos en alto y ávidos los ojos, exclamaban con voz apremiante.

"¡Hermano Hicks, venga! ¡Ayúdenos!"

Hicks interpretó fielmente el llamado. Después de varios sucesos que corroboraron su visión, ahora descendía del avión, impregnado de una intensa confianza en que Dios estaba a punto de realizar un portento.

Ya en el transcurso del vuelo, en una pregunta expresa a la azafata, él había ratificado con qué persona debería entrevistarse. Nada menos que con el Presidente de la República de Argentina, Juan Domingo Perón. Parecía una locura el simplemente pensarlo. El General, para aquel entonces, aunque descendía en su apogeo político, no obstante, con su poder trascendía a cada rincón de la Patria. Su mandato por ocho años transcurridos había sido de mano dura, dictatorial. Este era el hombre con quién Hicks debería entrevistarse. Seguro que no sería fácil.

Hicks fue persistente a pesar de los obstáculos que se interpusieron en el camino. Obtuvo premio a su insistencia al ser recibido por el ministro de Relaciones Exteriores y Culto, la antesala probable de una audiencia con el Presidente. En el día que le citaron, después de un largo tiempo de espera, en que posiblemente lograría su cometido, el ministro al fin le anunció que para ese día se habían agotado las entrevistas. Perón se alistaba a recibir al Presidente de Panamá, quien arribaría a la ciudad de Buenos Aires por la tarde.

Estaba Hicks de pie recibiendo esta desconsoladora y frustratoria noticia, cuando entró al despacho el secretario del ministro. Se percató que este hombre iba cojeando visiblemente mal de una pierna. El secretario pidió permiso al ministro para ausentarse del trabajo, debido al fuerte dolor que tenía, diciendo que la pierna casi no la sentía. Se levantó el pantalón, dejando ver un miembro totalmente amoratado con una rodilla abultada. Antes que el ministro diera su anuencia, Hicks habló sugiriendo al secretario que oraran por él implorando sanidad.

"Aunque estuviera aquí," -contestó irónico- "Jesucristo mismo, no podría curarme esa pierna."

"Permítame," -dijo Hicks; acercándose al hombre enfermo. Se arrodilló, e imponiendo las manos sobre la parte enferma, oró. El dolor desapareció y la pierna, en el instante fue restablecida a su color natural. Maravillado el secretario, vio con asombro al ministro, que no daba crédito a lo que estaba mirando por sí mismo.

"¿Puedo entrevistarme con el Presidente?," preguntó Hicks con significativa calma.

"Yo mismo lo llevaré," -habló resueltamente el ministro.

Recorrieron unas salas profusamente engalanadas hasta llegar al despacho presidencial de la Casa Rosada.

Juan Domingo Perón, de tez morena, de anchos hombros, sentado frente a su escritorio, vestido elegantemente de gris claro, clavó los ojos inquisitoriamente en su ministro, que se atrevía a entrar a su presencia acompañado con un gringo extraño para él. Al informarle lo acontecido, se mostró afable y cordial durante los minutos en que conversaron. Poco después, Hicks solicitó, al despedirse, orar por ellos. En actitud reverente dejaron que elevara su plegaria. Dicen, aunque no me consta a la fecha, que Perón tenía un eczema en una de sus manos y que fue también sanado en esa hora. Lo cierto es que al retirarse, con plena simpatía de parte del Presidente, éste ordenó a su ayudante ministerial que concediera lo que el predicador le solicitara.

Hicks obtuvo permiso para celebrar una Campaña de Evangelismo en un gran estadio y obtuvo también acceso libre a la prensa y la radio. Aquello fue todo un acontecimiento.

La Campaña duró cincuenta y dos días con grandes milagros de Dios. Fue un impacto, a nivel nacional, del poder de Dios.

Esta Campaña marcó un hito determinante en la historia del Evangelio en Argentina, cuyos resultados persisten hasta el día de hoy.

Nunca me imaginaría la relación que tuvo esto con el desarrollo de mi vida. Aunque en aquel tiempo frisaba los doce años de edad y supe muy poco al respecto. No así cuando recién cumplía los veintiséis.

En el año de 1968 organicé con la juventud de mi iglesia un Campamento. Quisimos aprovechar las Fiestas del Carnaval, que se conmemoran en febrero en la ciudad de Buenos Aires, saliendo fuera de los límites de la capital hacia la localidad de Hurlingham, a la quinta que los hermanos Terranova rentaban y que bondadosamente nos la prestaron, a efecto de llevar a cabo el Retiro. Esta residencia era prácticamente de nobles, muy hermosa y suntuosa por el lado que se la viera. Los jardines, esmeradamente cuidados, rodeaban la casa, que era de corte colonial. Varias habitaciones, con motivos de lujo, cuadros de paisajes diversos enmarcados en oro, jarrones exquisitos, cortinajes pesados, y un sin fin de adornos en porcelana fina y curiosidades étnicas fueron nuestros acompañantes en esos días. Era tan grande la quinta en su extensión, que gozaba de varios bosques que la circundaban. El paisaje era excelente. Podíamos contemplar con gozo extasiado la salida del sol en la madrugada, y la puesta del mismo en el atardecer. Espléndido el lugar para buscar el rostro de Dios, ayudados por esa naturaleza que nos incitaba a la meditación. Varias hermanas adultas nos acompañaron, las cuales nos preparaban las comidas del día. Nuestro programa estructuraba diversos eventos deportivos, caminatas, fogatas, concursos, conferencias y tiempo para la oración.

Desde que llegamos en los omnibuses que nos transportaron, la alegría entre todos era el sello distintivo. Nos organizamos en un santiamén. Tuvimos ratos iniciales de esparcimiento. Cuando nos llegó la primera noche convocados alrededor de una fogata, apilamos una gran cantidad de leños para ir usándolos conforme otros se convertían en cenizas en el claro de un campo cercano a la casa. Veíamos a las estrellas brillar intensamente en un cielo azul marino-oscuro. El aire campestre era fresco. El rumor de las ramas de los árboles, apenas perceptible, impartía una sensación de solaz. La lumbre del fogón crepitaba y su calor irradiante se sentía en nuestras mejillas. Las llamas ondulantes se reflejaban en los ojos atentos de los jóvenes, que oían la voz pausada del predicador que nos hablaba de Dios y de Su poder renovador en las vidas de los hombres que eran capaces de entregarse a El incondicionalmente.

Tantos muchachos en derredor, sentados en el verde pasto, o en una piedra o madera que habían encontrado por ahí, o acaso en una cobija extendida donde varias señoritas permanecían reverentes.

Una quietud de reflexión había caído sobre todos los presentes. Las guitarras, los panderos y el acordeón dejaron de emitir sus armonías musicales acompañando las voces heterogéneas de toda esa juventud en alabanza a su Creador. Se palpaba en el ambiente una Presencia que sobrecogía el alma de los allí reunidos.

Meses atrás me había percatado de que el espíritu de la muchachada era diferente al de los adultos, por diversas circunstancias. De ahí mi necesidad, -diría urgencia-, de programar esta salida al campo. Y por lo que sucedía en esa noche, me daba la seguridad de que no estaba equivocado en mis apreciaciones. Dios deseaba hablar a la juventud de mi iglesia.

Rondábamos la media noche. Habíamos tenido cantos, testimonios, predicación y ratos de oración intensa; así que, me levanté dispuesto a dar por terminado el culto.

"Jóvenes, es hora de acostarse. Los que así lo prefieran, pueden quedarse otros momentos a orar. Sólo les ruego que lo hagan en silencio, para no molestar a los que se vayan a dormir.

Para mi sorpresa, ninguno se movió de su lugar. Todos querían seguir orando. No insistí. Aunque era tardísimo y el día había sido muy agitado, pensé que con otra hora, el cansancio haría que nos retiráramos a pernoctar.

Se conformaron grupitos por doquier. Abrazados unos. Otros arrodillados. Entre sollozos y lágrimas. El flujo de la bendita asistencia del Espíritu Santo circuló pletórico a través de aquellos corazones sedientos de Dios.

Oía voces suplicando santidad, consagración y avivamiento. Esto último era un grito apasionado: "¡Renuévanos, Señor! ¡Renuévanos!"

Sin sentirlo, las horas transcurrieron. Cuando me doy cuenta, los rayos solares del nuevo día nos abrazaban: ¡Toda la noche la habíamos pasado orando! Pero, lo más extraordinario estaba por transcurrir. No se veía intención de detener aquel soplo divino. Verdaderamente, nos hallábamos metidos en un Pentecostés. El control de todo lo que sucedía, lo tenía el Espíritu de Amor. De tal forma, que el tiempo fue apenas perceptible para nosotros.

Al medio día nos llamaron a comer. Nadie acudió; la comida se enfrió. Ya por la tarde, comenzamos a descender del Monte de la Transfiguración.

Cuántas veces mi espíritu se exaltó en el pasado, cuando en mis lecturas de los grandes avivamientos y de los hombres de Dios que habían sido visitados por el poder sobrecogedor del Señor, me habían hecho anhelar y soñar esos momentos de gloria. Hoy lo estaba viviendo en carne propia. Casi veinticuatro horas zambullidos en la santa y bendita Presencia de Dios.

Increíble e impresionante fue ver a más de doscientos veinte jóvenes, con sus ojos abultados, enrojecidos de tanto orar y llorar. Desaliñados. Roncos en su voz. ¡Ah!, pero qué sonrisas. Parecían ángeles. Resplandecían en santidad. El amor de lo Alto fluía en los recovecos de cada poro de estas vidas, comprometidas ahora como nunca con su Rey y Señor.

Este Campamento transformó radicalmente la existencia de mi iglesia. No tenía que decir, "hagan esto, c aquello". Era una tromba marina, que si no me ponía a la par, me arrastraba en su ímpetu. El trabajar por el Señor, predicar, diezmar, testificar, abrir nuevas obras, discipular, todo era producto fácil del fuego que consumía el corazón renovado de los integrantes de la iglesia. A la sazón, varios de aquellos muchachos serían antorchas en el ministerio, con puestos claves de liderazgo, tanto en el país como fuera de él. La llama que se encendió en aquel rinconcito de cielo no se extinguiría. Por el contrario, continuaría intensa dando frutos apetecibles al Dador de todo don perfecto, nuestro amado Jesús.

Una de las cosas significativas que me pasmó, fue el hecho de saber que esa casona de Hurlingham, que nos la habían dado prestada para celebrar nuestro Campamento, catorce años antes también había sido prestada a aquel siervo de Dios, que pasó sus días orando vigorosamente y saturando su vida de poder en el trono del Reino Celestial. Qué esas mismas habitaciones habían sido testigos mudos de la pasión de aquel hombre, entregado a la visión recibida en 1952 en la Florida. Que Argentina fue receptáculo de una de las mayores bendiciones del Todopoderoso, originadas en este lugar por Tommy Hicks. Este hombre de Dios, que en este tiempo residía en California, parecía que su manto lo había dejado en este preciso lugar, y nosotros, en esta ocasión, lo habíamos recogido con manos trémulas para abrigarnos al amparo del Altísimo. Como si el poder de Dios todavía permaneciera allí, dispuesto a ser tomado por el que quisiera. Y nosotros quisimos. Y de ninguna manera fuimos defraudados.

Hollamos tierra santa. Desechamos nuestras sandalias. Y Dios nos proveyó abundante maná, a tal grado que, actualmente, no termina aquel chispazo de Pentecostés que prendió la inutilidad de nuestras magras existencias.

30

LA MAS MODERNA SOLUCION AL PROBLEMA DEL CASAMIENTO

"¡Esperen, esperen tranquilos! Ya pronto saldrá el reportaje." Trataba de calmar los ánimos efervescentes de la familia y de varios de los hermanos de la iglesia, que esperábamos ansiosos el reportaje de Héctor Agulleiro, uno de los mejores reporteros del Canal 11 de televisión.

"Pero, ¿lo sacarán al aire?," decía uno de los jóvenes que reflejaba en su rostro verdadera duda.

"¡Claro!," -contestó otro- "¿acaso no viste la cámara y al reportero trabajando en el evento?"

"Sí, pero... como es de orden religioso, posiblemente no lo hagan."

"Déjate de dudas. Ya verás que sí saldrá," -contestó don Alberto Pets, anciano de la iglesia, que fue durante mi pastorado un don de Dios a mi vida.

Eramos no menos de dieciocho personas esperando que los destellos de las imágenes de la televisión nos reflejaran las escenas de un acontecimiento que nos parecía era de naturaleza singular. Estábamos reunidos en la misma iglesia. Con una taza de café, y haciendo comentarios de toda índole, no despegábamos los ojos de la televisión.

Meses atrás se fue cocinando el evento que ahora ansiosos esperábamos ver. Dios había permitido las circunstancias.

Tres parejas de novios, en diferentes fechas y ocasiones, se habían acercado a mí con la intención de que yo los casara. Las fechas que ellos tenían programadas, más o menos coincidían en los últimos días de diciembre y a principios de enero. Esto me llevó a la idea de realizar un casamiento múltiple en la iglesia. Sin embargo, se presentaba un problema: el cupo para tanta gente en la Iglesia de Haedo. Debido a las limitaciones de espacio, sería imposible realizar este acontecimiento en nuestra iglesia, ya que calculamos no menos de mil personas asistentes al acto. La capacidad de espacio del templo apenas alcanzaría para la mitad de los que asistieran. Así que se nos ocurrió llevarlo a efecto al aire libre. A los contrayentes les fascinó la idea. El lugar sería a un costado del edificio de nuestra iglesia, ubicada frente a la plaza principal de la comunidad. Nos abocamos a pedir los permisos de ley correspondientes y mandamos gacetillas a todos los medios de comunicación, invitándolos a cubrir el evento, a todas luces fuera de serie.

¡Qué momentos tan inolvidables nos da el Señor!

"¡Hey, hey, esperen! Ya van a comenzar las noticias locales. Ahí es donde deben sacar el reportaje."

Todos, amontonados, pusimos nuestros cinco sentidos en la pantalla.

Efectivamente, el comentarista en turno anticipó a la audiencia el reportaje por salir.

"Nos ha llamado la atención, amable audiencia, que en Argentina se vienen suscitando acontecimientos que llaman la atención por su singularidad. Este es uno de ellos. Posiblemente sea La Más Moderna Solución al Problema del Casamiento."

Las primeras escenas mostraron a una multitud reunida en el parque enfrente de la Comisaría, en la localidad de Haedo. Había sillas y lamparitas iluminando el lugar. Mucha gente sentada y de pie, en actitud gozosa y expectante. A varios transeúntes que caminaban por ahí, les llamaba la atención y curiosamente se quedaban para mirar lo que estaba pasando.

Desde la calle, una alfombra púrpura se adentraba entre dos filas de sillas hasta un altar improvisado. Se había colocado en el centro al fondo del jardín un entarimado y encima del mismo un púlpito de madera con un micrófono. Alrededor, un amplio cortinaje concentraba la atención en ese específico lugar. Un órgano era tocado junto con otra persona que le acompañaba con el clarinete. Juntos arrancaban notas del himno "Santo, Santo, Santo, Señor Omnipotente".

No faltaba el detalle de los floreros con sus gladíolos blancos.

Comenzó el acto con gran emoción del público asistente. Reinaba un clima de intensa espiritualidad. El pastor Alberto Mottesi, enfundado en su traje gris oxford, se dirigió a la concurrencia.

"Hermanos y amigos nuestros que asisten a este acto en que tres parejas tomarán los sagrados votos del casamiento, bajo este techo tachonado de estrellas como templo natural, quiero invitarles a orar dando gracias a Dios por esta maravilla que nos permite vivir, rogándole que se manifieste no tan sólo en los futuros esposos, sino en cada uno de los asistentes bendiciendo sus vidas."

Poco tiempo después, el trío casamentero penetró lentamente al ritmo pausado de la "Marcha Nupcial" de Mendelssohn. Tres apuestos caballeros, en traje formal, y tres bellas novias, radiantes y a la vez nerviosas, en trajes albos de novia. Había alborozo en la muchedumbre. Todos de pie recibieron a los contrayentes. Unos alzaban las manos, otros exclamaban expresiones de gozo. Niños y niñas deambulaban por doquier; señoras jóvenes cargando a sus bebés, y hombres de todas las edades en ropas de gala. Inusitada experiencia vivían al aire libre, donde un policía de guardia desde la Comisaría no perdía detalle del suceso. A pesar de la multitud que hizo necesario cortar el tráfico, no fue obligatoria una vigilancia especial. Todo estaba en orden. El público asistente gozaba el evento.

El pastor Mottesi, con palabras de emoción hablaba sobre la santidad del matrimonio y el amor en la pareja. Al final de su prédica fue llamando a cada una de las parejas, participándoles la fórmula matrimonial.

"Eduardo..., Graciela, ¿quieres vivir unido a él conforme a la ordenanza de Dios en el santo estado del matrimonio?"

"Ricardo..., Martha, ¿le amarás, le consolarás, le honrarás y le cuidarás en tiempo de enfermedad y de salud?"

"Norberto..., Lidia, ¿renunciarás a todos los otros, conservándote sólo para él mientras los dos viviereis?"

Fue un sí amplio, total, categórico, de todos los esponsales. La oración de bendición y el afecto basado en el amor fue la expresión de los asistentes.

Las manos del pastor se extendieron hacia cada uno de los contrayentes en un contacto de amor, sellándolo con un beso en las mejillas de todos ellos. Había lágrimas que surcaban el rostro del pastor y de varios de los presentes. Un profundo sentimiento embargaba los corazones en este acto social donde se manifestaba la sencillez en su más pura expresión.

El "Aleluya" de Haendel le dio una pincelada de majestuosidad al encuentro y emoción a la mayoría del público. Las manos en alto. El cerrar con fuerza los párpados. Las exclamaciones de honor al Creador, fueron el tono normal de todo el acontecimiento.

Radiantes y contentos, los nuevos esposos caminaron hacia la calle, en medio de las notas de la Marcha Nupcial. Hubo aplausos y expresiones de bendición para las parejas. La música se confundió con las risas, el parloteo, los abrazos, el ir y venir de la chiquillada.

Al ir saliendo, la voz vibrante de plena emoción del pastor Mottesi se fue perdiendo conforme el alborozo del gentío se iba acrecentando.

"Te alabamos, oh Padre, te glorificamos porque tu Espíritu está aquí presente...."

Fue una noche cálida bajo las estrellas argentinas de la zona de Haedo, donde a un puñado de evangélicos se les ocurrió salir a la calle a manifestar su fe y participar al mundo sus maneras sencillas de vivir en comunidad.

"Ha sido este enlace matrimonial," -sentenciaba con voz sonora el locutor- "simultáneo a ojos de todo el mundo, como una muestra de que cuando se quiere, se pueden hacer bien las cosas. ¿No le parece que esto puede ser La Más Moderna Solución al Problema del Matrimonio?"

"¡Bravo! ¡Magnífico! ¡Qué bueno estuvo!"

"Gracias a Dios que sí lo hicieron," -sentenció el de la duda original.

"¿Ya ves que sí lo hicieron?," -le contestó don Alberto Pets-. "Además, lo estructuraron bien, de tal manera que lució todo el acto."

"Bueno," -me tocó a mí hablar- "ahora a casa a descansar. Ha sido un día de intensa labor y emociones y debemos de estar rendidos. Buenas noches a todos."

"¡Buenas noches!"

El domingo fue la comidilla de todo el día. Los principales diarios daban espacio a la triple boda. Las estaciones de radio muy de mañana enmarcaban el asunto. La agencia TELAM difundió el suceso por todo el país.

Mi corazón se complacía en lo íntimo. Cuando miraba en ciertos momentos significativos a los ojos de Noemí, mi esposa, se dibujaba una leve sonrisa de satisfacción. La Iglesia de Haedo había salido de sus cuatro paredes. Aunque fue en un acto social, jamás se perdió el ingrediente principal: anunciar al Rey de nuestras vidas.

Esta vivencia nos enseñó que cualquier acto de nuestra existencia puede llegar a ser un vaso comunicante del gran amor de Dios a la humanidad. Y, de muestra,... este botón.

31

LA IGLESIA SALE A LA CALLE

Durante los once años de mi pastorado (1961-1972) se identificó a la Iglesia de Haedo como una de las comunidades cristianas de mayor crecimiento en Argentina. Desde el mismo momento en que se realizó el primer culto, la consigna de mi corazón era que fuese una iglesia evangelística. Mi primer objetivo fue el que pronto, de una célula familiar pasara a ser una congregación con su propio edificio y, para lograr esto, sólo se dibujaba un camino: la evangelización.

Aparte, en mi sangre fluía esta pasión. Mi trabajo juvenil se había desarrollado en las calles, predicando al aire libre. Valoraba el poder de la oración y el ayuno. Conocía, por los libros que leía, los beneficios espirituales de estos medios. Ahora que comenzaba esta obra, serían parte natural de mi nueva congregación.

Las campañas en la iglesia, o en el parque, o en una carpa eran lo habitual. Muchísima gente comenzó a visitar nuestro lugar de predicación, y muchos se quedaron como miembros activos. En esa década de los sesentas surgieron vientos nuevos de renovación espiritual en nuestro país. Comenzó a surgir una nueva disposición espiritual en la gente. Hasta 1953 a pesar del tesón, la dedicación y el trabajo, las iglesias pentecostales, particularmente las Asambleas de Dios, no habían tenido un progreso digno de notarse.

Después de la gran campaña hecha por Tommy Hicks en 1954, las cosas cambiaron radicalmente. Se inició un proceso de apertura jamás visto en el suelo argentino. Como si se hubiese quebrado una rígida resistencia al paso del agua, el testimonio evangélico inundó las calles y los suburbios de la ciudad. Los pentecostales iniciaron un período de crecimiento espectacular y, al día de hoy, siguen siendo los líderes en este campo.

Bien que en aquel entonces fue un motivo de confrontación, las estructuras de las iglesias históricas sintieron el impacto de esta modalidad de la actuación protestante. Varias tradiciones y costumbres se vieron en entredicho. Pronto comenzó la comparación y, con ello, la división.

Surgieron nuevas iglesias, nuevas formas. Soplaba un avivamiento en Argentina.

Es insoslayable el hecho de la gran trascendencia que tuvo este movimiento de Dios en nuestro país. Hubo debates, pleitos, divisiones. Como cuando se somete la magma al fuego del crisol. Comenzó a separarse la escoria y lo inservible para dejar desnudo el material puro, limpio como lo quería el Señor.

Particularmente, mi iglesia y yo fuimos afectados profundamente por esta infusión del soplo divino. Con cuánta oración, temor y ruego escribo estos hechos, mayormente para no afectar a ningún miembro del Cuerpo de Cristo, Su Iglesia. Hubiese sido fácil no hablar sobre el tema. Dejarlo a un lado, para no encontrar que alguien interprete mal la experiencia por la cual atravesamos, y que, reitero, fue decisiva para nuestro desarrollo espiritual. Más aún, ojalá sirvan estos hechos narrados para iniciar, aflorar e intensificar la labor del Espíritu Santo en la Iglesia del Señor, y perpetuar así un avivamiento grandioso en todo nuestro mundo; tales son nuestros gemidos delante de Dios.

Ya para estos días mi espíritu estaba preparado. Todo lo que se hablaba, todo lo que acontecía, todo lo que envolvía esta renovación espiritual me era conocido. Creo que lo esperaba, mejor dicho, lo anhelaba allá en lo profundo. Las lecturas acerca de los grandes siervos de Dios, de antaño, afloran con una actualidad sorprendente en mí: Dios actuando en un plano sobrenatural.

Mi trasfondo era conservador, bien que con los años Dios me fue preparando para un propósito que en esos días me era totalmente desconocido. Este movimiento del Espíritu se desbordó sobre mi iglesia, e hizo entrar, como nunca, a sus miembros en un avivamiento hermoso con resultados portentosos para la gloria de Dios. Jamás fuimos parte, ni en el pensamiento, de afectar negativamente a algún miembro de nuestras iglesias. Dios nos guardó con misericordia de alguna situación embarazosa con otras iglesias o con otros movimientos.

¿Qué quiere decir todo esto? Que nos enseñó a respetar, a comprender y a amar a todo hijo de Dios, independientemente del rótulo que llevase puesto.

¡Qué insondable lección nos instruyó el Señor con esto! Nos quitó el valor que pudiésemos haber dado a un nombre, o a un título denominacional. Y nos hizo aquilatar la profunda verdad del Cuerpo místico del Señor Jesucristo. ¡Somos uno en El!

Nació una convicción fortísima de un amor impartido por el Padre celestial a todo hermano nuestro de cualquier rama, denominación o ministerio, que ha sido lavado y comprado por la preciosísima sangre del Señor Jesús.

De allí en adelante no quise autonombrarme con alguna etiqueta denominacional. No porque considerara mal a las Denominaciones. ¡Nunca jamás! Estoy consciente de que Dios las ha usado en el mundo y en el tiempo como manifestaciones gloriosas del proceso divino en la salvación del hombre. Sabía que a cada Movimiento, o Denominación, Dios los había levantado como una faceta más de la gran personalidad y multiforme expresión de lo que es nuestro Dios. Fuera de las debilidades humanas, El las había tornado con Su poder en bendición a Su Pueblo.

Por lo tanto, toda aquella barahúnda de sospechas, críticas, calumnias, pleitos, separaciones y más, era un trabajo de poda del Señor de la Viña. Dolía, sí. Fue una época de dolor, como el de la madre al dar a luz. Después es regocijo, como lo es hoy en día en Argentina, trabajando todos y cada uno por la Obra del único Dios verdadero, Jesús.

Aquella ola de avivamiento llevó a mi iglesia por nuevos caminos. Fructificamos. Nuestro anhelo era sólo uno: que Cristo fuese aceptado por todas las gentes.

Así, no tan sólo nuestra iglesia, sino muchísimas más salimos a la calle. Cuando en Argentina el movimiento evangélico era pequeño, minúsculo, ahora el Señor nos daba la fuerza y el coraje para salir a la calle.

Allí estaban el menesteroso, la prostituta y el alcohólico. Allí estaban el rico, el profesional, el obrero, el estudiante y la ama de casa. Nos abocamos a aprovechar cualquier circunstancia de manera que pudiésemos presentar al Señor de los señores, Jesucristo.

Por eso transformamos actos privados en casos espectaculares, como lo fue el de los tres casamientos al unísono, o como el de los bomberos llenando un bautisterio. También para fortificar el ambiente espiritual y ponerlo a tono como lo fue el Campamento de Hurlingham. O como la contratación que hace conmigo el Canal 13 de televisión.

Cosa inusitada que Dios hace con sus hijos.

Un día, sin saber cómo, soy contratado por el Canal de televisión más importante de mi país. Me invitan a formar parte del personal permanente del Canal 13, para despedir a la audiencia cada noche. No estaba solo en esta tarea. Había tres o cuatro sacerdotes católicos, un rabino, y alguno que otro pastor evangélico. De suyo cabe anotar, estos hombres que formábamos ese grupo éramos gente madura, casi ancianos algunos; yo era un niño en comparación con ellos. Un "pibe" en medio de aquellos señorones. Esto me catapultó delante de la opinión pública de la Argentina y, por ende, a mi congregación.

Cada mes yo aparecía seis o siete veces en la televisión predicando el Evangelio por algunos minutos cada noche despidiendo a la audiencia y mandándo a los televidentes a dormir con Cristo.

Esto representó un hito importante para mi iglesia, y también para mí como su joven pastor. Importante, porque en aquellos tiempos los medios masivos de comunicación estaban cerrados. Y quiero recalcar, el Canal televisivo me pagaba para que yo proclamara las Buenas Nuevas. Yo me quedé sorprendido cómo Dios opera milagros para sus hijos, con tal de realizar Su obra. ¡Bendito sea mi Dios y Padre Celestial!

Todo este cúmulo de vivencias que durante once años vivimos mi iglesia y yo, nos hizo compenetrarnos tan hondamente, que no iba a ser muy fácil romper nuestra relación. ¡Estábamos tan apasionados uno del otro! Empero Dios tenía otro trabajo para que lo hiciéramos, y era necesario obedecer.

32

UNA DECISION DIFICIL

Han transcurrido diez años y estoy en el onceavo de mi pastorado en la Iglesia de Haedo. Hemos trabajado a brazo partido. Hemos llegado a ser una de las congregaciones crecientes de Buenos Aires. Durante este tiempo las victorias del Señor nos han regocijado en grande. La congregación vive un avivamiento. El Espíritu de Dios realiza con libertad su labor en cada integrante de la comunidad. La alegría y el gozo son constantes. La labor evangelística es la nota sobresaliente. La iglesia ha salido a la calle. Los acontecimientos la han puesto en la mente de los bonaerenses, pero también en la nación entera. Puede decirse con justificada razón que es una iglesia con gran éxito.

Sus miembros leales y trabajadores se han dado en cuerpo y alma a servir a su Señor. A pesar de mis constantes viajes para predicar en otros lugares, ellos han llegado a ser autosuficientes. Mis retiros han sido en la confianza de que ellos, un cuerpo de ancianos y diáconos, hacen todas las labores que la iglesia en su totalidad exige.

Vivo para estas fechas un bello romance con mi iglesia. La observo fuerte, bien parada. Su atmósfera es de amor y se respira libremente.

Todas estas cavilaciones me vienen por varios meses en mi onceavo año de pastorado. En variadas oportunidades me angustian, porque me asalta la idea de mi renuncia a mi amada iglesia.

Me resisto notablemente a este pensamiento. Miro a la iglesia como a una hija nacida de mis entrañas. Ha sido lloro mi gemir; mis desvelos en oración. Mi sudor en la enseñanza, en el estudio y en la predicación. Le he concedido los mejores años de mi juventud; toda mi energía. ¡Vamos, hasta mis primeros años de matrimonio, cuando en vez de solazarme con mi esposa e hijos, dispuse ese tiempo para mi grey! Todo lo había dado.

No era fácil abrigar con dulzura la idea. La renuncia se me convertía en una decisión difícil.

¿Cómo puede un padre dejar a su hija? ¿Cómo puede renunciar a ella para no volver a tratarla más? ¿Cómo será posible dejar parte de sus entrañas fuera de sí? Por más que reflexionaba en ello, me parecía imposible aceptar tal pronunciamiento, tal determinación.

Lo hablaba conmigo mismo, con mi esposa y con Dios. No podía abandonar a este pedazo de mi corazón.

Dios trató conmigo personalmente. "Alberto, si tú no sales al llamado del evangelismo, no voy a seguir respaldándote en el pastorado."

Tan tajante señalamiento vino como bomba a mi conciencia. Dios me aclaraba un principio que no volvería a olvidar. Me di cuenta que si yo no renunciaba a la iglesia, ésta comenzaría a ser dañada por mi testarudez. Descubrí con la ayuda del Espíritu Santo, que uno puede tener un ministerio muy bendecido, ser empapado por el éxito, pero si Dios lo llama a otra cosa y uno se cierra a lo nuevo que El desea llevar a cabo, entonces, sería vano creer que Dios seguirá manteniendo su bendición en lo que uno está haciendo. Me dio un susto tremendo, porque no sólo no iba a hacer lo bueno que Dios quería, sino que aun lo bueno que yo había construído, el Señor me lo iba a quitar.

No dudé más. Me propuse comunicar mi resolución a la iglesia.

Cuando hice notoria la noticia de mi retiro, algunos lloraban, otros, estupefactos, no lo entendían, y los más maduros aceptaron, diciendo: "Evidentemente, Dios lo ha llamado al evangelismo. Sabemos que es un evangelista. No debemos retenerlo; nuestro pastor tiene que dedicarse a su misión."

Cosa extraordinaria. Aquella iglesia, con sus ojos humedecidos por las lágrimas, comprende sobrenaturalmente la situación, y a tal grado, quc manifiesta su grande amor en un fruto apetecible, que daría júbilo y tranquilidad a nuestra vida.

Está por demás decir, que mi congregación nunca recibió dinero extramuros para su manutención, y que fue concebida de la nada en un período sin avivamiento en Argentina. Siendo su confianza Dios, supo arrancar al Cielo sus tesoros con oración y ayuno, a modo de repartirlos a sus semejantes con pasión. Así lo hacían ahora conmigo.

"Pastor," -me dijeron con voz quebrada por la emoción- "durante un buen tiempo usted seguirá recibiendo el dinero que percibe mensualmente. Usted no se preocupe por venir, nosotros se lo enviaremos adonde nos lo indique."

Quebraron mi último recurso de fortaleza. Hondamente conmovido, no por la dádiva en sí, Dios lo sabe, sino por el desprendimiento generoso de corazones que nos amaban a plenitud. Lloré con cada uno de ellos. Oramos con profundo sentir los unos por los otros. Nos bendecimos a saciedad en el único Nombre que había sido capaz de desarrollar semejante amor de hermanos en la fe de Cristo.

Jamás podré olvidar aquel día, mientras viva aquí en la tierra. Aquella Iglesia de Haedo. Mi desprendimiento. El dolor de mi partida. Y el gozo de un futuro aún sin revelar.

En los meses subsiguientes el Señor me tiene sorprendido de su dádiva. La Iglesia de Haedo, puntualmente, durante dos años enteros, me envía mi salario. Pero estoy al tanto de lo demás. El pastor que toma mi lugar recibe para su manutención y, por aparte, ayuda para obras misioneras en otros lugares de Argentina. Esto me revela que una iglesia latinoamericana, por muy pequeña que sea, nunca es una iglesia subdesarrollada si tiene en su seno la Presencia magnífica de Jesús.

Nosotros no necesitamos otros recursos que los que vienen del Señor. Nuestros recursos no vienen de los dólares, ni de las computadoras; nuestros recursos "vienen de Jehová, quien hizo los cielos y la tierra".

33

ESTADIA EN CHILE: EL LADO AMARGO

Durante los años 1973 y 1974 hicimos residencia en Santiago, capital de Chile; aquéllos fueron años muy importantes en nuestra vida. Esos años fueron como el queso en medio de las tapas del sandwich. Antes del '73 habitamos en nuestra patria natal, Argentina; después del '74, con un breve tiempo de ocho meses en Buenos Aires, hemos vivido hasta el día de hoy, en el sur de California, Estados Unidos de Norte América.

Desde los dieciséis años de edad, tuve conocimiento de un hombre de Dios que me influenciaría permanentemente en mi vida: Kenneth Strachan, prominente misionero presbiteriano lleno del Espíritu Santo. Sus ideas y su labor en cuanto a la evangelización, fueron saturando mi mente. Más tarde tendría la oportunidad de conocerlo personalmente. Los breves encuentros que tendría con él, dejarían su huella indeleble sobre mi persona. Su "Evangelismo de Saturación", que después se desarrollaría como "Evangelismo a Fondo", vendría a ser como una "revolución en el evangelismo". Kenneth fue un estratega y un visionario en el campo de la evangelización masiva. Yo me "comía" sus mensajes y sus escritos; estaba al tanto de lo que "Evangelismo a Fondo" desarrollaba en Nicaragua, Costa Rica, Guatemala y en toda América Latina. Los principios elaborados por este hombre de Dios marcarían mi visión básica sobre la iglesia como responsable directa de la salvación de los hombres, a través de la movilización total de los laicos. Mucho de ello lo puse en práctica en mi pastorado donde me resultaba altamente positivo. "Evangelismo a Fondo" era un movimiento con el cual tenía un contacto directo. Después de la muerte de su fundador, sus dirigentes mantuvieron su filosofía y con ello mi amistad y permanencia con ellos. De esta relación salió la invitación a colaborar con ellos en sus proyectos. Cuando renuncié a mi pastorado, me fue natural adherirme a "Evangelismo a Fondo". Mi corazón clamaba por el evangelismo a grandes multitudes.

ESTADIA EN CHILE: EL LADO AMARGO

Se me pidió residir en Chile, dado el saber geográfico y eclesial que yo tenía del país. Por varios años había visitado a la República de Chile. Puedo decir que conocía mejor las tierras chilenas que a mi propio país. Fueron muchas las veces que recorrí su territorio, desde Santiago hasta Punta Arenas, palmo a palmo, particularmente de Concepción a la Isla de Chiloé, extasiándome siempre en sus bellezas naturales. Las ocasiones en que viajaba por el tren trasandino de Argentina a Chile, o volaba cruzando la cordillera, se transformaban en un placer incomparable. Las preciosísimas vistas del cono del Tupungato, un volcán gigantesco que se eleva a una altura de 6.800 metros y, hacia el otro lado del valle, el panorama sobrecogedor del Aconcagua, la montaña más alta del hemisferio occidental.

A principios de 1973 hice mi mudanza, el año que estaba determinado para ser notable en Chile. "El médico metido a presidente", Salvador Isabelino del Sagrado Corazón de Jesús Allende Gossens, era el que comandaba los destinos nacionales de ese país de América del Sur.

Su mandato presidencial, iniciado en 1970, llegaría a su fin en forma violenta. El primer experimento por llevar la democracia hacia el socialismo en América, desembocaría en un golpe de estado el 11 de septiembre de 1973. Aquél fue un tiempo de catástrofe para un sistema político que no funcionó.

Poco antes del golpe de estado a la soberanía chilena, ya se vivían días difíciles. Recuerdo que un día por la mañana me hice acompañar por mi hijo Marcelo, que escasamente tendría unos ocho años, a las oficinas de "Evangelismo a Fondo". Estas se ubicaban en el mismo centro de la capital, frente a la Plaza de Armas en el Portal Fernández Concha, en el séptimo piso de un edificio del restaurante Chez-Enri, donde por cierto aprendí a comer los productos del mar tan famosos en Chile. Los camarones, locos, centollas y las almejas eran riquísimos.

Estábamos mi hijo y yo por cruzar la Plaza, cuando estalla una tremenda balacera. Por todos lados oíamos el traqueteo siniestro de las armas de fuego. Asustados, y en un alarde de preservación existencial nos tiramos al suelo, nos metimos debajo de un automóvil estacionado, para allí esperar que aquella danza del diablo terminara. Desde nuestro improvisado observatorio, vimos a la gente correr despavorida, y oímos gritos de órdenes aviesas y llanto descontrolado. Las escenas eran como las de una película al estilo Hollywood, que durante varios minutos nos tocó mirar, en un estado de suma tensión. Después que terminó el sonido de las armas, que la policía se hizo cargo del orden, y que oímos el ulular de las sirenas de patrullas y ambulancias, salimos temblando de nuestro escondite. Nos dirigimos prestamente a las oficinas con los labios resecos y el corazón que se salía de su lugar. Tremendo susto nos llevamos esa mañana.

Aquello se convirtió en cosa común. Varias veces nos tocó andar cuarenta o cincuenta cuadras para llegar a nuestro hogar, por haberse paralizado la ciudad entera. Era una situación caótica.

Exactamente el 10 de septiembre por la noche, mis padres llegaron procedentes de Argentina a visitarnos. Precisamente en las horas siguientes se produjo el conflicto del golpe de estado en que al otro día perdería la vida en el Palacio de La Moneda, el Presidente Salvador Allende. ¡Tremenda bienvenida les di a mis viejitos!

Los días subsiguientes fueron de estar recluídos en nuestra casa. Las pocas noticias que nos llegaban eran de un caos completo. La represión castrense estaba en su máxima actividad; las libertades civiles fueron erradicadas. El toque de queda era una realidad atosigadora que limitaba la libertad humana.

A la semana pudimos salir y quedamos estupefactos ante los cuadros de horror que se veían por todos lados. La ciudad era un desastre. Impactos de bala y cañón se contemplaban por doquier. Los meses siguientes, en variadas oportunidades veíamos, asombrados, en el seno del río Mapocho, los cuerpos muertos de hombres y mujeres flotando en la corriente.

En las laderas del cerro San Cristóbal a cuyos pies estaba nuestra vivienda, aparecían de la noche a la mañana cadáveres, fallecidos de diferentes formas. Se calcula que la represión cobró varios miles de muertos y desaparecidos.

Estos dos años fueron de intensa tensión y peligro. Todo el trabajo de "Evangelismo a Fondo", los proyectos y demás, fueron desajustados. Nada se hizo a cabalidad. Este desorden civil provocó inmensa desilusión y frustración. No obstante, también pudiera decir que fue una escuela que nos enseñó tremendas lecciones en lo personal, en lo familiar y en el ministerio.

Yo venía de un pastorado exitoso, viendo cada día un fluir espiritual constante en la iglesia; de una comunión preciosa con pastores de contextos y persuaciones teológicas diferentes, pero unidos por el Espíritu Santo y por la Palabra de Dios. Ahora esta era una dimensión completamente nueva para mí, donde la separación entre movimientos, concilios e iglesias, era la nota magistral de la iglesia evangélica en Chile. Esta situación vivencial me provocó una intensa desilusión. Comenzó una experiencia nada edificante que me introdujo a un desierto espiritual cuya secuela me transportó a las dudas persistentes, a reinterpretar lo que hasta ahora había vivido y conocido, hundiéndome en profundo pozo. Me sentía únicamente colgado del hilo de la salvación. Esto fue lo único de lo que estaba seguro, de mi salvación. Todo lo demás en lo eclesiástico me causaba vértigo.

En este estado de hundimiento espiritual pude mirar hacia arriba, de donde descendía un pequeño haz de luz divina, y por mediación y fortaleza del Señor pude salir a flote, peldaño a peldaño a mi relación íntima con mi Dios y a vivir nuevamente a plenitud como siervo del Señor Jesucristo.

Me había comprometido por dos años con "Evangelismo a Fondo". Y estos dos años estaban por culminar. No tenía la menor disposición de renovar el contrato. Aunque me rogaron que siguiera con ellos, yo ya había determinado concluir.

En los últimos dos meses de mi estadía en Chile me sucedieron dos cosas que derramaron el agua del vaso. Cuando estaba haciendo maletas, empacando y despidiéndome, recibí una invitación. El pastor Javier Vázquez, persona fina con la cual mantenía una bella amistad, me extendió la invitación para la inauguración del templo que denominarían más tarde la Catedral Evangélica, la iglesia metodista pentecostal de Jotabeche. Jotabeche era la calle donde se situaba, haciendo esquina con la rúa más importante de Chile, la avenida Alameda o Bernardo O'Higgins. El edificio trascendía por su tamaño, su magnífica fachada. Varias veces ocupé el púlpito de esta iglesia con el correr del tiempo.

El día de la inauguración, una multitud de tal vez 20 o 30 mil personas se dio cita en este lugar. Había tanta gente que colmaban la avenida principal. Del interior del país y del extranjero estaban ahí dispuestos a entrar.

Para mi sorpresa y sin yo saberlo, la invitación que traía en el bolsillo de mi saco era especial. Tan especial, que al mostrarla a los edecanes, prontamente me abrieron paso entre la muchedumbre, me condujeron por una puerta que me llevó en directo al interior de la nave del templo. Mi reservado estaba precisamente enfrente del púlpito en primera fila.

Un rato más tarde, arribaron dos grandes personalidades del gobierno de Chile. Uno de ellos era nada menos que el Presidente Pinochet. Lo ubicaron en un asiento, después de un general de su confianza, a mi lado izquierdo. A mi derecha me encontré con el Secretario Ejecutivo de las Sociedades Bíblicas, el pastor Isaías Gutiérrez. Tan solo un asiento me separaba del General Pinochet.

Fue una reunión un tanto extraña. El objetivo era la dedicación del edificio. Pero todo el programa se centró en la alabanza panegírica de la persona y las actividades de Augusto Pinochet.

Terminó el evento en un mar de comentarios, saludos, abrazos, risas. Estreché la mano del Presidente con una sonrisa obsequiosa. Y yo, medio bobón, medio tontón, con una mente parsimoniosa en procesos de dimensión política, comenté con Isaías Gutiérrez.

"¿Qué formidable fue todo esto, verdad? ¡Qué bueno estuvo!"

Isaías, airado, no con mi persona porque éramos buenos amigos, sino con lo que habíamos presenciado, contestó.

"¡Cómo, bueno! ¿Qué no te diste cuenta, que no hubo ni una oración, ni una lectura bíblica precisamente en la dedicación de un templo cristiano?"

Abrí los ojotes y aquella pregunta, como si fuera un rayo, iluminó mi cerebro. No hacía falta que me dijera más; comprendí la razón del enojo de Isaías. Reflexioné rápidamente sobre el programa, el mensaje, si así se le podría llamar, que dio el Obispo Mamerto Mancilla, y vi, espantado, que todo fue una exaltación al Presidente, y un sinnúmero de promesas con distingo marcadamente político.

Aquella experiencia, como otras que viví en ese país durante esa época, me instruyeron en el terrible y peligroso error que la iglesia comete, cuando hace alianza con el poder temporal. Aquel evento tuvo resultados, a mi juicio desastrosos; y, de paso, me enseñaron objetivamente la profunda verdad del Señor Jesucristo: "Dad, pues, al César lo que es del César, y a Dios lo que es de Dios." (Mateo 22:21)

Otra vivencia, ahora en el tono jocoso para el que no la vive en carne propia, me sucedió en este lapso en que me despedía de Chile.

En estos días de la inauguración de Jotabeche, me comenzó a doler una muela, ¡qué muela aquélla!, pues me dolió tanto, que me obligó a visitar a un dentista.

El médico, un hombrón argentino grandote y gordo, ignoro que razón me dio por la cual no podía extraerla. Me dijo que la única forma de sacarla era rompiéndola. ¡Tosco de aquel dentista! Y yo, tonto, consentí en su "pericia." El hombre, con un hierro y una masa de madera a golpes rompió en pedazos mi muela. Pero sucedió lo increíble: un trozo se incrustó dentro de la encía, y después, por más mañoserías que hizo, no logró encontrarlo. Yo veía, azorado, que en su mesita juntó los pedazos, uno a uno; como un rompecabezas formó mi muela y exactamente le faltaba un elemento. Aunque lo rebuscó, nunca lo encontró. Dio por terminada la operación, mandándome a casa.

El dolor no cedió. Esta extracción de muela fue toda una desgracia en mi vida. Me voy a acordar de ese dentista mientras viva. Mi mal duró meses y meses; como diez. Fue en Estados Unidos donde con una pequeña operación, me extrajeron aquel ingrato pedacito de muela.

Con estas experiencias me despedía de mi residencia en Chile. Mi adiós era con sabor amargo. Salía con una desilusión grande, profundamente vacío a consecuencia de mi desierto espiritual y encima me martillan mi muela. Era lo último que me faltaba para salir de Chile con un manto de tristeza, país al que siempre he amado y admirado.

34

ESTADIA EN CHILE: EL LADO DULCE

Pero no todo fue un yermo, no, no, no; yo sería injusto con Chile si lo describiera todo como una experiencia negra y amarga. Fue un período de vida escabroso y estrujador; sin embargo, me enseñó lecciones importantísimas. Distintas cosas muy relevantes, sucedieron en el orden de la Obra del Señor.

Una de ellas fue al atisbar el desorden de la situación eclesiástica: la petulancia, la arrogancia, las divisiones en algunas de las iglesias evangélicas. Realmente, un estado anárquico. Bajo esta confusión, mi esposa Noemí, atisbando con mayor perspicacia aquel halo raro de la iglesia local, me pidió que no la envolviera ni la comprometiera en ello.

Ella se dedicó a organizar grupos de estudio bíblico y de oración en lo que se conoce en la capital chilena como Barrio Alto. Este es un sitio urbano donde vive la gente profesional y de negocios. Gente de recursos económicos dispuestos al bien vivir. Un tipo de personas que no acudía, por lo menos en ese tiempo, a las iglesias protestantes. Los evangélicos los miraban con cierto desprecio; y los ricos veían a los protestantes como algo pobre y estúpido.

Los primeros decían que esta clase de gente no deseaba saber nada del Evangelio; no era verdad. Los segundos no querían saber nada con los estereotipos, con las formas anómalas de la iglesia, pero sí tenían hambre y sed de Dios. Y qué impresionante fue contemplar a esa gente buscar a Dios con todo el corazón, llegando a ser esta una de las experiencias más lindas que tuvimos en Chile. Noemí formó varios grupos. Yo le ayudaba en el tiempo que me sobraba de mis responsabilidades en "Evangelismo a Fondo". En las reuniones con parejas alcanzamos a muchas personas de la más alta sociedad chilena.

De estos grupos celulares, algunos discípulos jóvenes, muchachos en ese tiempo que cuando los dejamos no parecían tener demasiado futuro, hoy han llegado a ser formidables siervos de

Dios y están realizando una tremenda diferencia en la historia de Chile. La familia Mottesi recuerda con mucho agrado el caso de la mamá de Nora.

Nora, esposa de un capitán de la marina, gente de alta alcurnia, de varios apellidos, muchas alhajas y casas suntuosas, tenía a su mamá ya ancianita, enferma de un cáncer terminal en la garganta. Ellas dos comenzaron a concurrir a uno de los grupos de estudio de Noemí. Se convirtieron, entregándose por completo al Señor. La ancianita se dio cuenta al leer su Biblia acerca del bautismo, y deseó obedecer esta Ordenanza de nuestro Señor.

Noemí le explicó que no podíamos bautizarla en ese momento porque, aunque su esposo era un ministro plenamente ordenado, no pastoreaba ninguna iglesia local en especial. Nuestro trabajo era ayudar a las iglesias y no podíamos de ninguna forma saltarnos las disposiciones locales. Le rogó que fuera a una iglesia constituida, que hablara con el pastor acerca de su necesidad de ser bautizada, y después de ser agregada como miembro de una asamblea de cristianos.

Solícita, acudió a una de ellas, pero le dijeron que no podían bautizarla, a menos que pasara un tiempo allí y tomara las clases de los catecúmenos, las cuales duraban no sé cuántas semanas o meses.

Nora habló con Noemí.

"Mira, mi mamá no va a resistir todo el tiempo que el pastor pretende que acuda a las clases para el bautismo. Estoy segura de ello. Tú y yo sabemos que ella está convertida. Me pregunto, ¿hay algo que impida que sea bautizada? Si tu esposo Alberto pudiera hacerlo, yo estaría muy agradecida con ustedes. Pídele que haga una excepción, aunque no esté pastoreando una iglesia aquí; que tome en cuenta que mi mamá está en sus últimos días de vida."

Me abstenía de hacerlo porque soy muy respetuoso de la iglesia local. Sin embargo, consideré la omisión a la regla. Llamé al pastor. Le hice ver el estado crítico de la ancianita y mi determinación a realizar el bautismo. El me dijo: "Házlo, no veo ningún problema, entendiendo que las circunstancias son especiales."

Noemí organizó un grupito de mujeres de la misma posición social de la ancianita. Nos fuimos al pie de la montaña, bastante arriba en la ladera, donde un río bajaba con aguas lentas, claras, profundas y, evidentemente, muy heladas. El lugar apropiado por su soledad nos recibió para el bautismo de la ancianita.

Vestidos con las ropas pertinentes al acto, mientras el grupo cantaba, yo me metí en el río. ¡Dios mío! Estaban super heladas aquellas aguas que se deslizaban de la alta montaña. Sentí de pronto que se me engarrotaban las extremidades, poniéndose con rapidez morados las manos y los pies. Era un hielo "líquido" que corría. Tuve la duda de hacerlo o abstenerme del bautismo. Pensé, "aquí de seguro se me muere la viejita. Cuando la meta al agua no va a resistir. Pero ella había insistido tanto, que creo se va a ir al reino de los cielos mojadita." Sólo me dije a mí mismo: "Vamos, adelante en el Nombre del Señor."

Para abreviar el asunto la llamé para bautizarla lo más pronto posible. Cuando la viejita se mete en el agua, en lugar de permitirme que la bautice enseguida, se pone a cantar; y después se le ocurre testificar a los que estaban en la orilla, de lo que Cristo había hecho en su vida. Yo estaba que me moría de frío. Cuando ella terminó de hablar, la bauticé, y en aquel instante, yo no sé cómo definirlo teológicamente, lo cierto es que la ancianita fue sanada completamente de su cáncer.

Salimos con un gozo indescriptible. Se nos olvidó el frío de los huesos. Fuimos a una casa cercana, de una de las mujeres asistentes. Tomamos té caliente, comimos con alegría, y aquella ancianita vivió por muchos años más, perfectamente sana como un testimonio poderoso de la misericordia de Dios.

Estos acontecimientos fueron el lado dulce y amortiguador que Dios usó, a fin de mantenernos fieles, sin menoscabo del ministerio que nos dio para hacer. Era una lección del Cielo que jamás olvidaríamos.

35

ASOCIADO A PABLO FINKENBINDER

En la misma nación de Chile surge una variante, una de las más gloriosas de mi vida. Tiempo atrás había tenido el privilegio de conocer a Pablo Finkenbinder, comúnmente conocido como el Hermano Pablo. Aunque ya sabía de él, en el año '71 le conozco personalmente. En ese año, su coordinador de campañas el hermano Izy Vega, concertó para mí unas reuniones en el Sur de California. Ese tiempo lo viví con él bajo el mismo techo. Nuestra relación creció de inmediato. Su oficina en Costa Mesa fue un lugar rutinario.

Durante esos días, Pablo tenía que viajar a México con el objetivo de predicar en dos congresos: uno en Monterrey, y el otro, en la capital, el Distrito Federal. Me invitó a acompañarle. La idea no me desagradaba, las fechas me caían bien, mis compromisos de predicación estaban a punto de fenecer y, desde México, podría seguir mi viaje hacia mi país.

Celebrando el congreso de corte internacional en Monterrey, a mitad de un culto veo venir a Pablo y a un americano que se dirigían a mi asiento. Sin más, me imponen manos y Pablo me dice: "Sentimos de parte del Señor que tú seas el que predique. Toma mi lugar".

Yo me quedo como una tabla, mientras ellos oran por mí; mis pensamientos chocan entre sí. Faltaban unos minutos para el llamado al expositor, y a estos dos nobles hermanos se les ocurre que yo sea el predicador.

Tomé mi Biblia, implorando vehementemente la asistencia del Espíritu Santo, y agarré al toro por los cuernos. Creo que Dios les dijo bien. Sentí el ungimiento del Padre y proclamé lo que El me inspiró. Fue una hermosa bendición en aquella oportunidad.

Lo mismo me hizo en el Distrito Federal. Pablo tenía una reunión en una zona aledaña a la capital en un teatro. Estaba tan afónico que me pidió que lo reemplazara en el púlpito.

Durante esos días de tanta comunión con él, me hace la invitación a trabajar en su equipo. Le informo que no puedo, porque yo estaba relacionado con "Evangelismo a Fondo". Parte del '71 y '72 trabajé parcialmente con este ministerio desde Buenos Aires, viajando constantemente a Chile.

En el año '73 en mi residencia en la nación chilena, invitamos a Pablo a una Cruzada auspiciada por "Evangelismo a Fondo". En el desarrollo de la campaña comentando la situación eclesiástica, mi desilución que brotaba por lo que estaba viviendo, Pablo me reitera su deseo de que yo trabaje en su Asociación. Yo estoy atado con "Evangelismo a Fondo", así que rechazo una vez más su invitación.

Al año siguiente, recibo de Pablo la ayuda financiera para asistir al Congreso de Evangelismo, en Lausanne, Suiza. En este Congreso Mundial recibo bendiciones y conocimientos, y Pablo insiste y remacha su anhelo de que me adhiera a él en su trabajo evangelístico.

Ya mi ánimo estaba propenso a aceptar. La idea estuvo martillando por bastante tiempo, máxime que mi vida pasaba por esa sequía espiritual, llegando a ser la invitación de Pablo como agua fresca en una tarde de verano.

"Evangelismo a Fondo" era carne de mi carne y sangre de mi sangre. Fue lo que me dio la visión del discipulado, la movilización de la iglesia, la evangelización tal como la concibo en la actualidad. Verdaderamente esa era mi gente, mi familia, con la que convivía con ideales similares; pero desde muy dentro de mí, me sentía como una hormiguita tratando de mover a un elefante que estaba muerto. Yo percibí que Dios, y lo digo con temor y temblor, no estaba en ese momento soplando sobre las estructuras denominacionales. Mis compañeros de "Evangelismo a Fondo" me solicitaban que siguiéramos juntos. Teníamos una relación maravillosa y mi ministerio iba creciendo más y más entre ellos. No obstante, algo me llamaba hacia afuera, algo me apuntaba que Dios no me quería simplemente como un coordinador, como un promotor, como un motivador, sino que El tenía otros planes para mí. El Padre celestial me reclamaba hacia un mundo nuevo, y también a depender únicamente de El.

Acepté por fin laborar con Pablo. La transición hacia su ministerio fue natural por las reiteradas invitaciones y la hermosa relación amistosa que guardábamos y el profundo respeto y admiración que yo sentía hacia él. Amén de que el ministerio de Pablo se estaba desenvolviendo en un ambiente no-denominacional, vi a su lado un enorme potencial de expansión a mi propio ministerio.

Ya como miembro del equipo del Hermano Pablo volví a residir en mi ciudad natal donde permanecimos ocho meses. Yo viajaba constantemente por América Latina y los Estados Unidos. De pronto vimos que era menester mudarnos al Sur de California, así que tomamos cuanto pudimos introducir en maletas, y viajamos con la familia al gran país del Norte.

Ya instalados, comencé a trabajar en las oficinas de Pablo en Costa Mesa, como Director del Departamento Pastoral y como Evangelista Asociado. ¡Cuánto aprendí con el Hermano Pablo! Sólo Dios podrá recompensarle con amplitud. Los secretos de la predicación por la radio, la personalidad de un hombre de Dios, la humanidad de un ministerio y tanto más.

Empero en los últimos meses de los dos años de trabajar con Pablo, se provocó un nuevo proceso de sequía espiritual. Percibí un desencanto en las cosas que hacía. Mis horas en la oficina comenzaron a ser una carga. Aunque mantenía un nivel de trabajo con resultados más o menos apetecibles, yo no funcionaba feliz. Como si hubiera entrado a un congelador que paulatinamente fuera paralizando mis nervios y músculos. Sentía frío espiritual. Mis devociones fueron de más a menos.

Ya tenía el conocimiento de esta forma de vida que se produce en el reino espiritual. Así como en Chile, volví a percatarme de los rigores de entrar a un páramo. Solo, sin fuerzas, desinflado.

Considero que fue la manera cómo Dios me señaló en estas dos ocasiones, que tenía que moverme del punto donde estaba parado. Había otros propósitos para mí. Y me lo indicaba de esta forma. Naturalmente, me fue sumamente aflictivo.

Mi propio ministerio crecía al lado del Hermano Pablo. Como el hijo que madura, que desea buscar su propio destino, que siente que puede desarrollar la aptitud necesaria para manejarse solo, salta al vacío, sin conocer las consecuencias de su intrepidez.

Prácticamente sin recursos, sin contactos en un país de costumbres e idioma extraños, con familia que mantener, dimos el salto de fe. Muy dentro de mí había una certeza de que Dios estaba parado detrás de todo esto, y si El está en el asunto, pensamos, no hay riesgo ni peligro alguno. El nos llevaría a puerto seguro.

Se nos metió entre ceja y ceja la imagen de fundar nuestra propia Asociación Evangelística. Era una osadía sólo pensar esto por tantas limitaciones que teníamos. ¿Recursos económicos? Cero. ¿Relaciones con la iglesia, que sería nuestro potencial? Pocas. Nos parecía una utopía, pero..., renuncié a mi trabajo con el ministerio del Hermano Pablo. Fue en una relación de franca comprensión. El entendió sabiamente mi futuro. No hubo ruptura ni nada que se le parezca. Todo lo contrario.

El Hermano Pablo, desde el mismo principio de nuestro ministerio, ha sido miembro permanente de nuestra Junta de Referencia. Sus consejos, su visión, su amor al Señor han permanecido siempre como un flujo continuo de edificación y un modelo a imitar. Pablo ha sido y es uno de mis "héroes" en el devenir cristiano.

Cuando determiné fundamentar la Asociación Evangelística, volvieron las fuerzas, me percaté palpablemente que Dios retomaba su lugar en el centro de mi sistema nervioso. Y me lo confirmaría andando el tiempo, pero, para llegar a éso, antes pasarían varios acontecimientos.

LIBRO III

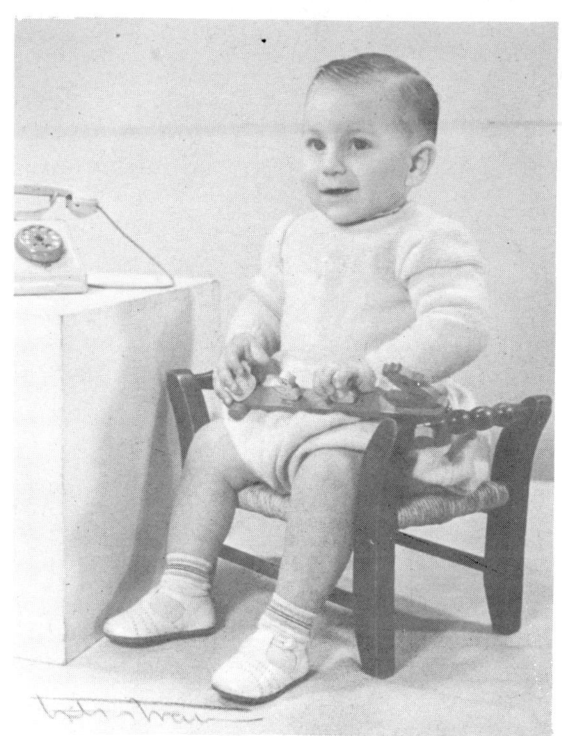

Alberto al
cumplir un
año de edad

José y
Esther Mottesi

Osvaldo y
Alberto cuando
tenía 15 años

Casamiento de
Alberto y Noemí

Marcelo Mottesi

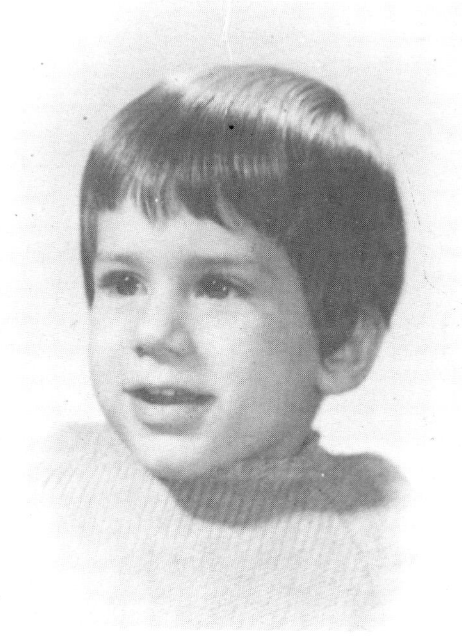

Martín
Mottesi

Alberto y familia

Alberto, Marcelo el día de su graduación, Martín y Noemí, Mayo 1992.

Alberto en 1962.

Presidente de México, Lic. Carlos Salinas de Gortari y Alberto Mottesi.

Cruzada El Salvador, Septiembre de 1984.

Billy Graham
y Alberto Mottesi.

Alberto predicando
en Los Angeles '88.

Barcelona, España, Marzo de 1987.

Cruzada Cartagena, Colombia, Octubre 1988.

Los Angeles '88. Julio 1988. 6,316 líderes hispanos de 46 países.

Premio "Micrófono de Oro", otorgado por la Convención de Comunicadores Cristianos (NRB) en Washington D.C., Enero 1990.

Miles respondiendo al llamado de aceptar a Cristo en Villa Hermosa, México en Mayo de 1991.

36

EN EL ESTACIONAMIENTO DE UNA IGLESIA

Cuando estaba mascullando la idea de establecer mi propia Asociación, cuando pude ver con un poco de más realidad la perspectiva de mi propio ministerio, un día a media mañana, viniendo rumbo a casa en el auto, me sobrevino una zozobra por el futuro de mi familia y mi trabajo ministerial.

Si yo dejo de ser asociado del Hermano Pablo me voy a enfrentar en un país extraño, sin dominar su lengua, sin mucha gente conocida, sin iglesias que me respalden, a una situación económicamente difícil. Y aparte, el inicio de crear la Asociación Evangelística. Con estos pensamientos tuve el deseo de orar.

En el camino encontré una iglesia y me introduje en su estacionamiento. En ese momento no se veía ni un alma deambular por ahí. Sólo los pájaros volaban de árbol en árbol. La temperatura la sentí tibia. Ahí en el auto, le decía a Dios: "¿Qué hago, Señor, qué hago?"

Sabía que mi oración salía con angustia. La carga me era pesada.

En el silencio y, la soledad de ese estacionamiento, el Señor me habló.

"Yo quiero que te lances a un ministerio evangelístico propio."

Escucho tan claramente la voz del Señor, que me invade una preciosa quietud. Noto cómo vuela la preocupación y el afán, para dar paso en mi corazón a la siempre reconfortante paz de Dios.

Ya no hay dudas. La promesa de Dios me es tan evidente, que salgo de aquel solar profundamente gozoso y sereno. Le alabo y le adoro, mientras fluyen gruesas lágrimas de mis ojos.

Yo renuncio a la labor que venía desempeñando con el Hermano Pablo un viernes de las últimas semanas de septiembre de 1976. Con esto se dan por terminados dos años de sostén económico; ahora dependo únicamente de Dios. Una de las formas en que podría agenciarme los recursos para mi familia como evangelista itinerante era justamente predicando en las iglesias donde me invitaran y recibiendo de ellas alguna ofrenda. Aquí se suscita nuevamente el hilo de fe.

Para esta fecha llevo año y medio residiendo en los Estados Unidos y el sueldo que obtenía nos alcanzaba con soltura para todos los gastos familiares; sin embargo, ahora que he dejado el trabajo con el Hermano Pablo para levantar de la nada mi propio ministerio, confío sólo en que Dios le proveerá a su siervo.

Para el domingo, dos días después de mi renuncia, tengo una invitación a predicar en una congregación de Los Angeles, la "Iglesia del Pueblo", donde pastorea el hermano Mike.

Asisto con toda la familia. El servicio, con un buen número de asistentes, se realiza gustosamente. La atmósfera espiritual es grata. Los himnos se han cantado con mucha libertad. He tomado parte en todo el devocional desde mi lugar que me habían dispuesto en la plataforma y, faltando escasamente unos cinco minutos para encaminarme a la cátedra sagrada, intempestivamente oigo una voz declarativa que me dice, "Mira a tu esposa." Obedezco extendiendo la vista a la mitad del santuario donde Noemí y mis dos hijos se encuentran sentados. Vuelvo a escuchar la misma voz. "Ahora, mira a tus hijos. Examina sus rostros."

Los diviso observando sus caritas, tiernas y dulces, en espera de que papi comience a predicar. Oigo que la voz, en forma sentenciosa y grave, una vez más se dirige a mí. "Tú vas a ser la causa de su desgracia. La decisión que has tomado, llevará a la ruina a tu familia. Tus hijos van a sufrir. No van a tener dinero ni para comer."

Inmediatamente me doy cuenta que es Satanás. No podía haber sido Dios. El ya me había hablado y llamado a Su servicio. El demonio estaba inquieto tratando de molestarme con lo que a mí más me dolía: mi familia.

Desecho en el Nombre de Jesús todo este cúmulo de pensamientos negativos y comienzo a exponer el mensaje. El Señor me asiste con Su unción dando a su pueblo Pan del cielo. Concluyo dejando el lugar al pastor. El comenta que se va a proceder a levantar la ofrenda.

"Bueno, hermanos míos, vamos a recoger una ofrenda misionera, pero quiero decirles, que la dedicaremos a un pastor misionero que acaba de llegar a la ciudad y está de paso por aquí. Total, el hermano Mottesi vive por acá y le tenemos siempre. No le vamos a dar ofrenda esta vez. ¿Está de acuerdo, hermano Mottesi?

¿Qué podía decir? Esta era mi prueba de fuego. El demonio luego, arremetió de nueva cuenta, comenzando a corroerme las entrañas.

"¡Viste, viste, te lo dije!" Bajé la cabeza y oré a mi Padre Celestial. Esto, y sólo esto debería hacer.

El primer domingo en que predico después de mi renuncia. Ahora que voy a depender de Dios. Satanás me tienta y el pastor Mike es usado para mirar la realidad de mi fe. ¿Era Dios o las ofrendas? ¿Qué o quién era realmente mi recurso?

¡Bendito sea mi Padre bondadoso y fiel! Tiernamente me colocaba en la perspectiva correcta. Jamás, jamás nos dejó sin asistirnos. Siempre hubo y sigue proveyendo lo necesario, a modo de que su siervo y su familia no carezcan de nada. Y más aún, con la gran responsabilidad que ponía sobre mis hombros: llevar adelante la "Asociación Evangelística Alberto Mottesi".

37

LOS PRIMEROS BALBUCEOS

Inicio los trámites para dar personalidad jurídica a la Asociación. Mientras esto sucede, ya que llevará su tiempo a que el gobierno nos autorice su legalización, yo no pierdo la hora. Las invitaciones de las iglesias se han ido sumando, de manera que la agenda se va llenando.

La oficina se encuentra en casa. Nosotros mismos mecanografiamos las cartas y los boletines que es necesario enviar. En cada iglesia que visito les hago mención de nuestro proyecto. Les insto a apoyar la obra. Comienzan a llegar los primeros sostenedores de nuestra incipiente Asociación. No dejo de informarles mes a mes del trabajo ejecutado y los proyectos por hacer.

Los hermanos Jorge García y su esposa Marilys se unen a nuestra labor, comenzándose a integrar un equipo de trabajo. Ellos serán una bendición venida del cielo; nuestro trabajo se hace más específico.

Desde un principio se concibe la idea de que la Asociación incluya siempre a un grupo de hombres de Dios, que crean en nuestro ministerio, que sean sabios y expertos en diferentes áreas; pero, sobre todo, que nos amen tan grandemente, como para decirnos las cosas como un padre a su hijo, a modo de que nos vaya bien y nos ajustemos a los lineamientos de Dios.

En los primeros días de enero de 1977, nos dan la venia oficial para que la "Asociación Evangelística Alberto Mottesi" principie a laborar bajo el marco jurídico de la nación norteamericana. Los primeros recibos para la exención de impuestos de los sostenedores son enviados. Los hacemos con gran alegría.

Las iglesias nos siguen invitando. Nuestra área de trabajo se va extendiendo. Aparte del Estado de California, celebramos campañas en Chicago, en Texas, y en Puerto Rico. El impacto público de las reuniones comienza a ser muy grande y glorioso, al ver a tantas gentes entregándose a Dios y encontrando un nuevo sentido para vivir. Un hombre a quien pude guiar a los pies de Cristo y que estaba en ese momento emocionalmente desquiciado, después totalmente transformado y gozoso en menos de dos meses él mismo había ganado a toda su familia para Jesús.

Mientras viajaba hacia un compromiso de predicación en San Francisco tuve una experiencia en el avión. Una voz dentro de mí me dijo lo siguiente: "¿Por qué estás trabajando y trabajando sin descanso? ¿Por qué pides a la gente que te ayude?"

De pronto no tuve control pleno sobre mis emociones. Había un pequeño temblor y un calor interno me invadió. La aeromoza me ofrecía algo y la señora que estaba a mi costado deseaba conversar. No pude atenderlas. Era muy fuerte la Presencia del Señor en mi ser, que, balbuceando en mi mente, sin poder contener el flujo de mis ojos, le contesté. "Señor, tú sabes por qué estoy en esto. Es que siento un fuego metido en mis huesos. Tú has derramado tu Amor en mi alma y no puedo quedarme callado."

Esta pasión es la que me lleva de un lado a otro. De iglesia en iglesia. Con la agenda colmada, sin descanso, por Canadá, México y Puerto Rico. Las experiencias de la gente que se entrega a Cristo, son nuestro consuelo y nuestras fuerzas. El mirar a tantos felices desbordantes de nueva vida, se convierte en el acicate para no desmayar. Un día Dios me inquieta para iniciar un ministerio de radio. Yo ya había predicado en radio y televisión en muchísimas ocasiones. Sin embargo, Dios quería que desarrollara un ministerio regular, continuo y permanente.

En una noche de octubre del '77 concibo el plan, lo pongo todo en papel y cito a mi Junta de Directores para exponérselos.

La reunión se llevó a efecto y les declaré con mucho entusiasmo: "Hermanos míos, vamos a entrar a la radio."

"¡Qué bien!" -dijeron algunos, como si hubiese dicho una broma a modo de festejar. Proseguí.

"Para el mes de marzo entrante, en su primera semana estaremos comenzando diariamente en 20 emisoras."

Silencio sepulcral. Nadie abrió la boca. Aunque yo creo que algunos pensaron, "¡pobre muchacho; de seguro se afiebró! Está bien que su trabajo de iglesia en iglesia va creciendo, que gracias a Dios junte el sostén de su familia, pero ¿20 emisoras todos los días? ¡Por favor!" Faltando seis meses, preparé los programas pilotos, aceleré la labor de contactos con las emisoras.

Cuando llega la primera semana de marzo, no entramos en 20 emisoras todos los días, fueron ¡68! estaciones de radio de entrada, las que iniciaron a transmitir nuestro programa: "Usted y Alberto Mottesi".

Fue algo extraordinario contemplar manifiestamente la Mano de Dios. Enseguida el número subió a 100, a 200 y a 300 emisoras en varios países, hasta llegar al día de hoy a las 700 cada día, en toda la América Latina, Estados Unidos y España.

El trabajo se intensificó. Había noches en vela, grabando 24 programas al hilo. No importaba el cansancio físico y mental que a veces nos agobiaba. En esos momentos de agotamiento veíamos cómo el Espíritu de Dios nos daba las fuerzas necesarias para completar nuestro trabajo.

Este fue otro paso del hilo de fe. De sentir que Dios nos ordenaba ejecutar ese trabajo. De no saber ni cómo, ni pensar siquiera la manera en que se iba a costear. Simplemente tracé, garabateé algunas directrices confiando en que el Padre me respaldaría. Y les lancé el reto de 20 emisoras, y no fueron 20. Creo que Dios diría algo así:

"¡Ahí sí que te equivocaste, Albertito; fueron 68!"

Un día envié una carta a mis sostenedores con el siguiente tenor: "Hoy quiero compartirles algo sobre el programa radial. Esto es una parte muy importante del ministerio (¡y una parte muy costosa!).

El proceso es más o menos así: Comenzamos escribiendo cada mensaje. Luego vamos a grabar a un estudio en Whittier, California. Son horas de intenso trabajo y oración.

Cuando recibimos las cintas maestras, volvemos a oír todo lo grabado para estar seguros que sea editado correctamente o hacer las correcciones pertinentes. Entonces enviamos esas cintas a otra compañía que nos duplica los cassettes que utilizamos cada cuatro semanas. Todo ese material viene a nuestra oficina y aquí se termina de procesar. Pegar las etiquetas. Poner las cintas en cajas. Preparar los sobres con las direcciones y los papeles correspondientes de aduana. Colocar las estampillas de correo. En ese punto, todo está listo para el envío a las emisoras.

Recién acabamos de terminar la renovación de todos los contratos con las radioemisoras. Hemos recibido información muy valiosa sobre el impacto a través de cada estación. Los directores han evaluado nuestra producción y han ayudado con sugerencias. Hemos eliminado algunas emisoras y seguimos agregando otras.

El programa es de lunes a sábado. Los cálculos nos dicen que aproximadamente 15 millones de personas oyen diariamente nuestro programa. Un detalle importante es éste: no pedimos ayuda financiera ni damos ninguna dirección en el programa. Nosotros esperamos que el pueblo de Dios nos coadyuve para que el programa sea totalmente evangelístico".

¿Sería posible dudar que Dios estaba detrás de toda esta labor radiofónica? ¡Jamás! Día a día se iba engrandeciendo para la gloria de mi Señor.

Un día, viajando en el avión, que es como un automóvil para mí, de pronto se encendieron todas las señales. La voz del capitán sonó brusca y un tanto alterada. "Estamos en una emergencia y debemos volver al aeropuerto de Nueva Orleans." Los siguientes treinta minutos fueron tensos e inacabables. Algunos aparentaban indiferencia. Reían, pero la risa sonaba superficial. Otros entraron en un mutismo impenetrable. Yo, la noche anterior había culminado una gloriosa campaña bilingüe en la Iglesia Nazarena de El Monte, California, y había pasado toda la noche en vela trabajando en mi escritorio para dejar arreglados varios asuntos pendientes antes de viajar. Me dolían los párpados de sueño.

El avión no podía aterrizar y girábamos alrededor del aeropuerto. Inusitadamente, cesó el aire acondicionado y todos comenzamos a sofocarnos y a transpirar.

Creo que de tantos viajes aéreos, esta era la segunda o la tercera vez en que pasaba por un sustito así. "Señor," -musité en mi pensamiento, "si ya es cumplido el tiempo para ir contigo, sea como Tú quieres. Me da mucha pena por mi familia. Y, además, ¡cuántas cosas hay por hacer todavía! ¡Cuánta gente que no sabe de tu Amor! Y nuestros sueños, Señor, ¿quedarán inconclusos? ¿Qué de las Cruzadas con que queremos alcanzar a todas las naciones? ¿Y las Escuelas de Evangelización? ¡Qué impacto tan grande han tenido! ¡Qué necesidad tan grande de entrenar y movilizar a todos los cristianos hacia una vida más profunda y consagrada! ¿Y los Institutos Pastorales? ¿Y la literatura? La serie de libritos que acabamos de publicar están influenciando más allá de nuestros cálculos. ¿Y la radio, Señor? ¿Te diste cuenta de los cientos de emisoras que están trasmitiendo nuestro programa? ¡Tú hiciste el milagro! ¿Y la televisión? ¿No crees que si lográramos tener un programa continuo de televisión alcanzaríamos a muchos millones más?

¿Te das cuenta, Señor? Mi vida está llena de sueños. Son sueños de servirte, de amarte, de predicar Tu Palabra, de parar a la gente en el camino de la vida y decirles que su existir puede ser diferente si se abren al amor de Dios."

Mis ojos se humedecieron. Exclamé por último: "Te amo, Señor. Tú sabes que te amo. Tú conoces todas las cosas... y, está bien."

38

TELEMUNDO: UN HECHO INSOLITO

Uno de los sueños que acariciaba en los primeros años de nuestro ministerio en la Asociación, era el producir nuestro propio programa de televisión. Este se fue concretando gradualmente. Cuando ya nos dimos cuenta, fue cuando teníamos realizados los primeros programas piloto.

Naturalmente, que Dios nos va preparando con anticipación para las cosas en las que nos desea usar. Al estar delante de las cámaras de televisión, venían a mi mente los momentos en que estando como pastor en Argentina, noche a noche, despedía a la teleaudiencia. Fue un principio de familiarización con estos adelantos técnicos de nuestra época. A partir de esos incipientes balbuceos en el medio televisivo, tuve varias otras oportunidades. Sin embargo, la labor de televisión no se había producido en forma permanente.

Ahora parecía el momento de Dios. Los programas se enviaron a directores de televisión de algunos países que conocían nuestro ministerio. El director de una radioemisora en Cuenca, Ecuador, nos escribía: "...estamos muy contentos con su programa radial, que tiene gran audiencia e impacto públicos. Quiero informarle que nuestra empresa también es dueña de un canal de televisión y deseamos ofrecerle tiempo gratis para programas televisivos que ustedes nos envíen...." Realmente, esta era nuestra motivación. Sabíamos del potencial que significa la televisión para la penetración masiva del Evangelio. Teníamos casi por obligación que mantener nuestra preocupación y nuestra oración continua en este rubro a manera de concretar este sueño. No era fácil. Un obstáculo nos detenía: el alto costo que la programación de televisión significa, y nosotros sin dinero.

A lo más, y con gran sacrificio financiero de nuestra parte, podíamos realizar la producción de algunos programas; pero, el costo del tiempo estaba fuera de nuestras posibilidades humanas. Sin embargo, sabíamos que si Dios estaba en el asunto, entonces, nada ni nadie podría atascar la realización de mirar nuestra imagen y escuchar la Palabra por medio de las ondas televisivas. Por ello, cuando tuvimos los primeros programas de televisión listos y los enviamos a las compañías televisoras que nos abrieron campo gratis en sus programaciones, esto produjo un gran regocijo en nuestras vidas. Veíamos palpablemente cómo Dios abría puertas y su Evangelio era anunciado a través de este poderoso medio de difusión.

De suyo, cabe suponer el gran desgaste físico, mental y económico que absorbía de nosotros este nuevo acápite de nuestro ministerio. Pero era lo que menos nos interesaba. Lo fundamental era que tuviéramos, en la medida de nuestras fuerzas, el producto terminado que produciría almas nuevas en el Reino. Los escollos con el poder de Dios se iban desvaneciendo, e íbamos descubriendo para nuestra fortaleza espiritual nuevas sendas, concepciones, experiencias y enriquecimiento de facultades que jamás soñamos poseer algún día.

Una de las vivencias que templó toda nuestra audacia y la chispa para lograr objetivos en el Nombre del Señor, fue lo que nos ocurrió en Puerto Rico, en uno de los canales de televisión más conspícuos de América Latina.

"Telemundo", en la televisión iberoamericana, es hablar de palabras mayores. Una empresa poderosa. El canal más importante de la "Isla del Encanto". Pensar entrar ahí, desear participar en su programación es un sueño, una quimera, cuando no se tiene dinero. Sólo las compañías de grandes recursos son bienvenidas. Los tipos como Alberto Mottesi, predicador de calles e iglesias, sin billetes grandes en los bolsillos, se quedan afuera.

Sin embargo...

Un día entré a la oficina del director de programación de dicho canal. Un señor ejecutivo que mira de abajo hacia arriba, detectando a las primeras, qué persona ha tenido la audacia de apersonarse con él. El tiempo de estas personas se mide en oro puro. Así qué, si el interesado no proyecta una imagen que deje negocio, está por demás perder el tiempo.

Me escuchó con atención los pormenores de la producción de nuestro programa de televisión. El enfoque a los problemas de la familia y de la ciudad, proyectándolos con soluciones bíblicas y cristianas.

"Mi problema, señor director, es que no tengo dinero para financiar la compra del espacio. Deseo, que "Telemundo" nos lo facilite en forma gratuita."

"¡Por favor, señor Mottesi! ¡Aquí hasta la misa católica paga! Créame," -levantó la mano extendida delante de mí y la movió cortando el aire horizontalmente- "todos, absolutamente todos, pagan. Es imposible conceder lo que usted me pide. Lo siento, no tenemos espacios gratis."

Insistí, le hice ver el valor moral del contenido de nuestra producción y, además, la necesidad urgente de este tipo de materiales para la sociedad sumida en la depravación, el suicidio, el divorcio, las drogas, el alcoholismo, etc.

El director de programación se mantuvo en sus "trece".

"Lo siento de veras, señor Mottesi, me es harto imposible acceder a su petición."

"Entonces, hágame un favor. Vea nuestro material, júzguelo, medítelo y deme la oportunidad de volverlo a ver. Platiquemos nuevamente. Estoy seguro que cambiará de opinión."

"No lo creo. La política de la empresa es tajante. No obstante, nada pierdo con ver su programa. Déjemelo y le prometo mirarlo. Véngase mañana."

Me despedí cortésmente. Aquel ejecutivo me dibujó una sonrisa de padre comprensivo, casi menesterosa, podría decir, como si me dijera, "pobre tipo, es un soñador. Está loco si piensa salir al aire sin pagar."

Al otro día llegué puntual a la cita. Hoy parecía diferente el ánimo. Lo vi más agitado. Dando órdenes aquí y allá. Moviendo papeles en su atiborrado escritorio. El teléfono prendido a la oreja.

"Permítame, señor Mottesi, en un momento lo atiendo."

"Pierda cuidado. Lo espero."

Contemplaba su activismo, sus frases metidas en el argot televisivo. Su oficina era un collage de cuadros y fotos con personalidades célebres del medio. Diseños gráficos y calendarios.

"Ahora sí, señor Mottesi. Perdóneme la tardanza. Hay tantas cosas por arreglar, que apenas me doy tiempo." Sin darme tiempo de expresar alguna palabra comprensiva, prosiguió sentenciando abruptamente, "como le prometí, anoche pude mirar su programa. Lo felicito, su contenido es de muy buena factura y mucho profesionalismo, pero estoy en lo dicho. No puedo darle tiempo gratis."

"Señor director, es de suma necesidad que la comunidad tenga respuestas a sus problemas. Y la televisión es el medio idóneo para hacerlo. Haga una excepción. Encuentre un lugar a modo de proyectar."

"No puedo, créame, señor Mottesi, mi programación está saturada. Tenemos fila de empresas que desean un espacio. Y no lo podemos dar porque los contratos no nos lo permiten. Perdóneme. Si pagando es difícil, me parece imposible sin dinero de por medio."

Bajé la guardia. Contemplé un escollo imposible de sortear. Había hecho mi mejor esfuerzo, sacando argumentos que pudieran vencer aquella muralla. Pero no había cedido. Me levanté despacio dispuesto a despedirme. Aquel hombre, impecablemente vestido, imitó mi movimiento. Nos dimos la mano. Una mueca de "ni modo" fue lo que me dirigió. Al acercarme a la puerta de salida, cuando estoy a punto de tomar el picaporte, hago un movimiento de media vuelta y le miro fíjamente, hablándole con mucha autoridad.

"Usted que es padre," -lo supuse por la edad solamente- "sabe igual que yo, que nuestros hijos y nuestras familias necesitan urgentemente un programa así."

Seguro que fueron palabras que Dios usó. ¿Qué impacto produjeron en el interior de aquel inconverso? Lo ignoro. Lo que sí vi fue algo maravilloso.

El director de programación inclinó la cabeza, fijó su vista en el cristal de su escritorio. Así estuvo por unos segundos sin moverse. El tiempo se hizo abismal. El silencio en aquella oficina se transformó en un lenguaje de conciencias, donde a los individuos no les es dado penetrar sin menoscabo de la libertad humana. ¿Qué pensó? ¿Qué pensamientos convulsionaron la voluntad férrea de este hombre? ¿Qué cambio debería ver en su plan de programación? ¿Pagar o no pagar? ¿Por qué este predicador ha venido con esta petición? ¿Mis hijos realmente necesitan este programa? ¿Esta verdad podrá ayudar a muchos? ¿Qué dirán mis superiores de una inclusión semejante?

Levantó la mirada y me externó lo siguiente:

"Mottesi..., usted tiene razón. El espacio es suyo."

Oír aquellas palabras era como si los ángeles me las hubieran transmitido. Todo aquel momento de tensión emocional esperando el veredicto, se trasmutó en una expresión de sincera gratitud.

"Gracias, señor director. Muchas gracias."

Salí de aquella oficina saboreando la respuesta preciosa e inefable de mi Señor. El lo había hecho todo. Quebranta los corazones. Deja hasta el último instante para que sea más nítido de dónde proceden las cosas. No agotaba mi corazón de agradecer a mi Dios su amor, su bendición y su poder.

Esto era el principio. Ya tenía un espacio gratis de programación televisiva en el Canal más importante de Puerto Rico, "Telemundo". Ahora iniciaba la labor de permanencia en el aire.

El movimiento en el calendario de la programación afectó a una periodista que tenía muchos años con un programa de entrevistas. Redujeron en media hora su espacio. La pobre estaba sumamente enojada con el responsable de la programación, conmigo, con el Canal, con Dios y con toda la gente. Conscientemente entendía que estaba afrontando una verdadera batalla en el Canal y que tenía que hacer algo, a modo de mantener el programa "Usted y Alberto Mottesi" en el cielo de Puerto Rico.

Tuve una ocurrencia.

Lo que voy a narrar es un secreto; nunca lo he contado a nadie.

Monté una campaña sin precedente de cartas manuscritas dirigidas al director de programación del Canal 2 de "Telemundo". Como tenía muchísimas iglesias amigas mías, distribuí entre todos sus feligreses textos de cartas que podían ser escritas de puño y letra para ser enviadas al Canal. Los hermanos en su propio vecindario hacían que otros también escribieran a "Telemundo". Cientos, miles de cartas llegaron en alud a la oficina del director de programación.

"Lo felicitamos por el programa "Usted y Alberto Mottesi".

"¡Qué buena idea!"

"¡Cuánto tiempo hemos necesitado de un programa así!"

"Gracias, mi familia ha sido notablemente influenciada por este programa."

"Apoyamos con fervor este espacio."

"Alberto Mottesi es un gran predicador. Debe ser mantenido en el aire por mucho tiempo."

"¡Qué bueno! Le han hecho tanto bien a mi familia."

Evité toda la terminología religiosa. Los que escribían eran gente común.

Un día llegué al departamento de programación. Aquí trabaja muchísima gente en una actividad constante. Cuando entro, cual no sería mi asombro al ver que todas estas personas, dejando lo que estaban haciendo, se pusieron en pie para saludarme. Parecía que había entrado el general MacArthur y no Mottesi; ya sólo faltaba el saludo militar para que se hubiese consumado la escena.

La verdad es que se encontraban en sumo grado impresionados por la avalancha de correspondencia que había llegado a ese departamento. Pensaban que yo era una auténtica celebridad. El director me recibió con un abrazo y una gran cordialidad. Supe más tarde, que la periodista afectada había ido ante el director de programación con bastante enojo a reclamar su horario. Este le dijo: "Mira," -abrió varias cajas mostrándole su contenido-, "aquí está parte de la correspondencia que hemos recibido por el programa de Alberto Mottesi. Aunque tú lo sabes, te lo voy a reiterar. Nosotros, como medio de difusión, nos movemos por lo que el público quiere. Aquí están las pruebas. Alberto Mottesi continúa en el Canal."

Más de un año permanecimos en el aire. Cientos de testimonios veraces resultaron ser el producto de estos programas de televisión. Percibí que cuando uno quiere algo y se esfuerza por lograrlo, a pesar de las trabas, uno lo puede obtener. Máxime si detrás de todo esto está la fe en el que Todo lo puede. Mi espíritu había sido templado desde mi niñez en una lucha continua por alcanzar metas que honraran a mi Dios. Ahora El me había respaldado en un hecho insólito para beneficio de gentes quebrantadas en la maldad.

39

NO ESTRENES ZAPATOS CUANDO VIAJES EN AVION

En los comienzos de mi ministerio evangelístico en los Estados Unidos me eran muy importantes las relaciones públicas. Era imprescindible conocer a un número mayor de líderes con el propósito de que en algún día futuro surgiera una invitación a predicar en alguna campaña. Así que, cuando a algunos amigos míos, pastores de California, se les ocurre hablar de Humberto Cruz, pastor de una de las iglesias más prósperas del sur de la Florida, me hacen notar que sería importante que lo conociera. De antemano sé que se trata de un hombre ilustre, reconocido. Que su labor ha traspuesto a su área de influencia. No me desagrada la idea. Y se presenta la ocasión en un viaje que tengo que realizar a Puerto Rico. De camino a esta isla caribeña, bien podría detenerme un día en Miami, donde residía nuestro hermano Humberto. Tener el gusto de conocerle y compartir por unas cuantas horas nuestras experiencias, sería notable. Más tarde llegaríamos a ser grandes amigos. Pero en ese momento yo era un perfecto desconocido para él.

Hice los arreglos pertinentes a modo de hacer escala en Miami. Pasaría un día en ese lugar y a la mañana siguiente retomaría mi viaje a la "Isla del Encanto".

El día programado para mi salida tengo la ocurrencia de ir a comprarme unos zapatos. Junto con mi esposa escogemos unos, marca Jarman, que me sientan muy bien. Ya con mis zapatos nuevos en casa, decido llevármelos puestos. Escojo el traje más nuevecito que poseo y contemplo al espejo que es perfecta la combinación.

Como siempre, Noemí me lleva al Aeropuerto Internacional de Los Angeles. Durante el tiempo de espera obligatoria nada importante sucede. Me la paso leyendo y anotando algunos planes para las campañas que se realizarían en Puerto Rico. No noto nada extraño en mi persona que me incomode.

A la hora indicada, abordo un inmenso jumbo jet de Pan Am. Mi número de asiento me ubica en la mitad del avión en la sección de los no fumadores. Aparte de mí hay otros pasajeros a ambos lados de mi asiento. Observo que la capacidad del avión iba a ser requerida a su máximo. Una muchedumbre heterogénea en un parloteo sin fin, poco a poco se acomoda en sus sitios respectivos. Siento la sensación de estar metido en una jaula de loros, aprisionado.

Las azafatas nos preparan para el despegue, con sus instrucciones de seguridad. Tomamos pista y en unos segundos zurcamos raudos aquél cielo azulino sin nubes. La gran ciudad queda atrás con su enredijo de carreteras para dar paso a la agreste campiña norteamericana.

El capitán del avión nos informa que nuestro tiempo estimado de vuelo será de cinco horas aproximadamente. Bastante tiempo que podría aprovechar perfectamente para leer y escribir notas. Aun unas cartas que debo enviar una vez retornando a la oficina.

Nos atienden con nuestro almuerzo del cual doy cuenta con rapidez. Quiero aprovechar mis minutos de vuelo. Para esto, registro cansancio en mis pies. Como es largo el viaje -pienso- no me vendría nada mal que me quitara los zapatos. Con el vientecito del aire acondicionado, de seguro que me sentiría muy confortable. Al pensamiento pongo la acción y me deshago de mis flamantes Jarman. El olor a nuevo lo percibo. Mis pies sienten rico el ambiente frío. Ya liberadas mis extremidades, me introduzco en pleno a mis actividades planeadas.

Corre el tiempo en el ronroneo característico del avión. La demás gente ha tomado sus posiciones de descanso. Unos duermen, otros charlan suavemente; los más, miran la película u oyen música con audífonos colocados a sus oídos. De vez en cuando alguno se levanta para dirigirse a la parte trasera del avión donde se encuentra el baño. Las azafatas atienden discretamente a las personas que solicitan sus servicios.

La voz del capitán se oye, sacándonos de nuestro ensimismamiento. Nos indica que estamos a 45 minutos de nuestro destino. "Es tiempo de que me ponga mis zapatitos," me dije para mis adentros. Recojo mis papeles poniéndolos en el portafolio. Coloco la mesita del asiento en su lugar. Y me dispongo a calzarme los zapatos. Con mis propios pies los busco y trato de meterlos sin ayuda de las manos. Experimento una sensación de pies gordos. Hago esfuerzos y no logro introducirlos en los zapatos. Me ayudo con las manos, pero los pies se resisten a entrar. Comienzo a luchar con mayor desespero y veo que todo esfuerzo me resulta vano. Los zapatos se han puesto en sus "trece" y no permiten que unos pies un poquito hinchados, los calcen. "¡Dios mío, qué hago!"

Comienzo a transpirar. Me pongo nervioso. Los vecinos se han dado cuenta de mi batalla. Siento una gran incomodidad y decido tomar mis zapatos. Salgo de mi asiento y me dirijo a la parte de atrás, junto a los baños, pensando que allí con más espacio podré maniobrar con mayor destreza a modo de colocarme estos zapatitos.

Allá en el fondo del avión existe una fila grande de gente que espera turno para entrar al baño. En uno de los respaldos de un asiento, procuro volver a mi lucha. Esta se hace pertinaz. Definitivamente veo con mucha consternación la tremenda resistencia de mis pies con los zapatos. Yo trasudo. Me limpio la frente que gotea sin mi permiso. Una aeromoza se hace presente.

"¿Qué le sucede, señor?"

"Señorita, hace un rato que estoy luchando por meter mis pies en los zapatos y no puedo."

"Déjeme ayudarlo."

Trató aquella amable señorita de colocarme con fuerza uno de los zapatos, sin resultados positivos.

"Considero que con un calzador podemos meterlos," -me dijo-. "Pero," -pensó unos instantes- "aquí en el avión no creo que hallemos uno. ¿Y si lo sustituímos por una cuchara? Puede ser la solución. Permítame, ahora vuelvo."

Se fue la azafata hasta el frente del avión y volvió con una cuchara de aluminio inoxidable. Tratamos de calzar los pies y no fue posible deslizarlos.

Ya para este entonces la gente que tenía a mi alrededor estaba pendiente de mi batalla con los zapatos. La señorita sobrecargo, no encontrando otra cosa que hacer, toma el teléfono y se comunica directamente con el capitán. Le explica mi problema. El le dice:

"Que camine; con eso se le achicarán los pies."

No pierdo tiempo ante la orden. Comienzo a marchar a lo largo de los pasillos del enorme jumbo. Tres y cuatro vueltas de proa a popa. Siento mil ojos clavados en mí, pero no importa, lo valioso en esta hora es que me calce los zapatos. No quiero ni pensar siquiera que deba bajar descalzo del avión, cargando en una mano mis zapatos nuevos. ¡Qué ridiculez!

Cuando llego de nueva cuenta adonde se encuentra mi ayudante a la cual ya se le había sumado otra sobrecargo, entre las dos tratan de ayudarme. Vemos desconsoladamente que el remedio no dio resultado. Procuran usar la cuchara y nada.

Una vez más la primera azafata vuelve a tomar el teléfono, comunicando al piloto nuestra impotencia. El le responde.

"Si no le sirvió caminar, entonces que corra. Con un mayor ejercicio, seguro que se le achicarán los pies."

Vuelvo a tomar los pasillos del avión. Troto a través de ellos. A la gente que me había visto caminar anteriormente, un tanto extrañada, ahora mi actitud les provocaba hilaridad. Jocosamente me alientan. Otros, hasta aplauden. Comencé un verdadero show. El rostro está rojo por la vergüenza y perlado por el sudor. El corazón que se me salía de su lugar. Y mis pies, que no cedían a mi esfuerzo de volverlos a su estado normal.

Nos dimos cuenta las azafatas, los que estaban en la fila del baño y yo, que los zapatos no estaban dispuestos a calzar unos pies regordetes y sudados como estaban los míos. Consternado y abatido, con el tiempo de aterrizaje que estaba a punto de anunciarse, se me ocurrió meterme al baño. Hago fila y cuando me toca entrar, quitándome los calcetines, en aquella incomodidad del baño de un avión, meto uno a uno, los pies en el pequeño lavabo bañándolos con agua fría. ¡Bendita solución!

Al cabo de unos minutos, la hinchazón cedió. Pude ver feliz, que los lustrosos zapatos nuevos, por fin estaban colocados en el sitio que les correspondía.

Cuando salí del baño, las gentes miraban mis pies calzados en sus Jarman, y me sonreían amistosamente. Agradecí a las sobrecargos su ayuda y me apresté a aterrizar en el aeropuerto de Miami, dispuesto a conocer al que ahora es mi gran amigo, mi hermano pastor, Humberto Cruz.

Moraleja: Nunca hagas el chiste de estrenar zapatos cuando viajes en avión.

40

SENTANDO BASES (1977-1983)

"Trabajad, trabajad, somos siervos de Dios,
Seguiremos la senda que el Maestro trazó;
Renovando las fuerzas con bienes que da,
El deber que nos toca cumplido será."

Siempre recuerdo este viejo himno de mi niñez. Lo cantábamos con otros adolescentes cuando salíamos a predicar por las calles y plazas de Buenos Aires. Y, de tanto en tanto, el viejo himno viene a mi mente. Y cuando parece que las fuerzas desfallecen, siempre el Espíritu Santo viene a renovarlas. Porque ha sido en todos los años desde que acepté mi llamamiento, un duro bregar, un trabajo sin vacaciones, un continuo ejercicio ministerial buscando con afán los resultados de Dios. ¡Cómo quisiera tener mil vidas para dedicárselas a Jesucristo!

Cuando uno está en el frente de batalla, la perspectiva visual es plenamente completa. Uno sabe de la fortaleza del enemigo, su ferocidad, su inteligencia y sus provisiones. Ante tal conocimiento, se provoca la conciencia de las enormes necesidades para contrarrestar sus fuerzas. ¡Ahí en el frente hemos estado! Las más de las veces, gimiendo porque nuestras fuerzas son pobres e inútiles ante la magnitud del trabajo. Sin embargo, no es nuestra obra la que debamos realizar con nuestro vigor; es la obra de Dios, para la cual El usa a sus siervos con Su poder, para hacer Suyos los designios de Su voluntad.

Todos estos años de 1977 a 1983 inclusive, fueron de una labor de zapa, yendo y viniendo de iglesia en iglesia. Un ministerio itinerante que gradualmente iba tomando fuerza. Haciendo campañas, seminarios para pastores, programas para la radio y la televisión, campamentos, concentraciones, etc., a manera de hallar libertad para los cautivos de Satanás.

Los primeros meses de la Asociación se realizaron en una oficina pequeña de una empresa ubicada en Westminster, California, y que un amigo, Roberto De Hoop, gentilmente nos prestó. El también fue una pieza clave para establecer nuestra Asociación y desarrollar nuestro ministerio. Más tarde nos mudaríamos a la casa de Jorge García, quien con su esposa Marilys, llegarían a ser preciosos en el ministerio. Durante los primeros años ellos fueron compañeros inseparables a nuestro lado y dedicaron mucho de sus vidas al Señor a través de nuestra Asociación. El trabajo de oficina siempre ha sido vital. Las primeras cartas dirigidas a la gente interesada en nuestro movimiento fue el inicio de una familia maravillosa de socios entregados a la visión del evangelismo. Los sostenedores de nuestro ministerio han conocido más de las veces nuestra impotencia ante el reto mayúsculo de llevar la Obra de Dios sobre nuestros hombros. Pero, también, han gozado con nosotros las grandes maravillas que el Señor ha hecho por intermedio de este equipo. Dios ha usado el corazón dadivoso de los sostenedores para realizar proyectos que, en su principio, se antojaban una locura.

El calendario de actividades fue y sigue siendo un viaje constante. Si comenzamos en el área de Los Angeles, después se expandería a gran parte de los Estados Unidos, mayormente en donde había las mayores concentraciones de hispanos.

Puerto Rico ha sido mi segunda casa. He llegado a amar profundamente al pueblo de Puerto Rico. Mis viajes a la preciosa Isla del Encanto son frecuentes. Mis primeras campañas en iglesias, trasmisiones por la radio y la televisión, prácticamente fueron en este lugar. Tengo una deuda profunda con el maravilloso pueblo puertorriqueño. De ahí, como si Dios me fuera soltando poco a poco el hilo, fui dirigido a Canadá, al norte de México, Costa Rica, Venezuela, y Honduras, entre otros, hasta lograr la totalidad de los países de Iberoamérica.

En estos primeros años, el ministerio se fundamentaría en el Cuerpo de Cristo, Su Iglesia. Fue en las iglesias de todo tipo donde mi trabajo evangelístico principiaría a cosechar sus frutos. Campañas de evangelismo de tres días, o de toda la semana. Escuelas de Evangelización donde enseñábamos el precio a pagar en esta labor. Sacrificante sí, pero notablemente gozoso al saber que estábamos colocando nuestro granito de arena a la disposición de Dios.

El Señor nos enfocó nítidamente en el mundo de habla hispana. Y ¡qué desafío también al empezar a comunicarnos con la gente de habla inglesa!

Recuerdo que la primera vez que prediqué con intérprete, fue en el norte de California, en una de las iglesias en las afueras de San Francisco. El hermano que me serviría en la traducción del mensaje y yo, teníamos un amigo común que era perfectamente bilingüe. El estaría en la congregación como oyente. Sin duda que él sería un buen juez de la labor de interpretación y evaluaría con todo rigor la calidad del trabajo. Dimos el mensaje. Culminó el servicio y corrimos a él, inquiriéndole entusiasmados cómo había salido el mensaje y la interpretación. Nos contestó muy serenamente.

"¡Oh, muy bien! Los dos mensajes me gustaron mucho."

En otra ocasión tuve otra experiencia con la que por poco inicio una guerra mundial en la Universidad Biola. He predicado varias veces en esta Universidad. La primera vez en el gimnasio, ante un auditorio de más de 2.000 alumnos, y donde me fue esencial la acción de un intérprete.

Se veía hermoso el lugar. Colmado estaba de rostros de universitarios, pendientes del mensaje. Notaba a las claras el ansia por escuchar las Palabras de Dios por mediación de este argentino. El mensaje fue dramático. Pintaba los paisajes y la narración de la guerra del pueblo de Israel con los filisteos, con frases emocionantes. Nunca pensé en el tremendo problema que se suscitaría con los estudiantes internacionales de la Universidad. En el momento en que estaba la predicación en su clímax, narrando el episodio de David y Goliat, exclamé. "Y el pueblo de Dios luchaba en contra de sus enemigos..., los filisteos."

Mi intérprete tradujo a la concurrencia: "Y el pueblo de Dios luchaba en contra de sus enemigos..., los FILIPINOS."

Aunque han llegado invitaciones de otras culturas y lenguas, tengo muy claro el llamado al pueblo latino. Sé con seguridad, que mi corazón se vacía continuamente en el altar del Señor por lograr cada día más redimidos que conozcan a mi Dios y le sirvan. Sé de los millones de latinos en toda el área Iberoamericana, que necesitan del conocimiento del verdadero Dios. Si a ellos el Señor me ha dirigido, quiero trabajar por ellos, todos los días que yo viva sobre este planeta. Transitando por los caminos selváticos de Tabasco, o por las extensas llanuras de la pampa, o escalando "el techo del mundo", de Bolivia, o las calles pedregosas de Guatemala. "Mientras haya una clase baja, yo pertenezco a ella. Mientras haya un elemento criminal, yo pertenezco a él. Mientras haya un alma prisionera, YO NO ESTOY LIBRE."

¿Y cómo lo voy a estar?

En Puerto Rico me invitaron a conocer a un hombre que estaba emocionalmente desquiciado. Dios me permitió llevarlo a los pies de Cristo. A los dos meses cuando volví, aquel hombre, ahora totalmente cambiado y gozoso, había ganado para la causa a toda su familia.

Cierta vez, frente al edificio de una iglesia en el centro de Los Angeles, un joven se me acercó, diciendo:

"Hermano Alberto, usted no me conoce. Pero, permítame contarle una experiencia,..." y, sin darme tiempo de contestarle, prosiguió en tono juvenil y emocionado. "Yo compré una grabación suya hace varios meses. Soy el más cercano colaborador de mi pastor en nuestra joven misión. Una noche, nuestro pastor no pudo llegar a tiempo al servicio e imprevistamente me encargaron la responsabilidad de la reunión. Se acercaba la hora del mensaje y yo no sabía qué predicar. Se me ocurrió, durante el culto y en el tiempo del sermón, poner su mensaje grabado. Aquella noche se convirtieron dos personas, y dos matrimonios, a punto de divorciarse, se reconciliaron públicamente.

Conmovido por las palabras de este joven, lo abracé, diciendo. "¡Gracias a Dios por Su bendición!"

En otra ocasión, llegó al servicio donde predicábamos un hombre con porte de ejecutivo de una empresa. Independientemente de él, entre toda la muchedumbre de la campaña, estaba una mujer con un vestido estampado, comprado en una tienda de modas de buen nivel. Ambos habían sido matrimonio. Ahora estaban separados y, en esa semana precisamente, recibirían los últimos papeles de su divorcio. Ninguno de los dos tenía conexión con iglesias y ninguno conocía de la presencia del otro en la reunión.

Cuando hice la invitación, ambos aceptaron a Jesucristo. Hicieron la oración del pecador arrepentido y, al darse cuenta, se encontraban frente a frente en el altar. Allí mismo se reconciliaron. ¡Qué lindo fue verles al siguiente domingo en la iglesia, cargando a sus pequeños hijos y sonriendo juntos!

Fue en San Cristóbal, Venezuela. El clima era frío y lluvioso. El lugar de la Campaña era un anfiteatro al aire libre. Mal augurio por la constante lluvia. Todo el día no dejó de caer agua. A la hora en que deberían pasar por mí al hotel, se retrasaron mucho en hacerlo. Cuando por fin pasaron y me condujeron a la Campaña, las evidencias hacían ver prácticamente la suspensión del evento. El hermano Pedro, quien conducía el carro, se detuvo cerca del lugar, diciéndome: "Hermano Mottesi, espéreme aquí para que no se moje. Voy a ver si hay alguien y regreso enseguida."

"Esta bien," le respondí.

"¡Qué pena!" Me dije para mí mismo con tristeza. A los pocos minutos, el hermano Pedro volvió corriendo y con el rostro achispado.

"¡Se hace la reunión, hermano Alberto! Hay por lo menos 500 personas bajo el agua esperando el mensaje."

Yo nunca había visto algo así. Bajo la lluvia pertinaz, 160 personas pasaron al frente. Las lágrimas se mezclaban con las gotas de la lluvia. Los micrófonos, la Biblia, todo estaba mojado. Yo mismo escurría agua. Esa noche sentimos fuertemente el poder de Dios en medio de aquella gente. En la plataforma, algunos pastores me abrazaban y rompían a llorar. Dios visitaba a San Cristóbal.

En otra ocasión, 50 adolescentes que como grupo se hacían llamar "La Tamburina", con rostros resplandecientes y gozosos estaban listos para participar en nuestra Campaña en Country Club, Puerto Rico, donde pastorea mi gran amigo y consejero, el Pastor Carmelo Terranova. Ellos provenían de Bayamón, y una joven del grupo con expresión brillante introdujo "La Tamburina" diciendo a través del sistema de sonido:

"Para mí esta es una noche especial. Siento una inmensa alegría por asistir a esta Campaña. Yo recibí el llamado de Dios para servirle bajo el ministerio del hermano Mottesi. Ayer empecé mis estudios en el Seminario."

Yo estaba escuchando, lejos de la plataforma. Mi corazón palpitó fuerte y sólo hubo una exclamación en lo hondo de mi alma: "¡Gracias Señor!"

Sin imaginármelo, allá lejos, fuera de la Cancha Bajo Techo del Country Club, se realizaba una verbena no muy animada. La noche estaba lluviosa, y un hombre solitario se estaba aburriendo. La música de salsa que emitía un aparato de sonido, por momentos se mezclaba en la acción del viento con otra extraña y lejana armonía. Aquel hombre quiso saber de dónde provenía. Salió de la casucha a la intemperie, se orientó, encaminándose a la Cancha Bajo Techo donde se celebraba la Campaña. Cuando llegó allí miró a mucha gente. Gente sonriente y dicharachera, que a él le pareció feliz. Entró, sentándose en un rincón semioscuro en la parte trasera. "¿Qué es esto?," -se preguntó- "¿Dios? ¡Están hablando de Dios!"

Intempestivamente se interesó a cabalidad, comenzando a seguir con suma seriedad el mensaje. Al rato se dijo a sí mismo, "Dios me está hablando a mí".

En el instante de la invitación para aceptar a Cristo, vio que de todas partes bajaba gente hacia el centro del campo de juego. "Esto es lo que yo necesito." Y él también bajó. Y allí, frente a aquella plataforma cuadrada de construcción rústica, empezó una nueva vida de alegría verdadera.

En estos años en que pudimos sentar bases, vimos que varias cosas se hicieron cada vez más claras y firmes en nuestra vida y en la de la Asociación: nuestra convicción bíblica y evangelística, nuestra fe en la absoluta virtud de la sangre del Cordero, y en la inalterable Palabra de Dios. Nuestra sujeción al Espíritu Santo y la identificación con el Cuerpo de Cristo. Nuestra convicción de vivir y promover la santidad, "sin la cual nadie verá al Señor." Nuestra expectación por el pronto regreso de nuestro Rey y Salvador. Nuestra total dedicación para la evangelización del mundo, y nuestra decisión de vivir sencillamente usando hasta lo máximo los recursos para proclamar el Evangelio. Fue como un credo que fundamentó nuestra visión del ministerio.

En estos primeros seis años de vida de la Asociación, en un fecundo y agotador, pero feliz trabajo, habíamos visto cerca de 75.000 profesiones de fe, con 700 trasmisiones radiales diarias a través de 400 estaciones en 19 países. Nuestro periódico, "En Sus Pasos", con 30.000 copias dedicadas a la edificación del Pueblo de Dios y el programa de televisión que se distribuía a varios canales en el mundo hispano.

Eran solamente cinco panes y dos peces. Igual que Andrés, hermano de Simón Pedro, muchos pensaron: "¿Qué es esto para tantos?" La multitud se componía de varios miles. La diferencia se produjo cuando los pocos panes y pescados fueron puestos en las manos del Señor: alcanzaron y aun sobraron doce cestas llenas.

¡Eran solamente doce hombres! Algunos de ellos sin ninguna preparación formal. Uno llevaba en el alma la semilla de la traición. Otro negaría a su Señor en el momento crítico. Y todos abandonarían al Maestro, escondiéndose asustados. Sin embargo, cuando el Espíritu Santo los posesionó por completo, ellos sirvieron para cambiar el proceso de la historia.

Yo estoy en el frente de batalla porque existe un verso en la Biblia en 1a. Corintios 1:27-28, "...lo necio del mundo escogió Dios, y lo que no es, para deshacer lo que es...." Mi corazón salta dentro de mí, diciendo: "Allí encajo yo". Si Dios eligiera a los sabios y los fuertes del mundo, yo quedaría fuera. Pero, alabado sea Su Nombre, porque El escoge lo que los hombres no escogerían, para que "nadie se jacte en Su presencia." Esta es la única razón de mi habilitación para ponerme de pie y detrás de un púlpito, porque existe este versículo de la Palabra de Dios. Si este versículo no estuviera allí, este libro jamás se habría escrito.

41

PREAMBULO DE GRANDES EVENTOS

En junio de 1980 pude asistir a una Consulta Mundial de Evangelización, la cual se llevó a cabo en una ciudad extraña con una naturaleza exhuberante, rodeada por el mar de la China, y limitada por sus vecinos las naciones de Cambodia y Vietnam: Pattaya, en Tailandia.

Desde su principio fue una bendición del cielo. Como siempre, yo andaba escaso de dinero para poder realizar el viaje. Pregunté, en su momento, el costo del boleto aéreo, que aun con el descuento especial que se estaba dando para el evento, era de 1,500 dólares.

Un día antes de decidir la compra del boleto, le había pedido a Marilys mi secretaria, que volviera a pedir el costo del boleto y que hiciera todos los arreglos para la reservación del viaje. A la tarde le pregunté si todo estaba correcto; ella me dijo que sí, llamándome la atención a que le habían cobrado mucho menos por el viaje.

"Marilys, ¿estás segura que sólo te cobraron 1,030 dólares?"

"Si," fue su respuesta.

"Es que toda la información escrita indica que su costo es de 1,500 dólares; debe haber un error."

Dos días más tarde, al entrar a la oficina, mi secretaria me dijo: "Tenías razón, el agente de la Compañía Thai llamó diciendo que se habían equivocado, que el precio del boleto es de 1,500 dólares, pero como el error fue de ellos, nos dejan el boleto en 1,030 dólares."

"¡Alabado sea el Señor! Me han ahorrado casi 500 dólares, que me serán muy útiles en el camino."

Con esa perspectiva, 650 obreros del Señor, provenientes de 87 naciones del mundo, durante dos semanas nos reunimos en aquel amplio y confortable hotel en el centro mismo de Pattaya. En este lugar, donde resaltaba la sencillez con una plataforma engalanada por las banderas de las naciones participantes y un letrero en tela blanca, cuyo título-emblema del encuentro rezaba de la siguiente manera: "How shall they hear?", que traducido quiere decir: "¿Cómo oirán?" Con antelación a la reunión se habían distribuido los materiales que utilizamos para nuestro trabajo en Pattaya. Centenares de pequeños grupos de estudio en todo el mundo fueron los responsables de la reflexión previa. Ahora aquí se realizaba una intensa interacción y una profunda renovación de nuestro compromiso para evangelizar a esta generación con la que nos ha tocado vivir. Todo el énfasis estuvo en las 17 mini-consultas donde estudiamos cómo alcanzar a los grupos de gentes todavía no alcanzados: marxistas, secularistas, indúes, ocultistas, musulmanes, chinos, religiosos tradicionalistas, ciudades grandes, etc.

Durante todo este tiempo, mi corazón estuvo revolucionado a su máxima capacidad; en muchísimas ocasiones prácticamente se me salía de su lugar. Ya deseaba que al terminar la conferencia, o la consulta, o el taller, o la experiencia expuesta, salir corriendo del lugar y aplicar el conocimiento que se me había impartido. Ciertamente, mi corazón ardía.

Me vine de ese lugar rebosante de un gozo y una paz indescriptibles. Comprendía que había estado en la Presencia de mi Jefe Supremo recibiendo su información y sus órdenes a realizar. Además, obtuve un nuevo fortalecimiento, una nueva unción del Espíritu, un renovar de fuerzas que se hizo patente en el trabajo subsiguiente. Deseaba poseer mil vidas para repartirlas por doquier a manera de alcanzar al mayor número de personas para el Reino de mi Dios.

Aquí en Pattaya, nombre que significa "hogar de reposo para las tropas", conocí a muchísimos siervos de Dios. Uno de ellos más adelante sería un gran amigo, y un valioso apoyo a nuestra visión ministerial: Paul Landrey, entonces con un cargo importante en Visión Mundial. Le debo mucho a Paul por toda la inspiración y el ánimo con que impulsó nuestro ministerio.

Estos encuentros de consulta mundial han sido determinantes para muchos esforzados paladines del Señor. Han servido de fortalecimiento personal, pero, sobre todo, para ampliar los horizontes de nuestra óptica evangelística en el perímetro de nuestra incumbencia. Los resultados han sido sorprendentes. Para mí fue como un fuego que consumía mis entrañas.

El siguiente Congreso, escenificado en la ciudad ancestral de Amsterdam, Holanda, ha sido cumbre en nuestra existencia. Patrocinado y organizado por la Asociación de Billy Graham, fue todo un éxito. 4.913 participantes, provenientes de 134 países del mundo. Los oradores del Congreso fuimos de 40 países diferentes. Toda una Babel reconquistada por el Crucificado para enfocarla a un común denominador: alcanzar para Cristo al mundo perdido. Esta combinación de culturas y experiencias nos hacían saltar por los más bellos adjetivos. El amor del Señor era un río de aguas, frescas y perfumadas que embargó a nuestro espíritu en aquellos días. En esta ciudad de ríos y puentes, de muros antiquísimos levantando imponentes escenarios de castillos medievales, en un lugar del centro de la ciudad, contrastando con lo antiguo, el Centro de Conferencias RAI, nos dimos cita todo aquél conjunto de esforzados batalladores de la mies del Señor. Casi 1.000 personas venidas de 12 naciones, voluntarias y hablando 9 idiomas diferentes, ayudaban a los participantes en los detalles que les solicitaban. La organización del evento recibía de parte mía una especial atención: "¿por qué no, algún día, realizar algo semejante con el mayor número posible de líderes del pueblo latino?"

En tiempo pretérito había participado en diferentes congresos internacionales. Más éste de Amsterdam '83, categóricamente ha sido el que más ministró a mi vida. ¿Y cómo no lo iba a ser? Si desde el primer momento que pisamos el interior del escenario nos embargó un ambiente espiritual de intensa influencia divina. Casi 5.000 personas anhelantes de oír Palabra de Dios, permanecíamos absortos, a veces en actitud completamente expectante de que en cualquier instante, desde cualquier lugar de aquel escenario espectacular, se encendiera la chispa del Espíritu Santo para barrernos, materialmente, incendiándonos de nueva unción procedente del Cielo.

Vívidas permanecen en mi memoria las imágenes de aquel pedacito de Cielo, que se había adelantado a la eternidad para poder escenificar lo que será la vida natural del Reino de Dios. Es cierto que en algunos países se han elaborado ferias mundiales donde cada nación participante señala sus adelantos en tecnología, dando por anticipado lo que será el mundo en los años venideros. Asimismo, este Congreso Internacional de Evangelistas Itinerantes, en Amsterdam, Holanda, fue un adelanto de la vida que tendremos con nuestro Señor en los cielos; sólo con una diferencia, diferencia que había marcado la pauta y el motivo fundamental para la realización de esta Asamblea, el propósito de la evangelización del mundo. Pero, mientras estemos en este planeta, seguiremos reuniéndonos a manera de edificación espiritual, manifestando los dones que el Señor nos ha conferido, proponiendo los métodos que nos han servido, y comprobando conjuntamente el milagro contínuo, que Dios realiza a cada segundo en el mundo entero, rescatando almas de las garras del infierno por intermedio de instrumentos que no son, en la inmensa mayoría, los más idóneos y capaces para el caso.

Pero allí estábamos, en julio de 1983. El "Congreso de las Lágrimas". Así lo había bautizado uno de los participantes, por el continuo llorar de los congresistas, impactados por la Presencia del Dios Altísimo. La emoción nos hacía temblar y se nos erizaba la piel, ante las palabras que se emitían directamente del Altar de Dios. Nos conmovía a lo último para dar respuestas sinceras y colmadas de propósito a las demandas urgentes del Señor. En ese flujo de lágrimas, empapados nuestros rostros y arrodillados nuestros cuerpos al suelo, se consagraban y rededicaban nuestras pobres almas, en un anhelo supremo de ser en lo poco, útiles al Rey de reyes y Señor de señores.

También surgían lágrimas de gozo al constatar la compasión de nuestro Dios, que a pesar de nuestros magros esfuerzos en Su Obra, El nos seguía manteniendo en una nómina de bendición y de amistad en su más pura excelencia.

De ahí surgían lágrimas de esperanza por contemplar en un futuro próximo a este nuestro mundo rebelde y confundido en su ignorancia de los requerimientos de su Creador, saturado y humillado a la vez, por el infinito amor de Dios hecho carne en Jesucristo Su Hijo.

Horacio, Kika, Noemí y yo, no dejamos nunca, durante el tiempo del Congreso, de inundar literalmente con lágrimas nuestro lugar, el cual se había convertido en un Getsemaní donde, consternados, elevamos al Padre nuestra única ofrenda que podíamos ofrecer: un corazón ardiente y lavado con lágrimas sinceras de amor hacia El. Fue un privilegio el que Dios nos hubiese permitido participar en este Congreso.

Todos, como un solo hombre, elevamos manos limpias al cielo, alabando y adorando en un continuo fluir del Espíritu Santo. Su pueblo reunido cantaba inspirado a su Salvador, cánticos sacados de su más íntima conciencia. No sé si hay escenas más conmovedoras, que éstas de ver a hombres y mujeres entregados a la adoración a Dios. Una adoración profunda, sin dimensiones. En el tiempo, pero saboreando la eternidad. ¡Qué hermoso es estar a los pies de nuestro Dios! Y eso que son sólo probaditas de la vida eterna prometida por Jesús a sus seguidores. La verdadera realidad está por venir. ¡Seguro que sí! La historia personal y la del mundo no será igual, a partir de este movimiento del Espíritu. Amsterdam '83 señalaría un hito importantísimo en nuestro ministerio. Dios nos había llevado para prepararnos y para fortalecer nuestras débiles fuerzas. Sin imaginarnos siquiera los planes de la Eternidad, estábamos montados en el carro de fuego que nos transportaría a experiencias de inmensa producción de almas salvadas por el Señor de las naciones.

Con Paul Landrey, aquél hermano que conocí en Pattaya, Tailandia, habíamos seguido manteniendo una estrecha amistad, llegando a ser él un hombre que influenciaría muchísimo sobre nuestra vida y ministerio. Si alguna vez puedo honrar a este noble hermano, es en este momento, por su amor y su apoyo sin restricciones. Movido por un sincero anhelo de contribuir a nuestro trabajo, en diciembre de 1983, de motu propio, reunió a no menos de 12 hombres de Dios, que si yo hubiese requerido de sus servicios, jamás hubiese tenido el dinero para pagarles la hora de trabajo que ellos valen. Hombres de probado liderazgo en el mundo. Paul lo hizo, y sin paga, por supuesto. El los reunió en una oficina de "Visión Mundial" durante todo un día para aconsejarme sobre el futuro de nuestra Asociación.

Fue un bombardeo mental. Mil y una preguntas. Cómo iniciamos, qué hacíamos, adónde creíamos ir, quiénes éramos, cómo nos sosteníamos, por qué hacíamos esto o aquello, cuál era la razón de tal o cual movimiento, etc., etc. Fue un descorrer del velo, tratando de visualizar qué posibilidades teníamos de salir con éxito de ese ministerio limitado que teníamos. Un ministerio abocado a iglesias locales, a campañas en gimnasios o a alguno que otro escenario de más capacidad. Pero siempre, a pesar de nuestro trabajo agotador, reducido a alcances de monta limitada.

Para finalizar la reunión, me comentaron: "Alberto se está matando, trabajando muchísimo. De hecho, no es conocido suficientemente todavía aquí en los Estados Unidos. El necesitaría" -y ésta fue la conclusión en que todos estaban de acuerdo- "un gran acontecimiento en su ministerio, que fuera como una explosión que lo catapultara a un movimiento de gran envergadura."

¡Qué pensativo me dejó este desenlace! Les di las gracias más sinceras, y les hice mención de nuestros principios.

"Nunca aceptaría promover publicitariamente el ministerio que el Señor nos ha conferido. Desde el momento cuando me llamó, una exigencia que tuve, si se le puede titular así, fue que como prueba contundente de Su llamamiento, yo nunca tocaría puertas a fin de conseguir ministerio. Y ya llevábamos muchos años, y jamás había tocado una puerta. Era el Señor quién lo hacía. De tal forma, que a veces he sido abrumado por la multitud de invitaciones que humanamente me es imposible aceptar. Sí, cierto que han sido hasta el día de hoy trabajos evangelísticos de poca notoriedad, pero, esto es lo que Dios nos ha ofrecido. Nunca pensaría en fomentar al estilo humano una campaña publicitaria que nos colocara en la boca de todos. No creía en ese camino. Nada de esto. Las puertas tienen que ser abiertas naturalmente, sin intervención nuestra; así sabremos que son despejadas por Dios en forma directa. Yo considero que todo ministerio ungido por el Señor tiene que ser impulsado por El mismo, sin mediación humana.

Agradecí profundamente las horas invertidas en mí a propósito de observar un panorama más propicio para nuestra Asociación. Percibí que estaba como parado en la punta de un trampolín. Y, más tarde, Dios mismo me lo confirmaría. Ahora estaba a punto de ver las maravillas desarrolladas por el Todopoderoso directamente, cuando dejamos que El actúe sin intermedio de nadie, sólo usándonos, llevándonos a alturas de sorprendente ministerio. Es El quién lo hace y lo ejecuta conforme lo ha determinado. A nosotros sólo nos queda esperar y obedecer Su mandato de ir.

1984 marcaría la línea divisoria de nuestra incipiente Asociación; de un ministerio itinerante de iglesia en iglesia, a un ministerio a naciones enteras impresionadas por el mensaje del Crucificado.

42

1984: UN HITO SORPRENDENTE (I)

El domingo 15 de enero estoy de pasada en El Salvador, yendo al otro día a Guatemala. Tenemos planes de realizar cruzadas mayores, y estos viajes me sirven para adelantar detalles de organización. En Guatemala estoy casi una semana. Mi salida, programada para el domingo a fin de llegar ese mismo día a Managua, de pronto, tiene una variante. Más tarde, pastores amigos me reconstruyen los hechos corroborando la protección de Dios.

Mientras permanezco en Guatemala, soy hospedado en un hotel deshabitado. En todo el piso donde esta mi habitación, yo era el único cliente. El viernes por la mañana recibo en mi espíritu una impresión de desasosiego, que va aumentándose hasta ser una inquietud que no me dejaba en paz. Decido partir de Guatemala antes de lo previsto.

Cuando estoy en el viaje, estalla un incendio en el piso en que yo estaba hospedado, provocado por dos nicaragüenses que son tomados prisioneros por la policía. Estos tenían la consigna de atentar contra mi vida. Eran dos sandinistas, que habían salido de su país para no dejar que el predicador "imperialista" llegara a Managua. Sin embargo, el Espíritu Santo me había sacado del lugar de los hechos, milagrosamente.

Cuando llego al aeropuerto de Managua, soy recibido por algunos líderes comprometidos con la Cruzada. Todos tienen caras tristes. Hay una gran decepción porque el trabajo de planeación y organización que ha llevado varios meses, a la víspera de la inauguración, ha sido cancelado por el gobierno sandinista de Nicaragua. La Plaza de Toros, con una capacidad de 6.000 a 7.000 almas, podría, en su máxima capacidad, llegar a 10.000 si se usaran el ruedo y los alrededores, esa Plaza nos fue negada. A un día del inicio, parece una empresa imposible conseguir otro lugar. El abogado Gustavo Sevilla, que es parte del Comité Organizador de la Campaña, me pone en antecedentes de las razones que han manipulado los sandinistas para proceder a la cancelación.

"Hermano Mottesi, el gobierno de nuestro país nos ha indicado dos razones poderosas, por las cuales nos han negado el permiso. Primero, que es usted un predicador anticomunista, enviado por el imperialismo yanqui, para infectar las mentes de nuestro pueblo.

Segundo, nos indicaron problemas físicos y técnicos de la Plaza, que pondrían en peligro la asistencia de la gente a la Plaza de Toros." Les miraba con mucha tranquilidad. El oírles su relato, éste no me preocupó mínimamente. Tengo conocimiento que en diez años el gobierno sandinista ha negado, por sistema, toda manisfestación pública de la iglesia nicaragüense. Desde la Cruzada de Luis Palau, en el año de 1975, la iglesia ha sido oprimida, de tal forma que sus actividades son retraídas a las cuatro paredes de sus templos.

Ahora que se ha desplegado la publicidad, que se había obtenido la Plaza de Toros, y que todo estaba prácticamente listo para la realización de la Cruzada, el gobierno da carpetazo al asunto, metiendo al Comité Organizador en un formidable problema.

Inmediatamente les comento.

"Vamos a hablar con la gente del CEPAD."

El CEPAD es un organismo paraeclesial de tipo ecuménico, muy comprometido con el ala sandinista. Los integrantes del Comité, abriendo desmesuradamente los ojos, azorados me contestan.

"Hermano Alberto, no podemos ir con ellos. Son sandinistas."

"Justamente. Iremos a hablar con ellos y ponerles la carga sobre sus hombros."

No muy convencidos de la directriz que les marcaba, fuimos a donde se encontraban los líderes del CEPAD. En las afueras de la Primera Iglesia Bautista esperamos al Dr. Gustavo A. Parajón y a Sixto Ulloa; éste último, más tarde sería diputado sandinista.

Allí, les explico la situación por la que atravesamos y la necesidad de su intervención directa. Sixto Ulloa toma el teléfono comunicándose, directamente a la casa, con un general, miembro de la Junta de Gobierno. Este lo invita a que vaya a su casa y allí hablarían. Así lo hace. Nos da esperanzas de arreglar el permiso.

Mientras tanto, a cada gente de gobierno que tengo necesidad de ver voy con una periodista que representa a agencias noticiosas seculares, con su cámara de televisión al hombro, repartiéndoles el mismo asunto.

"Yo no quiero de ninguna forma hablar mal de ustedes. Pero esta gente," -señalando a la periodista- "que me acompaña, va a contar al mundo entero que el gobierno sandinista ha cancelado la Campaña." En esa época, el gobierno estaba pendiente de no realizar una publicidad contraria a sus fines. Esto tendría su efecto más tarde.

A las 4:30 de la tarde del día lunes nos proporcionan de nuevo el permiso. La iniciación sería a las 6:00 pm. Y, además, nos cambian el escenario de reunión: sería en el Estadio de la Universidad Centroamericana. Sin luz, sin sonido; eso sí, un gran espacio para muchos miles de personas.

Todo había sido planeado con dolo de parte de las autoridades. Ante la presión ejercida por nosotros y la presencia de la Prensa Internacional, decidieron volver a darnos el permiso, pero de una manera que pudiera resultar en un completo desastre.

Alguien, vinculado al gobierno, nos explicó más tarde, y privadamente, cuál había sido la estrategia.

"Si les damos el permiso en el último momento, con un estadio muy grande, van a quedar en ridículo. La gente se dirigirá a un lugar, cuando de hecho será en otro. Tengan la seguridad que empezarán con unas 200 o 300 personas y, posiblemente, terminen con una asistencia máxima de 2.000. Con este número se perderán en la inmensidad del recinto. Así, cumplimos nosotros; les dimos lo que nos pedían, pero ellos no tendrán ninguna resonancia."

Ciertamente que fue un revuelo de situaciones. La gente que llegó a la Plaza se encontró con la novedad de que era en otro lugar la Concentración. Miles de gentes se dirigieron al Estadio. Pasadas de las 6 de la tarde iniciamos. Estábamos todos en un stress, sin poder ocultarlo. Preocupados por la carencia de luz y sonido, alguien encontró por ahí un megáfono y con éste nos hicimos oír.

15.000 personas fue la asistencia de este primer día. Con todas las dificultades y los escollos, éste era un número sorprendente. Como sorprendente fue todo lo que siguió.

La luz natural muy pronto nos abandonó. Rodeado por una multitud que hacía esfuerzos por oír el mensaje en aquella penumbra, súbitamente me doy cuenta que dos jóvenes de piel cobriza, con pantalones de mezclilla y camisas ligeras sin abrochar, dejando a la vista su pecho desnudo, con gran agilidad suben a un poste de alta tensión a mis espaldas. Encaramados en las alturas, montados sin ningún aditamento de seguridad, sólo confiando en su destreza y fuerza de piernas y brazos, con una navaja rudimentaria pelan cables de electricidad para conectar la luz del Estadio. Yo me emociono hasta las lágrimas. Por un instante, todos los que permanecíamos en la semioscuridad mirábamos ese espectáculo maravilloso.

Sosteniendo la respiración por la audacia de estos héroes anónimos. Se me pone la piel de gallina contemplando a estos muchachos, naciendo en mí un profundo respeto por ellos. Aun arriesgando sus propias vidas para solucionar un problema de necesidad vital. Ellos con seguridad cuando lleguen al Cielo serán recibidos con honores de alto grado. Un recibimiento de fiesta y honor.

Cuando la luz iluminó muy parcialmente el Estadio, un grito de emoción escapa de todos los presentes. Ahora sí, con una emotividad que no puedo contener, predico ungido por el Señor. Aquella muchedumbre está hambrienta y yo tengo la responsabilidad de darles el maná bajado del cielo por medio de estos inmundos labios, pero, santificados por mi Dios, ungidos por el Espíritu Santo. Al pedirles sus decisiones por Cristo, corren materialmente. En la atmósfera se respira el olor grato de la Presencia del Altísimo. Y dentro de este cuadro para remarcar, todo el asunto ha sido manejado única y exclusivamente por Dios. A El se le ocurre cerrar con broche de oro en esta noche con un milagro. En medio de la gente que ha pasado a hacer patente su compromiso de aceptación de Jesucristo como su Salvador, mientras hago la oración presentando a los penitentes, a una señora ciega conocida en Managua como tal, le son abiertos los ojos sobrenaturalmente, y sale del Estadio viendo. Esta experiencia como una explosión corre por toda la ciudad.

Cada día por delante, la asistencia siguió ascendiendo; el martes, 20.000; el miércoles, 30.000; el jueves, 35.000; el viernes, 50.000; el sábado, 60.000.

Todos los días vivíamos en una expectativa constante. Sabíamos que Dios estaba trabajando. Ya era un hecho que desde el momento mismo en que empezamos, la mano de Dios nos había sorprendido. Todas nuestras expectativas habían quedado por los suelos.

Pensábamos en una Concentración ojalá de 10.000 a 15.000 gentes. La historia de la iglesia nicaragüense en los diez años anteriores, lo confirmaba. No había antecedente de reunión pública que rebosara grandes números de auditorio. Aparte, las consiguientes barreras que se habían alzado con el propósito de ridiculizar las tentativas de la Cruzada. ¡Dios nos sorprendió!

La asistencia rebasó nuestros cálculos primarios. La 'placita de toros' hubiese sido un monumento a la impotencia, porque jamás hubiésemos podido proclamar el Evangelio a tanta gente que hubiera acudido. Se hubiera marchado a su casa decepcionada por no encontrar lugar para oír. No obstante, Dios truncó los planes maléficos en una hermosísima bendición. El "Nabucodonosor sandinista" fue usado como siervo de Dios para llevar a efecto Sus planes. El gobierno había deseado que hubiéramos quedado en pésimo ridículo, en un inmenso espacio con unos cuantos desperdigados por doquier. Pero ahora veíamos asombrados que el Estadio de la Universidad Centroamericana apenas nos serviría para contener la enorme muchedumbre que estaba a punto de arribar para la clausura. Por otro lado, los consejeros no se dieron abasto, cuando el total de decisiones fue de 36.000. Repartimos literatura hasta agotarla a sólo 25.000. Categóricamente, no estábamos preparados ni con mucho para el alud de santa bendición que se nos vino encima en esta semana gloriosa.

Mientras tanto, cada día se movilizaba un mayor número de asistentes al Estadio. Durante el transcurso del día teníamos diferentes actividades. Una de ellas fue el Seminario Pastoral, el cual llegaría a ser el más numeroso hasta ese momento en la historia evangélica en Nicaragua. Llegaron 650, de los cuales, 462 eran pastores en toda la línea. Vinieron de Puerto Cabezas, Mina Rosita, León, Chinandega, Granada, Masaya, Del Rama, San Rafael del Sur. Algunos comenzaron su viaje el jueves para llegar a Managua el lunes. Hubo quienes viajaron por río y atravesaron montañas. Vinieron también de Jinotega y de Matagalpa, zonas en estado de guerra. Fueron cuatro mañanas gloriosas de avivamiento con la Palabra.

Ministré también en un banquete el sábado a 200 profesionales y muchos de ellos aceptaron la invitación de fe. Y también en una conferencia de prensa, donde Dios me enseñaría una nueva lección.

Rutinariamente, a las conferencias de prensa dictadas por los evangelistas, pocos periodistas asisten. Casi, por lo regular, estas sesiones de prensa no son atractivas para la gente de los rotativos. Si se realizan, y ellos no tienen por el momento nada importante, van a tomarse unos refrescos y alguno que otro canapé, matando el tiempo con esto, mientras sucede algo más llamativo en la ciudad.

¡Ah!, pero el salón donde les invitamos estaba a reventar. Gente de la radio, televisión, periódicos, revistas y de casi todo medio masivo, se encontraba apretujada esperando que se iniciara el diálogo. Este comenzó con una introducción pequeña de parte del Presidente del Consejo de Pastores Evangélicos, Pastor Félix Rosales, y luego yo, en cinco minutos les doy a vuelo de pájaro un resumen de lo que predicaríamos durante la semana de la Cruzada. Estoy en esto, cuando el periodista de un órgano de difusión del gobierno sandinista, se levanta intempestivamente pidiendo la palabra.

Su voz fuerte un tanto chillona, de cara resuelta y con ojos audaces, me dice autoritativamente:

"Señor Mottesi, todos los aquí presentes hemos asistido para que usted condene al imperialismo yanqui que está asesinando a nuestros hijos."

Las frases me indignan, frunciendo el entrecejo, que, de hecho, no me cuesta mucho trabajo hacerlo, le miro fíjamente y le respondo:

"Señor periodista, yo no he venido aquí para condenar a ningún tipo de imperialismo, ni de derecha, ni de izquierda, sino a proclamar a Jesucristo, el único que puede construir el hombre nuevo que se necesita en Nicaragua y en toda América Latina."

Otra vez el periodista levanta la mano, aunque todavía no es el tiempo de las preguntas porque apenas comenzábamos, y mucho más enfáticamente, con un rostro que reflejaba contrariedad, nos hace oír su petición como un eco de las anteriores palabras.

"Señor Mottesi, hemos venido aquí para que usted condene enérgicamente a los Estados Unidos, que está matando a nuestros jóvenes en las montañas de Nicaragua."

En este preciso momento, me viene desde adentro de mi conciencia claramente una voz que me dice con autoridad: "Alberto, si tú no lo detienes, él va a controlar y a destruir esta conferencia de prensa."

Era el Espíritu de Dios, que me indicaba lo que tenía que hacer. Inmediatamente, levanto mi mano y con mi dedo índice lo señalo, le clavo la mirada con una firmeza que nunca antes había sentido, ni mucho menos había sido parte de mi personalidad, pero que, a partir de entonces, se desarrollaría en futuras confrontaciones.

"Señor periodista, si usted quiere poner palabras en mi boca que usted quisiera escuchar, está completamente equivocado. Yo no he venido para decir lo que usted, ni ningún gobierno de la tierra quiera que yo diga, sino que he venido a proclamar únicamente a Jesucristo, Rey de reyes y Señor de señores."

Este hombre se levantó airado, salió de la fila de colegas suyos, se acercó con paso apresurado a la puerta de salida y desapareció.

La conferencia de prensa vino a estar bajo mi control. Se creó tal atmósfera receptiva, que se sentían las alas del Espíritu Santo moviéndose en los corazones de los asistentes. Cosa inusitada. La conferencia tuvo una duración de dos horas. Terminé orando por cada uno de los periodistas, en su totalidad inconversos. Pero aún se nos estaban reservando más bendiciones de lo Alto.

43

1984: UN HITO SORPRENDENTE (II)

Cada tarde, en la extensión del campo del Estadio, era como una verbena. Gente por doquier se acercaba presurosa a modo de disponer un buen lugar. Llamaba poderosamente la atención que la mayoría de las personas eran pobres, los necesitados, los de la baja capa social. Sus vestimentas, a las claras los identificaban. Eran gente sufrida. Gente que buscaba un refugio a los años de sufrimiento por la guerrilla atroz que tenía a esta nación en el colapso de la guerra civil.

A pesar de las restricciones gubernamentales, tales como la ración de gasolina dada a cada poseedor de un vehículo, de 20 galones por mes, a la gente no le importó gastárselos en esa semana; no se querían perder ni un sólo servicio.

Cuando culminaban los cultos y salía uno a la calle, aquello era un espectáculo digno de anotarse en el libro de los Hechos del Espíritu Santo.

Uno veía los camiones de rediles repletos de gente, literalmente como racimos de uvas colgados a sus costados, y a los choferes orando, no por los individuos que llevaban encima, sino por sus neumáticos, los cuales estaban tan desgastados, que se podían mirar las costillas de acero reflejarse a la luz de las farolas públicas. Rogaban a Dios para que no se reventaran en el camino y así pudieran llegar sanos y salvos a su destino.

Por la ciudad, a eso de las 12 de la noche, cuando en la capital de Nicaragua era sumamente peligroso andar, uno miraba a grupos en las esquinas, de hermanos orando por los inconversos que se encontraban de camino a sus casas.

¡Precioso movimiento del Espíritu! ¡Contemplábamos un avivamiento del Señor en Nicaragua! Y no se diga de Su protección; millares de ángeles fueron enviados del Cielo a trabajar horas extras a favor de sus escogidos.

El viernes por la tarde llegan al Estadio, en varios camiones, y en espantosa tremolina y en actitudes hostiles, las llamadas "turbas divinas". Estos hombres formaban un grupo paramilitar de choque, disciplinados en la violencia pura en apoyo al gobierno sandinista. Una de sus características era que llevaban en las muñecas, amarradas con cadenas cortas, bolas de hierro con puntas afiladas, con las qué, si se lo proponían, podían en cuestión de minutos derribar un edificio entero, pues las manejaban diestramente. Otra cosa que los identificaba plenamente era su ferocidad, ya probada en anteriores situaciones. Como aquella cuando el Papa visitó Managua. Con abucheos y gritos desbarataron la reunión pública que tuvo. Estos sujetos fueron los que hicieron acto de presencia en la Cruzada nuestra, no precisamente para escuchar el Evangelio del amor, sino para desplegar órdenes de echar por tierra al precio que fuera, lo que el gobierno sandinista por la vía legal ya no podía controlar.

Iniciábamos el servicio con un canto congregacional. Cuando los ujieres afuera ven que llegan los camiones y descienden las "turbas divinas", se dan cuenta exactamente de lo que se pretende hacer. La gran avenida que da acceso al Estadio, se colma de esta gente malosa, blandiendo sus bolas de hierro, y dispuesta a entrar en acción con gran gritería.

Todos los ujieres, urgidos por el momento, se toman de las manos cerrando el paso de acceso al interior del Estadio. Aprietan sus ojos y comienzan a orar.

¡Impresionante y conmovedor! Un instante en que se deciden destinos. De una oración estrujante y salida del alma, dependen miles de vidas, entre ellas, la mía.

Hubo cientos de testigos oculares de lo que sucedió a continuación.

Súbitamente, se hizo un silencio aterrador. Las "turbas divinas" callaron, se pusieron firmes y tensas. Y en un mutís, sin abrir bocas comenzaron a subir a sus camiones. Encendieron los motores y se alejaron para no volver jamás.

¿Qué fue lo que pasó? ¿Por qué cambiaron sus intenciones? ¿Quién dio órdenes de retroceso? ¿Por qué todos, como un solo hombre, sin oírse órdenes de mando, subieron en silencio a sus camiones?

En vida jamás lo sabremos. No había duda, para todos los que permanecíamos en el Estadio, que Dios nos había protegido como en el Antiguo Tiempo, cuando volvía locos a los ejércitos invasores haciendo que se mataran entre sí.

¡Qué noche tan emocionante y henchida de gratitud a Dios! El nos había salvado de las turbas malditas, digo "divinas".

Cuántas cosas estaban sucediendo. Los periodistas de UPI y Club 700 asistieron el sábado a cubrir la Cruzada. El gobierno ya no podía detener nada de lo que estaba ocurriendo. Dios les había sorprendido también a ellos. Pensaron en colocarnos en el ridículo, pero nunca les pasó por la mente que era Otro quien realizaba Sus planes a Su modo.

Si en algún momento del jueves o del viernes con sus turbas ya en desesperado esfuerzo de acabar con la Cruzada, quisieron cancelar, ya no podían. Eran demasiado evidentes los movimientos que pudiesen hacer; sus artimañas malévolas serían descubiertas.

El domingo fue un concierto de fiesta espiritual, de una algarabía que desbordaba a la gente en un íntimo sentir de la Presencia de Dios, prediqué, conducido y dirigido por El, a clamar por la paz en Nicaragua. Abrí mi Biblia con absoluta solemnidad. Una de esas ocasiones en que uno toma la Palabra de Dios con esmerado cuidado, como si fuera un frágil pétalo, que al contacto de la mano sin cuidado se pudiera romper. Leí, ante una muchedumbre de 80.000 almas, de pie, llenando cada huequito de las gradas y terreno de fútbol del Estadio de la UCA.

"Porque las armas de nuestra milicia no son carnales, sino poderosas en Dios para la destrucción de fortalezas." (2a. Corintios 10:4).

En el mensaje les hice entender lo que es nuestro Dios, lo que nos ha logrado en Jesús para nuestras vidas y lo que ha puesto a nuestra disposición para el enfrentamiento de la maldad.

Al final, después del llamamiento, abrí por segunda vez el Sagrado libro, con la misma actitud ya que el ambiente así lo requería y, además, sentía que el Espíritu Santo conducía todo el orden del día según Su designio.

Con voz quebrada leí, después que mencioné las calamidades en las que la guerra hunde, no tan sólo a Nicaragua, sino a cualquier nación de la tierra.

"Si se humillare mi pueblo, sobre el cual mi nombre es invocado, y oraren, y buscaren mi rostro, y se convirtieren de sus malos caminos; entonces yo oiré desde los cielos, y perdonaré sus pecados, y sanaré su tierra." (2a. Crónicas 7:14).

Con voz potente y pausada, hice énfasis en el versículo 15. "Ahora estarán abiertos mis ojos y atentos mis oídos a la oración en este lugar."

Y les insté a clamar a Dios. Toda la multitud se puso de rodillas. De hinojos oramos por la paz de Nicaragua y de Centroamérica. En las gradas, en el campo, en la plataforma, en todo sitio del Estadio no se veía a nadie de pie. Un gemido portentoso de un pueblo en desgracia, de almas que han perdido a seres queridos por las balas de la guerra fraticida, del sufrimiento que acarrea la miseria, el dolor, la enfermedad. Conscientes de que la existencia pende de un hilo, que el mañana puede ser una promesa demasiado cara a la realidad que se está viviendo. Se toma de este clamor a su Creador con las últimas fuerzas del alma y deja escapar una oración sentida, inmensamente nutrida en el crisol del sufrimiento.

¡Ochenta mil personas orando, gimiendo, clamando! ¡Sobrecogedor el cuadro! Un clamor que partió los aires de Centroamérica. Un gemir que se insertó en los oídos de Dios para cambiar la historia de Nicaragua. Y no tan sólo de ese país, sino de la Iglesia y de mi persona también. De allí en adelante, ya no volvimos a ser los mismos.

Ante formidable postración donde los corazones se identifican con su Dios, se terminan las pasiones; las soberbias caen al suelo; los egoísmos se hacen trizas; las vanidades dan pie a la humildad sencilla y sincera.

Cuando aquella multitud de rostros bañados de sus propias lágrimas, aclarándose los ojos, se pone de pie nuevamente, y yo con ellos. Lo primero que miro, y esto sin ánimo de confrontar a nadie en particular, y sin temor de ser tildado como equivocadamente algunas veces lo he sido, de ecumenista, sino sólo a mi modo de ver como una lección del favor divino, veo a mi costado donde termina el terreno de la Universidad, franqueado por una alambrada lindando con un colegio católico, a varias monjas con sus hábitos blancos, brincando con sobrada emoción, gritando vivas y mandándome besos. Esta escena por siempre la recordaré. ¿Qué sintieron? ¿Qué les hizo prorrumpir en esta alegría? ¿Por qué me mandaban besos? Yo no lo sé. Pero el Espíritu Santo es el Soberano de las vidas. Lo único que sí me quedó en la conciencia, es que cuando Dios se mueve en los corazones, no hay prejuicios que le resistan, ni tradiciones que le obstaculicen. El es el Señor de las vidas.

¿Cuántas lecciones nos impartió Dios en esta Cruzada de Nicaragua '84? A los gobiernos de la tierra: que El sigue siendo el Soberano; que no hay intenciones que no trastoque para Su gloria. Y también, que cualquier oposición es usada por Su sabiduría para el cumplimiento de Sus planes.

A la Iglesia, que es capaz por medio de la oración y la Palabra ungida, tomar en el Nombre de Jesús a toda la nación de su incumbencia llevándola a los pies del Salvador.

Y a mí en lo personal, me marcó hondamente mi personalidad. Abrió mi mente al Señor. Yo había predicado que Dios nos enviaba a discipular naciones enteras, y aunque lo había verbalizado, en mi trasfondo tenía la idea de que era algo poético, algo retórico, casi podía decir idílico aquello de la frase "id y haced discípulos a todas las naciones". Me parecía imposible esto. En esta Cruzada, preciso es decirlo, Dios me mostró fehacientemente que sí El puede tocar a naciones enteras, y que si bien, la población total de un país no se va a convertir, debe haber un cambio en la mentalidad de la iglesia. Nuestro Dios es capaz de impactar y transformar la historia y la vida entera de una nación.

Cuando reviso en mis recuerdos la Cruzada '84, veo una marca, un hito sorprendente en mi vida y en mi ministerio. Miro con nuevos ojos lo que Dios quiere realizar conmigo. Yo vi a Dios moverse sobre Nicaragua. Y esta etapa de mi existir es como un parteaguas; aquí abandonábamos un ministerio de iglesias locales para meternos de golpe a una visión más alta dada por Dios, a alcanzar naciones enteras. Ahora nuestras campañas serían enfocadas a ganar a los países para el Señor.

Si aquella reunión de expertos en las oficinas de Visión Mundial me indicaba que era menester un acontecimiento suficientemente impactante para ser conocido por medios humanos, hoy Dios lo había hecho. Fue bueno dejar que El haga las cosas a Su manera, y nosotros únicamente obedecerle y servirle con lealtad. El hilo de fe que no se rompe porque está sostenido por el Poder Mayúsculo de Dios.

44

"DESPIERTA, PUEBLO MIO"

La resonancia de Nicaragua '84 fue extraordinaria. Los testimonios fueron abundantísimos. Jimmy Hassan, director de la Cruzada Estudiantil de Nicaragua y director del Comité de Consejeros de Nicaragua '84, dijo: "Esta Cruzada es histórica. Se ha escrito otra página del Libro de los Hechos."

Sociólogos que investigaron más tarde, indicaron que fue uno de los eventos más relevantes del año en Centroamérica. En el Senado de los Estados Unidos, un senador no cristiano, hablando sobre el gobierno sandinista, mencionó tres aspectos relevantes que habían acontecido en ese año en América Latina: uno, nuestra Cruzada. Verdaderamente había sido trascendental.

Vivimos los siguientes días a la Cruzada de Nicaragua tratando de digerir sus emocionantes vivencias. En forma categórica, mi visión del ministerio había sido transformada completamente. Había una nueva seguridad en mí. Interiormente comprendí que Dios nos estaba llamando a grandes cosas.

Los siguientes pasos fueron dados en este tenor. Así llegó nuestra primera Conferencia Pastoral Hispana, la cual celebramos en Pasadena, California. Un año atrás iniciamos los planes para llevarla a efecto. Ahora teníamos a grandes personalidades como el Dr. Paul Yongi Cho, venido directamente de Corea, quien habló del crecimiento de la iglesia; el Dr. Felix Castro Rodríguez, de Puerto Rico, disertó sobre la importancia de los laicos; el Rev. Daniel Ost, de México, ministrando sobre la pasión por las almas; el Dr. Juan Carlos Miranda, de California, nos hizo pensar creativamente sobre la obra hispana en Estados Unidos; el Rev. Marcelino Ortiz, de México, nos ubicó históricamente; y yo ministré sobre la necesidad de integridad en la vida personal del líder cristiano y la obra del Espíritu Santo en el ministerio.

Se registraron 480 líderes y sumando a estos la participación parcial de otros obreros, la asistencia a los Servicios Plenarios llegó a 750. Algunos vinieron de España, del norte de México, y de Puerto Rico. De Nicaragua, 10 pastores llegaron con muchas dificultades.

Entre los aspectos sobresalientes en la Conferencia son dignos de mencionarse: la presencia y vibrante palabra de Efraín Ríos Montt, ex-presidente de Guatemala; el telegrama del señor Ronald Reagan, Presidente de los Estados Unidos, con saludo afectuoso; el informe de Nicaragua '84 presentado por Felix Rosales. Fue maravilloso escuchar el eco de nuestra reciente Cruzada allí. En sólo siete días en Nicaragua llegaron 288.000 personas, siendo la asistencia mayor el último día, con unos 80.000 y con unas 36.000 decisiones para Jesucristo durante la semana; y, por último, un hecho inusual en actividades hispanas, afirmamos el Pacto de Pasadena.

De rodillas renovamos nuestro compromiso delante de Dios. Concluímos con un banquete en el Hotel Hilton de Pasadena y una celebración pública en el 'Olimpic Auditorium' con unos 4.000 asistentes.

Esta Conferencia Pastoral llegó a ser, hasta ese momento, una de las más significativas para los hispanos de Los Angeles cuyo lema escrito en una gran manta señalaba: "Despierta, Pueblo Mío".

45

MI AMIGO QUE CAYO EN EL VICIO

Al pie de la estatua de un dios griego, tallada en mármol, en plena calle Caminito del barrio de La Boca, un hombre sucio y maloliente, cuya vestimenta son harapos lustrosos por la mugre, abre sus ojos pesarosos al nuevo día, haciendo a un lado un chaquetón negro y dejando ver unos zapatos de diferente tamaño y forma en aquél lunes 9 de abril de 1984.

Ha transcurrido una noche más de inconsciencia producida por el alcohol. Lleva varios meses bebiendo en diferentes puntos del Gran Buenos Aires. Cantinas aquí, cantinas allá. Sin dinero, pidiendo al transeúnte una limosna para mitigar su sed insaciable de licor.

Los efectos de la disipación son notorios en la cara. Los pómulos sobresalen, junto con los labios y la nariz. Las manos son torpes y están inchadas. Ya son algunos años en que la bebida lo ha transformado en una escoria de la ciudad. Después de ser jefe en una gran compañía, de tener una linda familia, una casa grande y hermosa, y de un ministerio como pastor en una iglesia..., todo, todo esto se ha acabado. Ha ido a parar en la imagen paupérrima del alcohólico consuetudinario, metido en lo más hondo de la cloaca putrefacta del vicio.

Hoy ha despertado, como todos los días, sin destino ni propósito. Su ansia se manifiesta de inmediato. Su inacabable cruda le hace proclive a su abyecto vicio. Estira el cuerpo, sintiendo placer en hacerlo. Ha pasado la noche encogido en aquella cama de césped en la acera de la calle, y su cobija ha sido el cielo raso. Mira por unos momentos la estatua que tiene a un costado, como si ésta hubiese querido permanecer ahí, protegiéndolo como un Angel guardián. Con un mohín exclama: "¡Bah! Vos necesitás más de mí, que yo de vos. Por lo menos yo tengo mi chaqueta que me cubre, pero vos, estás siempre desnudo. ¡Vaya vida!" Y luego se sentó en la orilla de la acera, atisbando a las personas que rondaban por ahí.

"¡Hey! ¡Hey!," llamó con prestancia a un caminante, "déme un pesito; Dios se lo pagará."

Más por temor que por buena voluntad, le ofrecieron unas monedas. Cabiló que lo que bien empieza, bien acaba. Así que, no quiso moverse de ese lugar; posiblemente la buena suerte lo estaba acompañando para que más caminantes le diesen el dinero necesario para satisfacer su malhabida apetencia.

Vio venir a unos jóvenes a los cuales les masculló su letanía. Pero estos no le dieron ni un solo centavo, sino un papel con una invitación a la Federación de Box, donde un predicador del Evangelio estaría dando el mensaje de salvación. Leyó con sumo cuidado aquél papel. El nombre indicado en caracteres sobresalientes le trajo súbitamente tantos recuerdos: las veces que juntos oraron. Las pláticas que tuvieron como íntimos amigos. Las predicaciones en las calles y en los parques. Los congresos juveniles. Su iglesia donde por vez primera se levantó delante de un público, bien alineado y perfumado, con su dicción de barítono y con esa destreza innata para hablar ante las muchedumbres.

Sus ojos se colmaron de lágrimas. Su corazón latió muy fuerte.

Su esposa..., sus hijos..., sus padres.... De pronto, como una película, todo se volcó en su mente. Frente a sus vívidos recuerdos, su ser se estremeció por completo. Una leve esperanza se dibujó en sus labios: "Quizá..., quizá..., posiblemente haya otra oportunidad."

Comenzó a caminar por esa calle, tan famosa por el tango "Caminito" de Carlos Gardel. Iba tan absorto en sus pensamientos, andando por las calles del Barrio de la Boca, que desembocó en el Parque Lezama, a orillas del tradicional barrio de San Telmo. Se introdujo en el bello parque buscando la sombra de los árboles y una banca donde sentarse. Y, una vez sentado, prosiguió en sus remembranzas. De sus ojos brotaban lágrimas quemantes sobre sus mejillas. Amaba tanto a los suyos, ahora que no los tenía, que, inevitablemente, arribaba a las mismas preguntas de siempre: "¿Por qué? ¿Por qué he caído tan bajo? ¿Qué fue lo que sucedió? ¿Por qué empecé a beber? ¿Que acaso no puedo dejar de hacerlo? ¿Por qué no puedo quitarme este maldito vicio?"

Las horas del día se desgranaron gradualmente. Las ganas de beber o de comer, desaparecieron. Como si sus recuerdos le hubiesen inoculado inhibición de sus necesidades básicas.

Por la tarde, se aprestó para acudir a la Concentración Evangelística, a celebrarse en la Federación Argentina de Box. Durante las horas transcurridas, vinieron a su mente multitud de escrúpulos: su situación actual; el qué dirán las gentes que lo conocieron; su amigo el predicador, cómo lo recibiría al verlo así.

Hizo gran acopio de fuerza de voluntad y, al final, decidió ir.

Al entrar a la arena boxística, le pareció una multitud la que lo rodeaba, empujándolo hacia los asientos. Los 3.000 asientos los colmaron de inmediato. Uno de esos asientos, en el ala derecha, en un rincón detrás de unos anuncios publicitarios, fue su punto de observación y de participación en esta Concentración Evangelística.

La música, los cantos que decenas de veces entonó, las palabras tan comunes en eventos como éste..., todo ello le era tan familiar.

Una inmensa manta de colores blanco, azul y rojo, daba la bienvenida a la gente. En ella sobresalía el nombre del que en años anteriores había sido su amigo: Alberto Mottesi.

Salí de casa dirigiéndome al aeropuerto de Los Angeles con rumbo a Chile. Un viaje larguísimo, aunque ya son varios los vuelos que he hecho a este lindo país, todavía no me acostumbro a la longitud del trayecto. Afortunadamente, tuve una parada en Bogotá, Colombia, el 24 de marzo, donde estaba programada una Conferencia de Prensa en el aeropuerto.

Una vez terminada la rueda de prensa, me reuní con 75 líderes de Bogotá. ¡Qué momentos tan dulces pasa uno con los hijos de Dios! Oramos, nos abrazamos y nos despedimos. Tenía que proseguir el viaje. Permanecí en este lugar menos de un día. Sin embargo, alborotó mi corazón. Los líderes me extendieron una invitación formal para una Cruzada extensiva en fecha próxima.

Al día siguiente, yo pisaba tierra en Concepción; después iría a Temuco, dos ciudades al sur de Chile, costeadas al este por la imponente Cordillera de los Andes, y al oeste por las frías aguas del Océano Pacífico.

Semanas antes, en la oficina en Los Angeles, yo había recibido una llamada telefónica originada en este lugar, indicándome la difícil situación política que se estaba viviendo. Habíase emplazado una protesta a nivel nacional. Como consecuencia, el gobierno impuso el toque de queda. Esto impedía la movilización de la gente durante la noche. No obstante, por el amplio favor divino, los coliseos donde efectuamos las Concentraciones, se colmaron. Aparte de esto, nunca ocurrió ningún incidente que pusiera una nota de tristeza en nuestra misión. Los Seminarios fueron hermosos. La libertad del Espíritu fue patente y gloriosa con los asistentes. En Temuco, donde entonces las iglesias no llegaban a 100, hubo 101 pastores en el Seminario Pastoral.

Tal vez, lo que más llamara la atención, fue durante el evento organizado para profesionales y líderes de la ciudad, efectuado en el bonito y reconfortante "Hotel Frontera". Después de la cena, prediqué. El señor Alcalde de Temuco, Sergio Nordenflycht, prendido por el mensaje del Señor, hizo profesión de fe. Al otro día, departimos juntos tomando café animosamente, y nos despedimos como hermanos en Cristo. Abordé el avión con destino a mi patria natal.

Siempre que voy a mi lugar de origen, el corazón me revolotea. Un imperceptible sudor frío me ataca las manos. Hace buen rato que no había tenido la oportunidad de venir a mi lindo Buenos Aires. Besar a mis viejos. Deambular por las calles de mi barrio. Oír el rumor clásico del vivir porteño. ¡Claro que me pone un poco nervioso!, y más por las remembranzas que afloran de inmediato, que por otra cosa.

Atravesé por los aires, bajo un cielo limpio de nubes, la Cordillera de los Andes. En unas horas sobrevolaba la ciudad capital de Argentina. Aterricé en el aeropuerto Ezeiza, a 52 kilómetros al suroeste del centro de la capital. Mis padres me esperaban ansiosos.

¡Qué linda bendición al abrazarlos y besarlos! ¡Caramba, la distancia y el tiempo nos hacen tan sensibles al cariño filial!

Subimos al automóvil dirigiéndonos a casa. Todo el trayecto fue de saludos, remembranzas, encargos de uno y otro lado. De inmediato, estuve al tanto del plan que se tenía para mí al predicar en diferentes lugares. Tenía nada más que una semana. Y el programa borbotaba por todos lados.

Mi Padre celestial me tenía reservada una experiencia bellísima. Prediqué en tres iglesias, una de ellas era la que el Señor me permitió fundar y pastorear durante once años. ¡Agradable y fina bendición! Ver a esa iglesia, ahora más grande, con nueva gente, y con nuevos programas, tales como la manutención de un Hogar de Huérfanos, y contemplar su fantástico crecimiento, todo ello me colmó de lágrimas el rostro. Ignoro si con mis lágrimas inundé la cátedra. ¡Pero fui muy ricamente bendecido al hollar de nueva vez la iglesia que me despojó once aposentos de mi corazón!

Me informaron que algunos líderes de Buenos Aires habían formado un Comité denominado "Amigos del Ministerio de Alberto Mottesi", y ellos mismos auspiciaron una cena recepción para pastores de toda índole denominacional, y una Concentración Evangelística en la Federación Argentina de Box.

El lunes por la mañana, almorzando en la casa de mis padres, entre sorbos de mate, les pregunté: "¿qué me cuentan de Paquito?"

"Hijo," -tomó la palabra mi papá, reacomodándose en la silla y en actitud de reflexión-, "hace mucho tiempo que no sabemos nada de él," e hizo con los labios una mueca un tanto desesperanzada. "Lo que vos ya sabés. El motivo por el cual se entregó a la bebida, nos es desconocido. Eso sí, perdió a su esposa, a sus hijos, su trabajo en la empresa y, lo más triste, creo yo, el ministerio pastoral donde había sido tan usado por el Señor. La verdad sea dicha de paso, me es incomprensible todo esto."

"¡Qué lástima!," -indiqué con profundo dolor-. "¡Cuántas veces laboramos juntos! El influyó mucho en mi modo de ver la Obra de Dios. ¿Recuerdan cuando íbamos juntos a predicar? Organizamos eventos con la juventud. Tenía tanto carisma que hubiese llegado muy lejos."

"Muy cierto, Alberto," -anotaba mi mamá, acomodándose los lentes- "su esposa, sus pequeños, sus papás son muy queridos de nosotros. Hace poco me encontré a una de sus hermanas y, con mucha angustia me relataba la última vez que le habían visto; él estaba en pésimas condiciones. El alcohol le tenía atenazado. En varias oportunidades le habían recogido de las calles, completamente ebrio. Después se fue, y no han tenido noticias de él hasta el día de hoy. En la iglesia, tampoco le han visto."

"¡Triste, muy triste!," -lo lamenté, pero, a la vez, sentí una fuerza en mi interior- "¡qué enojo me da contra Satanás, que en un descuido nos ata a una miserable condición de esclavos! ¡Dios tenga misericordia de Paquito y lo arrebate de las garras de Satanás!"

"Así sea, mi hijo," -afirmaron mis papás. "Así sea."

Por la tarde, pasaron por mí para encaminarme a la Arena boxística. Dan Nuesch, miembro de la Asociación de Billy Graham, presidió el evento. Fue una noche de santo regocijo. La música y los cantos prepararon en forma deliciosa la receptividad del público asistente. Observé que entre la muchedumbre había varios cientos de gentes que nunca habían asistido a un servicio evangelístico. Al momento de predicar advertí el calor del Espíritu Santo, esa libertad que lo conduce a uno a hablar las cosas que salen directamente del corazón. Eran tantas las bendiciones obtenidas en los días anteriores, que en esa hora me sentí amplio, intenso, desbordante en la exposición de la Palabra. En el llamamiento, dije: "Tal vez haya aquí alguien que vivió en el Señor Jesús, pero cayó en el vicio." Lo dije con voz pausada, remarcando cada frase, y proseguí: "Quiero asegurarle que Dios le ama. Si da un paso de fe hacia El, Dios le restaurará." Luego alcé la voz y casi grité: "Si hay alguien en este recinto en estas condiciones, venga al frente y oraré por su vida."

Oí un quejido en el ala izquierda del escenario y, cuál no sería mi sorpresa, ¡era Paquito, que venía hacia el frente con el rostro lleno en lágrimas!

Bajé de inmediato del estrado y le abracé. ¡Qué emoción! ¡Qué amor del Señor! Fundí mis lágrimas con las de Paquito, ante el trono de Dios. Pedimos restauración. Vi en medio de los harapos y el olor agrio y pestilente, la dulce luz del amor divino, inundando, regenerando, abrazando al hijo pródigo. ¡Qué de maravillas nos obsequia el Señor! Por este tipo de vivencias, bien vale seguir pregonando en todas las latitudes del planeta el precioso Evangelio del poder restaurador.

En esa rica semana de bendiciones, eso no fue todo. Nueve miembros de nuestra familia, de Noemí y la mía, también se entregaron al Dios de la Salvación.

Imagínense en qué estado emotivo regresé a casa. No cabía en el avión. Me sentía ancho, ancho, ancho por las tremendas bendiciones que Dios tan bondadosamente me había prodigado. Quería que el vuelo de regreso se concretara en unos minutos. Anhelaba impacientemente llegar a Los Angeles para narrarle a Noemí y a mis hijos, tan tamañas bendiciones. Aunque fuera tan sólo por poquititas horas, ya que pronto estaría en El Salvador.

46

"DIOS LO HIZO"

Tres semanas de frutos espirituales infinitamente difíciles de contabilizar. Sólo en el Cielo se podrá conocer. La "Cruzada El Salvador '84" vendría a ser otra Cruzada que dejaría huella no tan sólo en el equipo que me acompañó, sino en la iglesia salvadoreña y en el país entero.

Con tiempo se había organizado. Tendríamos un Seminario Pastoral, una Semana de la Familia, y la Cruzada Evangelística. Los dos últimos días y el primero de septiembre se realizó el Seminario Pastoral en el Tabernáculo del Instituto Bíblico Bethel, de las Asambleas de Dios con 755 pastores representando a 16 Denominaciones Evangélicas, llegando a ser el Seminario Pastoral más numeroso hasta ese momento en la historia de El Salvador. La asistencia continua sobrepasó los 1.100 de asistentes a las conferencias, los talleres y las reuniones plenarias. Dios usó poderosamente al equipo, el cual enseñó no con teorías, sino con experiencias vividas en el campo. Cuando se hablaba de equipar al pastor para que su iglesia crezca, lo hacían con conocimiento de causa pastores que realmente tenían buen éxito en sus respectivas congregaciones. Vimos mucha gloria y presencia de Dios en la vida de los pastores presentes. La Semana de la Familia consistía en el trabajo de profesionales, tales como médicos, psiquiatras, consejeros y pastores dirigiendo sesiones de consejería personal y de ayuda médica. Todas la mañanas, en cinco centros especialmente habilitados, en cinco sectores diferentes de la capital, se llevaba a efecto dicho ministerio donde centenares de personas fueron guiadas a un encuentro personal con Jesús. Por las noches, cinco Cruzadas simultáneas, con énfasis en la familia.

Al final de la semana se celebró un banquete en el Hotel Presidente, con 1.160 profesionales, gentes de negocios, líderes del gobierno y dirigentes prominentes del país. Resultó ser el banquete cristiano más grande jamás realizado hasta ese momento en ese país centroamericano. 200 personas se entregaron a Cristo haciendo pública su decisión. Durante estas dos semanas de intensa labor antes de la Cruzada, había varias cosas que nos inquietaban. Una de ellas, y quizá la más preocupante, era las acciones de la guerrilla en contra del gobierno. Se anunciaba la mayor ofensiva de toda aquella guerra en proceso. La república de El Salvador, en los cuatro últimos años había sufrido la muerte de 30.000 salvadoreños en su guerra interna. Tan sólo a 35 kilómetros de la capital, una montaña estaba infectada de guerrilleros, hasta ese día imposibles de controlar.

Para el inicio de la Cruzada, el lunes 10 de septiembre, el gobierno salvadoreño imponía estado de sitio en varias zonas de la capital. La guerrilla había amenazado al transporte público; por lo tanto, se indicó que durante esa semana los medios de transporte tenían que retirarse de circulación a las 8 de la noche. La guerrilla había tomado varias emisoras a modo de hacer llegar sus comunicados. Era un estado de tensión. Para más, se había desatado un fortísimo temporal, resultando que miles de familias tuvieron que ser evacuadas. Durante la semana varias bombas fueron explotadas en la capital, elevando la inseguridad de la gente para transitar pacíficamente por las calles. Un día antes de iniciarse la Cruzada en el Gimnasio Nacional, en el hotel donde estamos hospedados se apersona un general del ejército. Después de los saludos reglamentarios, me da a conocer su cometido.

"Señor Mottesi, conociendo la situación de estos últimos días en cuanto a las perspectivas de ofensiva de la guerrilla, el gobierno nuestro ha querido ofrecerle su protección con un regimiento del ejército para resguardar la seguridad del Gimnasio y del Estadio en los trabajos que ustedes realizarán."

Le respondo agradeciendo su gentileza y con todo comedimiento le expongo: "Le suplico me dé tiempo para compartirlo con el equipo. Después, si usted me lo permite, le daremos nuestra respuesta."

Cuando el general se retira, convoco a todo el equipo que me ha acompañado. Les hago saber el ofrecimiento del general. Sólo uno de los del equipo afirma que haya protección del ejército. El consenso general fue de un NO determinante. Estábamos conscientes de que la gente que asistiera a los sitios de reunión, al ver soldados y policías, sentiría una mayor tirantez y se podría crear una atmósfera negativa, ahuyentándoles. Creíamos que Dios era suficiente para resguardarnos. Pasados los días, lo constataríamos con regocijo. Fuimos protegidos no con ejército humano, sino con el ejército celestial.

Con todo este cúmulo de adversidades dio inicio la Campaña. El horario fue de lo más inusual, pero no teníamos alternativa. De lunes a sábado sería a las 5 de la tarde, cuando la mayoría de la gente aún se encuentra en sus labores.

Sin embargo, comenzamos a ver la mano de Dios ofreciéndonos su apoyo. Cada tarde la asistencia subió, hasta que el domingo pudimos contemplar una multitud de 50.000 salvadoreños abarrotar el Estadio Nacional "Flor Blanca", a las 2:30 de la tarde.

Recuerdo que un día de la semana, a la mitad del servicio de adoración, cuando estábamos entrando al gimnasio, súbitamente en el cielo se oyó el ruido de un helicóptero. Azorados veíamos delante de nuestros ojos, cómo el helicóptero descendía en el estacionamiento del Gimnasio, descargando con rapidez su cargamento. Varios heridos eran puestos en vehículos de salvamento, dirigiéndolos a los hospitales cercanos. Estos heridos eran producto de la pelea en muchas secciones periféricas de la capital.

Aun así, en cada invitación a aceptar al Señor, se notaba el hambre espiritual de la gente. Linda Pritchett nos acompañó con su equipo para trabajar con los niños. Se habilitó un local a tres cuadras del Gimnasio. Más de 3.000 niños escucharon el Evangelio en esa forma tan especial de Linda, al usar la ventriloquía y el león "Miguelito" haciendo la delicia de los pequeñines. El día domingo desfilaron en el Estadio, el cual estaba lleno. Dieron tres vueltas mientras 50.000 personas les saludaban con sus pañuelos en alto. Fue un momento muy hermoso de vibrante alegría con que el Señor nos obsequió.

Ese mismo día, sin saberlo yo, alguien tenía la encomienda de asesinar al predicador.

Un individuo de tez morena, ennegrecida por la exposición diaria en el campo. Con indumentaria resaltando una prenda de vestir blanca, caminaba en la parte más alta del Estadio Nacional. Fue visto por el pastor César Augusto Ayala, quien alcanzó a percibir dos pistolas semiocultas debajo de su guayabera. Inmediatamente se hizo acompañar de un ujier, y los dos comenzaron a seguir a prudente distancia a este hombre. Detectaron nerviosismo en este individuo, que descendía a la parte del campo de fútbol y rondaba la plataforma del predicador.

El pastor Ayala y el ujier no hicieron nada por detenerlo, porque supieron que era un guerrillero y que posiblemente hubiese varios diseminados dentro de la muchedumbre. Si ellos hubieran actuado deteniéndolo, quién podría suponer que no se hubiera iniciado una batahola pública.

Mientras tanto, no le perdían de vista. Al lugar que se dirigía, lo seguían con cuidado y discreción, dispuestos a que si aquel guerrillero sacaba sus pistolas con pretensiones violentas, ellos estaban listos a echársele encima para detenerle.

Yo predicaba con denuedo la forma en que el Señor deseaba terminar con tanta violencia nacida en el corazón del hombre y darle una vida de paz, de victoria, de felicidad en El. Aquel hombre, con su nerviosismo girando a la plataforma, de pronto se detuvo frente al predicador como petrificado por alguna fuerza invisible. Quedó inmóvil, escuchando. En su cara se vieron lágrimas que le corrían por sus mejillas. Cuando yo hacía el llamamiento para aceptar a Cristo, este hombre pasó al frente. Entregó su corazón al Señor. Allí mismo el consejero que se le acercó, fue el depositario de las dos pistolas que traía encima con la mentalidad de liquidar al predicador, por mandato de la guerrilla. No sabía este guerrillero que un Guerrillero más poderoso que él, el Señor Jesucristo, le tomaría y lo convertiría en una nueva persona. Más tarde me lo presentaron, y yo, en lo interno de mi ser glorificaba a mi Señor por Su preciosa protección. Qué duda cabe. El ejército del Cielo había bajado a protejer a los suyos.

Terminaba y clausuraba esta "Cruzada El Salvador '84" con la misma directriz de "Nicaragua '84"; orando con toda esa multitud por la paz de ese país y de toda Centroamérica.

Fue un momento de solemne clamor. Esos miles de gentes llorando, de hinojos y tomados de las manos. Unidos en su plegaria en pro de la paz. Mis palabras resonaron en todo aquel Estadio, plenas de seguridad. "El destino de El Salvador no está en manos de la guerrilla ni en las manos de los militares. El destino de El Salvador se encuentra en las manos de la Iglesia de Jesucristo".

Se despidió a la multitud con una nueva visión de su vida y una nueva posibilidad en Dios de acabar por siempre con la guerra fratricida. Cuando me despedía de la gente que me saludaba y me abrazaba, me presentaron a aquél guerrillero, contándome los propósitos que le habían llevado a la Cruzada. Lo abracé y le dije con una sonrisa de afecto: "Bienvenido al Reino de Dios."

Toda esta gama de acontecimientos seguía adiestrándome para las tremendas posibilidades que estaban a nuestra disposición para los que como yo, cualquier siervo de Dios, nos atreviéramos a enfrentar cualquier desafío en el Nombre de Jesús, no importando su enormidad.

47

UN SUEÑO HECHO REALIDAD

Las palabras escritas que envié en enero de 1984 a nuestros sostenedores habían sido proféticas. Por el don de Dios, les había escrito lo siguiente: "Si el Señor no nos lleva, o retarda Su Venida, 1984 será el año más glorioso de nuestro ministerio."

Categóricamente, en el recuento que tenemos hasta el día de hoy, 1984 sobresale de manera ejemplar. De ahí partiríamos con una nueva óptica. Cada trabajo por realizar lo vemos como un reto o desafío en que Dios nos coloca para sobrepasar lo hecho. Pero esto, sólo depende de nuestra entrega, audacia, sueños en el Dios en el que somos capaces de creer. Nada es imposible a nuestro Dios. Lo sabemos. Sin embargo, es menester que nosotros seamos atrevidos en tomar el desafío y trabajar congruentes con nuestra fe en el Señor de los Milagros, a fin de lograr nobles obras que lo glorifiquen.

Yo no fui el mismo a partir de 1984. Eran muchas las instrucciones que Dios nos había concedido. Sabemos que en Dios cada trabajo es algo distinto. No hay moldes en El. Cada actuación nos refiere algo nuevo.

Cuando empezaba 1985, el 12 de enero, específicamente, se unía a nuestro equipo el pastor Horacio De La Vega. Ese sábado, en el Gimnasio de la Primera Iglesia Bautista de Montebello, en medio de un lindo grupo de amigos, realizamos un emotivo Servicio de Dedicación. Horacio entraba de lleno a tiempo completo en nuestro ministerio. Yo le conocía de mucho tiempo atrás, desde que, asociado al hermano Pablo, yo visitaba la iglesia que él pastoreaba. Después él se identificaría más plenamente con nuestro trabajo. Sirvió como miembro activo de la Junta de Directores, siendo a la fecha el Vice-Presidente de la Asociación. Sólo faltaba que, dando un paso de fe, se integrara al equipo a tiempo completo. Así se hacía este día de consagración. Oramos por él y su familia. El vendría a ser un elemento clave en el ministerio de la Asociación. Congresos y Cruzadas tendrían en él a un capaz y leal coordinador. Su trabajo de zapa, su visión ministerial, su perspectiva desarrollada como hombre de empresa, su vitalidad y dinamismo, su don de gentes, su amor al Señor, que no le importa sufrir carencias, con todo esto, él ha venido a completar una parte vital del ministerio.

Desde el momento mismo cuando terminamos los trabajos desarrollados en la Primera Conferencia Pastoral Hispana, celebrada en Pasadena, en marzo del '84, comenzamos a trazar los planes para llevar a efecto el Congreso Hispano de Evangelización, como una continuación de Amsterdam '83 y una preparación para Amsterdam '86. Recuerdo que al Comité les hice saber que lo llevaríamos a efecto en "la Catedral de Cristal", pareciéndoles una locura. La misma situación que cuando les dije que traeríamos al Dr. Cho, de Corea, que casi se me van de espaldas, hoy, ya curados contra el espanto, aun así, hubo objeciones. Que era muy cara, que no nos la podrían alquilar, etc., etc. El Comité deseaba algo barato por las pocas finanzas, como el 'Olimpic Auditorium', un lugar repleto de ratas y cucarachas. Les hice saber que pondríamos todo de nuestra parte, con tal de realizarlo en un lugar digno.

Y así fue; pudimos contratar la Catedral de Cristal para la celebración de este Congreso del 14 al 18 de octubre de 1985. Todo nuestro ministerio se enroló en este magno evento. Horacio vendría a ser elemento vital en su organización.

Mientras se acercaban las fechas programadas, y como siempre, hubo otros acontecimientos. En la Semana Santa yo estaba predicando en Miami. Y allí conocí el siguiente relato: "He sido una prostituta," -así me dijo, de sopetón y drásticamente, aquella muchacha de rostro tan joven. Tenía asida de la mano a una pequeña niña, de cara angelical-. "Pero anoche, cuando usted predicó, la Palabra llegó muy profundo a mi vida y me entregué a Jesucristo. Antes sentía dos fuerzas dentro de mí: una que me inclinaba al mal y otra que lo hacía al bien. Siempre triunfaba la fuerza del mal. Ahora no siento en mí esa fuerza del mal."

Prosiguió en su mismo tono de voz dulce, con marcado acento emotivo, contándome una experiencia que había tenido esa mañana.

"Al levantarme, no tenía ni siquiera un poco de azúcar para poner en un vaso de agua y ofrecerle a mi hija. Llamé a una antigua compañera de profesión, tratando de que me prestara 10 dólares."

Su compañera le respondió.

"Preciosa, esta misma noche te los consigues fácilmente en la calle."

Contestó mi interlocutora con ánimo resuelto. "¡No! Jamás volveré a eso. Ahora mi vida le pertenece a Jesucristo. Mi cuerpo es templo del Espíritu Santo."

"Sin embargo," me siguió refiriendo, "el hambre comenzó a hacerse sentir." Ella tomó un carrito viejo de su hijita, salió a la calle y logró venderlo por 10 dólares.

Tres días más tarde llamó, vía telefónica, al programa radial donde yo estaba ministrando en vivo. Sin dar su nombre, narró a la audiencia su testimonio. Lo que más me impresionó fue cuando dijo:

"Desde que me entregué a Jesucristo, me siento como una mujer virgen."

¡Qué hermoso es cuando el Señor cambia las vidas! Para ver esto es que queremos vivir.

En julio del '85, Billy Graham celebró su más grande Cruzada sobre territorio americano. Fue en el Estadio Anaheim, en el sur de California, y yo fui invitado para dar un breve mensaje antes de la predicación del Dr. Graham.

Esto representaba para mí y el ministerio algo sumamente importante. Primero, porque el Dr. Billy Graham es uno de mis héroes desde mi juventud; y segundo, porque se abrió la oportunidad de que nuestro ministerio fuese puesto en ojos y oídos de casi toda la nación norteamericana. Fue un formidable honor, muy significativo.

En ese Estadio de Anaheim, con un lleno impresionante de personas allegadas de una infinitud de condados, una gran parte del público era hispano y se pudo, a través de transmisores, dar la interpretación de todo lo dicho en inglés al español instantáneamente. En el centro mismo del Estadio pude sentarme cerca del Dr. Billy Graham. De sus propios labios pude oír palabras de aliento para nuestro ministerio. Después, antes del mensaje, tomé el lugar de la cátedra anunciando a los presentes el próximo "Congreso Hispano de Evangelización," prometiéndoles que sería el más grande que se haya celebrado en los Estados Unidos.

"Tendremos allí 2.000 líderes hispanos," -expresé con visible emoción ante la multitud-. "Nosotros esperamos que el Congreso provoque la más grande escalada evangelística de nuestra historia. Una de las metas es alcanzar a dos millones de hispanos para Cristo en los Estados Unidos."

Concluí diciendo, en medio del aplauso del público: "Yo tengo una firme convicción: el destino del mundo hispano no está en manos de políticos, no está en manos de militares o guerrilleros. El destino está en manos de la Iglesia de Jesucristo."

La imagen de la clausura de la "Cruzada El Salvador '84" se hizo fresca y vital en mi mente. Esta presentación tuvo el efecto de hacer notoria nuestra labor ante millones de gentes diseminadas a lo ancho del territorio estadounidense. Los medios masivos de comunicación al instante dieron la noticia. Y yo quedaría con un grato honor de haber sido invitado por el Dr. Billy Graham.

Después de este acto ministramos durante siete días en ciudades españolas: Madrid, Valencia y Barcelona.

El ciudadano español, por lo general es muy cerrado a todo lo que les llegue de afuera de su país. Una tarde, cuando predicaba en un parque público, una voz dentro de mí decía: "Esto no va a funcionar; el español es diferente. La mayoría de los pastores españoles no piden profesiones públicas de fe...." Empero, cuando empecé a hacer la invitación, con ánimo declaré dentro de mí: "El español será diferente, pero mi Señor Jesucristo es el mismo aquí como también en América Latina."

¡Y claro que funcionó! ¡Comenzaron muchas personas a pasar al frente entregándose a Jesucristo, llorando! También en España Jesucristo es el Señor.

Celebramos enseguida dos Seminarios Pastorales de relevante nivel. Uno llevado a efecto en Santo Domingo, República Dominicana, del 1 al 4 de agosto, con una asistencia fluctuante entre 900 y 1.000 líderes. Fue catalogado como "el evento más importante en la historia cristiana de la República Dominicana." Al término del Seminario, por unanimidad invitaron a nuestra Asociación Evangelística a dirigir una Cruzada Nacional en ese país para abril del siguiente año.

El otro tuvo repercusiones históricas a nivel de la unidad del Cuerpo de Cristo. Fue en septiembre del 3 al 7 en Bogotá, Colombia.

Una inmensa preocupación en nuestro ministerio tiene que ver con la unidad del Cuerpo de Cristo. Cuando nos desplazamos a este país, descubrimos la situación eclesiástica sumamente dividida, partidos por la mitad en asuntos y eventos que competen a la generalidad de la Iglesia. Había dos grandes organizaciones paraeclesiales, una CEDEC (Confraternidad Evangélica de Colombia), integrada por las llamadas iglesias históricas y algunas pentecostales; y ACECOL (Asociación Cristiana Evangélica Colombiana), que era la que agrupaba en su seno a las iglesias pentecostales. Consistían en dos grupos prácticamente antagónicos. Si una organizaba algo, la otra no se metía. Dos instituciones marginadas una de la otra.

Dios nos dio gracia para trabajar con ambas organizaciones y, por la primera vez en la historia, se unieron para celebrar juntas nuestro Seminario de Líderes.

Tuvimos unos 700 pastores y líderes participando, y en el último día, llegaron casi 1.000. Fue impresionante cuando al terminar con la celebración de la Cena del Señor, logré tener en la plataforma a los Presidentes de las dos organizaciones evangélicas colombianas y, junto con otros pastores, ellos me asistieron a servir los dos elementos simbólicos del cuerpo y la sangre de Cristo, que son el pan y el vino. Cuando la celebración de esta Ordenanza de la Cena del Señor estaba en proceso, de pronto hubo un quebrantamiento espiritual conmovedor. Los dos líderes se abrazaron, con lágrimas en sus ojos, y se bendijeron mutuamente. Se pudo sentir que se quebró algo en sus vidas con proyección futura.

Pasarían los meses, y aun la realización de nuestra Cruzada del '86, pero puedo señalar lo que dicen y testifican públicamente. Lo he escuchado yo, lo han oído otros, y lo han escrito también; que, como resultado directo de nuestro trabajo en Colombia, las dos máximas organizaciones evangélicas, con historia de muchísimos años, decidieron fundirse en una sola, estableciendo lo que ahora se llama CEDECOL, que une a CEDEC y ACECOL, y están trabajando como una sóla Organización.

Naturalmente, esto es muy significativo porque no es sólo una declaración de palabras bonitas al oído, de que nos queremos mucho, que somos los mejores hermanos, sino porque esas divisiones pronunciadas por años, ahora se contemplan sanadas por un acto drástico del amor de nuestro Señor. Sirva de ejemplo para muchos países lo que Dios hizo en Colombia.

¡Qué gran privilegio fue para mí, durante septiembre de este '85, tan lleno del Señor en nuestras vidas, que el ministerio "Puertas Abiertas" me invitara a predicar en la celebración de tres Congresos llamados "Centro América: Te Amamos", en Guatemala, El Salvador y Costa Rica. Qué honor me fue viajar con el equipo presidido por mi amigo Héctor Tamez, y que incluía a un personaje tan legendario como el Hermano Andrés, conocido como "el Contrabandista de Dios". Fueron días de gloria llevando esperanza a una Centro América en ese entonces tan ensangrentada.

Como actividad sobresaliente de este año llegaría el "Congreso Hispano de Evangelización".

Ya llevábamos varios meses de intensa labor administrativa. Así que, ahora llegaba el tiempo de Dios.

Yendo por la supercarretera de oeste a este, cerca del Estadio de Anaheim, en Garden Grove, se puede admirar un edificio majestuoso, completamente transparente, y que es uno de los escenarios más bellos del mundo. Le han llamado "la Catedral de Cristal". En ese lugar, con 2.079 registrados y otros 1.000 de participación parcial, el sueño se hizo realidad.

Los asistentes vinieron desde partes lejanas de Estados Unidos, Canadá, Puerto Rico y el norte de México. También contamos con delegaciones de 24 países, cuyas banderas flanquearon ambos lados de la plataforma de honor, durante esos cinco días completos.

En los servicios plenarios compartieron la Palabra algunos de los expositores más reconocidos del mundo. También fue muy rico el tiempo de los Talleres. Funcionaron más de 100 talleres en las cuatro tardes.

Como Presidente del Congreso hice la presentación del "Pacto de Los Angeles '85"; otros presentaron los saludos y telegramas, entre ellos el del Presidente de los Estados Unidos, el señor Ronald Reagan. El lanzamiento de lo que esperábamos sería el "Primer Congreso Internacional-Hispano para la Evangelización del Mundo"; la solemne celebración de la Cena del Señor; y, por último, el Servicio de Clausura cuando, al concluír de predicar mi mensaje, el altar y los pasillos se colmaron con una multitud de los líderes asistentes, quienes pasaron a renovar su compromiso con el Señor.

Sobresaliente el escenario; majestuosa la Presencia de Dios. Un senador mexicano, llorando me abrazó y me dijo: "Vine al Congreso como un político. Me voy como un siervo de Jesucristo." Y así a todos, en alguna forma, el Espíritu de Dios nos renovó, nos cambió, para ser mucho más eficaces en Su Obra.

48

EL ANGEL DE JEHOVA ACAMPA ALREDEDOR NUESTRO

Corría el mes de diciembre de 1985; ya nuestro Boletín mensual a nuestros sostenedores iba en camino, dispuesto a informar del adelanto de nuestro ministerio. Resumía en unas cuantas palabras lo que había significado este año que estaba por concluir. Les escribía: "Para nosotros este ha sido un año extraordinario. Diariamente ministramos a través de 500 estaciones de radio, con más de 800 trasmisiones diarias de nuestro programa. Semanalmente compartimos la Palabra por varios canales de televisión. Nuestra columna de prensa es publicada cada día en periódicos seculares. Hemos ministrado en persona durante todas las semanas del año, y algunas de nuestras Cruzadas resultaron ser las más grandes en la historia de la evangelización del mundo hispano. Los Seminarios Pastorales, en los lugares donde los realizamos, resultaron ser los encuentros pastorales más numerosos en la historia evangélica de cada nación.

Todavía disfrutamos el impacto del "Congreso Hispano de Evangelización para Norteamérica", cuando tuvimos a 2.077 líderes registrados (el 80% de ellos era de pastores), y otros 1.000, con participación parcial.

Centenares de testimonios nos alegran el corazón. Terminamos muy cansados, pero, eso sí, muy felices por las grandes obras del Señor.

Repasaba con gratitud las bendiciones recibidas. Ni por tantito imaginaba una artimaña que Satanás me había preparado.

El día 16 de este mes tuvimos bastante trabajo en la oficina, como siempre. Por la tarde, Noemí se adelantó en llegar a la casa para preparar la cena.

Ella llegó con la seguridad de siempre. Abrió la puerta de su casa. Todo estaba tranquilo. Se metió a la cocina. Comenzó a realizar con sus manos, lo que su cerebro había imaginado a modo de satisfacer nuestros estómagos vacíos.

Allí en la cocina, sólo el ruido de las sartenes, el cuchillo sobre la tabla, la licuadora, la procesora, y un canto salido de los labios de Noemí, era todo lo que se escuchaba en aquella casa "solitaria". Digo solitaria, entre comillas, porque en las habitaciones contiguas, se realizaba una actividad febril tratando de no hacer ruido. Unos ladrones estaban ejerciendo su ingrata labor en nuestro hogar. Noemí no se había dado cuenta de nada.

De pronto, oyó ruidos en la parte de las recámaras. Pensó que se trataba de Martín, nuestro hijo menor.

Le habló, sin dejar de cortar la carne. "¡Martín!, ¿estás ahí?"

Silencio solamente.

Ella prosiguió en lo suyo. En minutos, llegaría el grueso de la familia y la cena aún distaba de estar lista.

Una vez más se dejó escuchar un ruido sordo y fuerte en toda la casa. "¡Ah, este muchacho! ¡Seguro que tiró algo!"

"¡Martín! ¿Me oyes? ¿Qué tiraste?"

Como era un estrépito nada común, abandonó lo que estaba haciendo y se encaminó a las habitaciones. Cuál no sería su sorpresa, al abrir una de las recámaras, que todo estaba de cabeza. Parecía como si un huracán hubiese pasado por ahí haciendo despojo y medio. Ropa por todos lados, los cajones de las cómodas tirados; pero su vista se clavó con interés y desasosiego en las ventanas, viéndolas rotas. Una de ellas la habían arrancado con todo y marco con suma violencia. Las demás habitaciones estaban en el mismo tenor. El ímpetu y la brusquedad eran el sello que se veía por todos lados. Los ladrones habían huído.

Noemí llamó con urgencia a la oficina, y también a la policía. Cuando llegué, un oficial ya tomaba nota de lo ocurrido. Juntos vimos los destrozos y el hurto. Faltaban muchísimas cosas. Por las características de lo que nuestros ojos contemplaban, supusimos con sobrada razón que los rateros habían llegado drogados. Lo que más nos hizo saltar de angustia, aunque fuera por breve tiempo, fue el pensamiento de que mientras Noemí permanecía en la cocina, los saqueadores realizaban su rapiña. Sólo Dios pudo haber librado a mi esposa. Hubiese sido una tremenda tragedia.

El oficial de la policía escribía la lista de los objetos faltantes. Yo, con un corazón en paz y al ver que mi esposa estaba ilesa, cantaba en voz baja un himno de gratitud. Lo musitaba quedo, junto al policía que seguía anotando los detalles en su libreta. De tanto en tanto, el policía me miraba medio extrañado por mi actitud; "de seguro a este tipo se le quemó algún cable de la cabeza," habrá pensado.

Cuando el policía se fue, Noemí, Marcelo, Martín y yo nos tomamos de las manos y oramos con fervor esa noche. Cada uno de nosotros nos dimos cuenta de la profunda paz que residía en nuestro corazón.

"Señor Jesús, tú conoces a los ladrones, a los que se han llevado tantas cosas que teníamos. Te imploramos que los inquietes, que los salves. Que ellos se den cuenta de Quién eres Tú. Bendícelos, Señor, donde quiera que en estos momentos estén. Nuestra paz, la que tú nos has concedido, gracias a ti, no ha sido perturbada. A Noemí tú la has protegido maravillosamente. Gracias, muchas gracias, Señor. Te amamos. Creemos con todo corazón, que aunque nos robaran todo lo material que nos has dado, seguiríamos siendo la familia más rica de la tierra, porque no nos podrían robar a nuestro Señor Jesucristo. ¡Bendito seas, Señor, por toda la eternidad!"

Arreglamos como pudimos nuestras recámaras y dormimos sin sobresalto nocturno.

Al otro día, por la mañana, Martín se preparó para asistir a sus clases. Noemí sacó el carro de la familia, para llevar a Martín a su escuela.

Ambos arrancaron dirigiéndose a su destino. Y, a pocos pasos, Noemí apretó intempestivamente los frenos.

"¡Mira, Martín! ¡Vé éso! Parecen ser nuestras cosas."

"Sí, vamos a ver."

Y, ciertamente, a un costado de nuestra casa, un gran envoltorio hecho con nuestras propias sábanas estaba recargado en la pared contigua.

De inmediato me llamaron. Fuimos a inspeccionar. Exactamente, allí estaban todas y cada una de nuestras pertenencias robadas. Hasta el último botón permanecía mudo en aquel lugar.

Incluso, dentro del bulto venían las herramientas, propiedad de los ladrones. Como era el mes de diciembre, probablemente me las dejaban como "regalo de Navidad".

No cabe duda de que "el Angel de Jehová acampa alrededor de los que le temen, y los defiende." (Salmo 34:7)

49

COMO UNA NOVELA DE TERROR

Hay algo que ha sucedido por el Espíritu Santo en nuestro ministerio en los últimos años. De un ministerio itinerante, entre iglesias locales, pasó a ser un ministerio usado por Dios para alcanzar a naciones enteras.

¿Cómo podemos afirmar esto? No lo estoy diciendo por los centenares de trasmisiones radiales diarias, ni tampoco por las Cruzadas. Algunas de ellas resultaron ser de entre las más grandes en la historia de la evangelización del mundo hispano. Y esta es un área de nuestro trabajo que sigue creciendo.

Especialmente lo digo por el ministerio al cuerpo pastoral. ¿Sabe una cosa? Es por la misericordia de Dios que en los últimos años, casi sin excepción, nuestros Seminarios Pastorales resultaron ser, en cada país donde los celebramos, los eventos pastorales más numerosos en la historia evangélica de cada nación. Yo tengo la convicción de que si nutrimos al obrero cristiano con la Palabra y con herramientas que le ayuden a hacer en su trabajo pastoral, estaremos acelerando la evangelización de países enteros.

Llegamos un día antes de lo programado a nuestra Cruzada en Panamá, que sería del 16 al 23 de marzo de 1986, en medio de un ambiente social convulsionado. El día que arribamos, explotaron seis bombas en la capital panameña. Una de ellas frente al hotel donde estábamos hospedados, destrozándole la mano a una mujer.

Estos acontecimientos fueron muy extraños y fuera de lo corriente en ese país. Pero la situación económica ha traído gran intranquilidad al pueblo.

Esa noche fueron saqueadas y destruidas decenas de comercios. No había gasolina. Se veían largas filas por doquier. Había muy poco transporte en la ciudad. Diferentes gremios sindicales se mantenían en huelga.

Durante los cuatro o cinco primeros días previos a nuestra visita, el gobierno amenazó con instaurar estado de emergencia, lo cual implicaba la suspensión del derecho de reunión.

Un nicaragüense que me encontré por aquellos lares, me dijo: "Hermano Mottesi, yo estuve en su Cruzada en Managua. Parece que el Señor lo lleva siempre donde hay problemas." Yo sólo le sonreí y lo abracé con amabilidad.

En medio de ese cuadro, las entonces 60 congregaciones evangélicas de la capital, cuyos líderes habían participado en nuestro "Seminario Nacional de Liderazgo", durante febrero pasado, ahora se unían para celebrar una Cruzada con nuestro equipo. Denominaciones que nunca habían cooperado con otras, ahora trabajaron juntas.

Iniciamos el domingo 16 en el Gimnasio "Nuevo Panamá" con una asistencia de 3.000. La asistencia fue ascendiendo conforme transcurrían los días, llegando a 10.000 asistentes en la Plaza frente al Palacio Legislativo. Pocos días antes, este escenario fue sitio de manifestaciones violentas. Ese domingo, toda aquella muchedumbre le decía a su país que Jesucristo es el único que puede producir la paz.

Una de las cosas que nos impresionó durante toda la semana fue que el porcentaje más alto de decisiones fue de jóvenes. Muchos de ellos pasaban llorando, hondamente quebrantados. En forma paralela a nuestra Cruzada, en una gran carpa levantada junto al Gimnasio, Linda Pritchett dirigió una Cruzada Para Niños. Hubo 400 niños que se decidieron por Cristo. La "Tía Linda", como cariñosamente le decimos, me expresó conmovida: "Yo sé que estas decisiones son genuinas. Yo oré con ellos, uno por uno."

En el último culto, celebrado el domingo, tuvimos que movernos del Gimnasio Nuevo a la Plaza frente al Palacio Legislativo. 10.000 gentes atiborraron el lugar, bajo la ardiente tarde panameña al aire libre.

Bajo el sol radiante se llevó a cabo el servicio de adoración. A pesar de ser un lugar abierto y público, hubo un marcado ambiente espiritual. En un momento en que ya esperaba la presentación de mi persona para la predicación, el tesorero del Comité tomó el micrófono e informó a la muchedumbre la necesidad de fondos para cubrir los gastos generados por la Cruzada. Se invitó a todo el mundo a ser generosos con su ofrenda y, al son de una melodía cristiana, los ujieres se dispersaron por doquier, llevando en las manos las charolas correspondientes.

Veo que un ujier, en la hilera de la plataforma, extiende la charola a mis colegas que me acompañan. Yo no tengo ninguna intención de dar, porque lo único que traigo será para terminar con los gastos que faltaban aún por hacer, antes que retornáramos a nuestro lugar de origen. Esta Cruzada nos había agotado económicamente.

De pronto, en mi interior oigo claramente una voz que me dice lo siguiente: "Alberto, mete tu mano en el bolsillo, saca todo lo que tienes y depositalo en la ofrenda."

Mi reacción es íncredula y medio me sonrío de la ocurrencia. Volteo a mirar al ujier que viene presentando delante de cada uno el plato, y razono la orden. "No podría hacer éso. Estamos cuatro del equipo; todavía tengo que pagar cuentas de hotel, y el impuesto de salida del aeropuerto es carísimo aquí en Panamá; no, no, no podría hacer eso."

De reojo voy viendo al ujier que se acerca a mí y un ligero rubor se me sube al rostro. Nuevamente oigo aquella voz, ahora con mayor énfasis: "Alberto, te dije que metas la mano en el bolsillo y que pongas todo lo que tienes en la ofrenda."

Si tenía una sonrisa en los labios, aquí se me acabó ante el mandato tajante y firme. Con seriedad respondí. "Mira, Señor, tú sabes que no lo puedo hacer, tengo que pagar cosas aquí. Son muchos los compromisos y me voy a ver envuelto en un grave problema."

Cuando tengo al ujier junto a mi vecino, la voz, con tono más declarativo, recio y concreto, me ordena: "Alberto, te dije que metas tu mano en la bolsa, que saques todo lo que tienes y lo pongas en el plato de la ofrenda."

Dentro de mi corazón expresé: "Ay, Señor, contigo no se puede discutir."

Introduje la mano en la bolsa del saco, agarré todo lo que tenía, y lo saqué depositándolo en el plato de la ofrenda. El ujier se alejó con una sonrisa simpática que me dio. Y yo me dije: "Buena la tienes, Señor. Estás en un lío. Ahora todo el asunto está en tus manos. Tú tienes que resolver lo que yo tengo que cubrir."

Y me olvidé del asunto. Pronto me metí por completo en la predicación. El final fue glorioso, con múltiples decisiones en aquella Plaza. Un sinnúmero de gente rodeó la plataforma y entregó su corazón a Cristo.

Como pasa siempre en el mundo hispano, la gente viene a saludar al predicador, lo rodea, lo abraza, le dice palabras bonitas, le expresa su cariño y, entre estas expresiones, varios cristianos me entregan papelitos con pedidos de oración. Yo jamás los tiro. Los guardo. En la noche los pongo todos sobre la cama antes de dormir, y oro por todo lo que me han compartido.

Entre la gente que me rodea, un gordito, simpático como todos los gorditos, me abre la bolsa del saco e introduce un sobre. "Dios le bendiga, mi hermano," -me dice efusivamente.

"Dios te bendiga," -y le palmoteo la espalda con cariño.

Seguí con la gente a mi alrededor, oyendo sus comentarios. Concluyó la Cruzada. En compañía del Presidente del Comité nos alejamos a realizar otras diligencias. En el camino cenamos y ya entrada la noche, entré al hotel.

Cuando me dispongo a dormir, saco los papelitos y me acuerdo que hay un sobre en mi saco. Pensando que es una petición más, abro el sobre y me quedo estupefacto mirando el milagro de Dios; yo diría, mejor dicho, la cachetada con guante blanco que me daba el Señor por la dureza de mi corazón. Allí, dentro de aquel sobre blanco estaban 1.000 dólares. Dios volvía a enseñarme a ser fiel a su mandato. Si El me demandaba todo lo que poseía, yo no tenía por qué preocuparme. El siempre estaba teniendo en cuenta mi necesidad.

Usted dice si valdrá la pena confiar en tan maravilloso Dios, que por sobre todas las cosas nos ama intensamente. Nosotros tenemos la palabra.

Concluimos con sobrado gozo. Satanás no estaba feliz y quiso dañarnos físicamente.

Después del último servicio, yo estaba con mi amigo Osman Soto, distinguido líder panameño. Ibamos comentando los incidentes de la Cruzada, cuando, a media calle, sin más que decir, tres hombres de expresión dura y fría, blandiendo frente a nosotros sendos puñales nos amagaron para asaltarnos.

Mientras duraba el asalto, nuestras mentes estaban con el Señor, y El maravillosamente frustró el intento. Había paz y serenidad. Una vez que estuvimos solos, nuestro corazón parecía que se nos salía de su lugar. Pero pudimos dar gracias a Dios porque nos había librado misericordiosamente.

La siguiente Cruzada se verificaría en Santo Domingo, la República Dominicana. Fueron tres semanas de desafiadora labor. Hasta el día de hoy, jamás he tenido una Campaña como la que se desarrolló en aquellos días de abril.

Esta fue una prueba de fuego para Horacio y para mí. Para Horacio, porque era la primera Cruzada que él coordinaba fuera de los Estados Unidos. Para mí, porque puso otra huella indeleble en mi personalidad.

Ya de entrada, antes que se cumplieran los días de nuestra llegada a Santo Domingo, se desató una tormenta de verbosidad radial a través de un señor minúsculo, medio siniestro, salido de Las Obras Maestras del Terror, legalista y enfermizo. Desde Puerto Rico, a través de su radioemisora, cubrió el área de la República Dominicana con sus monólogos sectarios, dogmáticos y condenatorios. Nos hacía émulos venidos del Averno para desatar nuestras habilidades satánicas a fin de cautivar y someter las conciencias.

Esta ola de fanatismo radical levantó muros de oposición a nuestro trabajo, de tal manera que cuando arribamos a esta nación, a una semana antes de comenzar, por primera vez en nuestra historia nos hizo considerar seriamente la posibilidad de cancelar la Cruzada.

Había muchísimo ataque pululando en la atmósfera, producto del fanatismo de gente ciega, oscurecida y atrapada por un legalismo rayano en la locura, que es parte de una neurosis que no tiene nada que ver con el Evangelio. Sin embargo, su efecto afloró en nuestra labor. Estábamos muy adoloridos por el estado que guardaban las cosas antes de iniciar la Cruzada. Hicimos oración y determinamos seguir adelante, no con mucho entusiasmo.

Entre paréntesis, si alguna nota quisiera remarcar en este acontecimiento, es mi espíritu intensamente contrario a lo sectario, a lo dogmático y a lo condenatorio; lo rechazo categóricamente. Me enferma contemplar esa actitud hipócrita de estar condenando a medio mundo, etiquetándolo. ¡Vaya mi más profunda repulsa a este género emparentado con Satanás!

Bajo esta nube de dificultades, con un amplio equipo de maestros ministramos en un Seminario de Liderazgo con unos 800 líderes dominicanos. Desde el primer día, los cantos del coro "Discípulos en Acción", un grupo de 52 voces, queridos amigos nuestros, que viajó expresamente desde Puerto Rico para ayudarnos, suavizó las heridas del corazón.

Más adelante celebramos campañas satélites en 18 lugares. A pueblos que carecían de luz y agua, les llevamos la luz y el agua de Cristo. Así entramos de lleno a la Cruzada mayor, como una novela de ciencia ficción, por la increíble sucesión de problemas. Creo que nunca en todo mi ministerio he tenido una Campaña con tanta oposición. A pesar de que República Dominicana se supone sea predominantemente católico-romana, existen muchas religiones y sectas. El vuduísmo es muy fuerte en el país, particularmente a través de los inmigrantes de la vecina Haití. Algunos expertos en ocultismo van aún más lejos y afirman que esta isla tiene la influencia satánica más grande de todo el mundo. Si lo es, o no, usted juzgue por lo siguiente:

La Cruzada en Santo Domingo fue de seis días; cuatro bajo lluvia torrencial, aunque se suponía ese era tiempo seco, en el Estadio Olímpico. Cómo llegaríamos al hotel, que inmediatamente dos empleados con dos enormes secadores nos seguían, secando el área por donde caminábamos. Horacio y yo escurríamos a chorros. Cada mañana, un buen hermano propietario de una tintorería, se llevaba nuestra ropa, porque literalmente era como si nos hubiéramos zambullido en una piscina. Aquello fue algo impresionante, increíble.

La primera noche llegamos al Estadio bajo fuerte lluvia. A pesar de esto, se registró una asistencia de 10.000 personas. Así iniciamos. El cielo era una catarata sin término, acompañada con una incesante descarga de truenos y relámpagos. Uno de ellos cayó sobre el Estadio y fue absorbido inmediatamente por un para-rayos, chamuscando a algunos que estaban en las tribunas, sin consecuencias que lamentar, gracias a Dios.

Yo nunca había visto descargarse tanta agua. Eran cortinas incesantes como si toda la fuerza de la naturaleza se hubiese desatado en contra de lo que estábamos haciendo. La escena era realmente macabra. La luz había sido cortada por un rayo. El Estadio y la gente se iluminaba periódicamente, a capricho de los relámpagos, cuya luz platinada, permitía por unos instantes vernos.

Nuestros gritos por hacernos oír se apagaban por el ruido tempestuoso de la lluvia y los truenos salidos por doquier.

Una película de vampiros o de terror se quedaba chica ante la realidad que estábamos viviendo. Los relámpagos violentos que erizaban la piel. El agua sobre nosotros apenas contenida por unas cuantas sombrillas. El frenesí del Comité Organizador por reparar la luz. Algunos gritaban que deberíamos cancelar. Y la gente, enfrente de nosotros, esperando estoicamente nuestro proceder. Linda gente; maravillosos cristianos dominicanos. ¿Qué hacer?

Por fin la luz vuelve a iluminar el Estadio arrancando gritos de júbilo de la muchedumbre. Yo también me alegro grandemente. Pasé a tomar mi lugar para la predicación. Cuando estoy leyendo el pasaje escritural bajo el balde inundador del cielo, dos pastores se acercan a mis costados para cubrirme con sendos paraguas. Me da gusto porque siento cierta libertad de movimientos en medio de aquella inundación.

Estoy iniciando mis palabras de introducción, cuando un joven de más de 20 años, de pelo ensortijado, de tez muy morena reluciente por el agua que se le escurre, con la camisa pegada al cuerpo, se me acerca y me dice con mucha firmeza y respeto: "Hermano Alberto, no deje que lo cubran con las sombrillas, aunque esté lloviendo mucho." Me sorprenden sus palabras, clavo mi mirada en sus ojos serenos y, sin dar tiempo a preguntarle la razón de su impertinencia, él prosigue:

"Fíjese en el pueblo." Hago lo que me dice y veo a la multitud que está enfrente de mí. "El pueblo está sin paraguas, sin protección, y lo está mirando a usted. Usted es el líder. Si el líder muestra una actitud débil, el pueblo se va a debilitar. Nosotros necesitamos un líder fuerte."

¡Qué palabras venidas directamente de mi Padre celestial por medio de este santo instrumento! Un joven cuyo ministerio, en Santo Domingo, era llevar el Evangelio junto a un grupo que anunciaba en automóviles y con altoparlantes las Buenas Nuevas en cada esquina de la ciudad. Uno de estos guerreros de Cristo, un soldado raso, un revolucionario del Señor que se acerca a mí y me da el sentir de mi Dios. Amo profundamente a los jóvenes por su entrega, su apasionamiento por la causa de Cristo. ¡Cuánto aprendemos de su lealtad nosotros los mayores!

Aquellas palabras impactaron poderosamente mi corazón. Una imponente energía se desató en mi espíritu y resueltamente les dije a mis guardianes del camporal, que me dejaran solo. Que no necesitaba sombrillas para predicar. Perplejos se fueron a sus sillas. Y yo, con un abrazo sincero le dije a este joven, "gracias."

Yo nunca voy a volver a permitir, ni lo permití en esa semana, que me cubrieran. Si está lloviendo tempestuosamente, yo predico bajo el agua torrencial. Se vaya quien se vaya, yo permanezco firme, en pie, mientras haya uno que me escuche, que esté atento a la Palabra, que tenga hambre y necesite de Cristo. Yo me quedo predicándole bajo severas condiciones climatológicas en cualquier lugar del mundo.

Desde ese momento, electrizante para mí, pude trasmitir a la gente mis sentimientos. Y aquella gente se quedó, y en los días venideros, aumentando en número, cantaban como locos, oraban como locos y recibían la locura de la Cruz con profunda sinceridad. ¡Qué conmovedor cuando hacía el llamado! En el campo inundado, con el cielo desencadenado, los rostros eran bañados también con aguas salidas de los ojos, representantes del sentir del alma.

Una de estas noches, de tono lúgubre con la densa turbonada, de improviso se cortó el sonido. La lluvia caía a cántaros. Los esfuerzos de los técnicos por recobrar el sonido parecían nulos. El

Estadio, con 30.000 almas que estaban pendientes de nuestro quehacer. Mudos por nuestra lejanía.

Como siempre, no faltan los profetas del desánimo. Me decían, "Hermano Mottesi, despidamos a la gente."

"Ya no se podrá recuperar el sonido."

"El Estadio es muy grande y el ruido de la tormenta no permite la comunicación a voz."

Y yo les contesté decididamente.

"No despido a nadie."

Acercándome al límite de la plataforma, a los gritos, a puro pulmón, les exhorté.

"¡Bájense de la tribuna! ¡Vénganse y rodeen la plataforma! ¡Vengan! ¡Vengan acá!"

Ayudado con los movimientos de mis brazos y mis gritos oídos por los más cercanos, ellos pasaron la voz y, a la vez se levantaban y acudían al llamado.

Pronto un mare mágnum de gente se apostó alrededor de la plataforma. Allí me escucharon. En pleno campo abierto del fútbol. Con la lluvia persistente. Ya han pasado varios años de aquella escena; si no me sacan de allí, yo todavía estaría allí cantando, predicando y gozándome con mi Señor y con Su pueblo.

Estos acontecimientos marcaron mi vida. Fueron sucesos que me fortalecieron, y le dieron a mi piel una dureza que antes no tenía. Como si Dios me hubiera dicho, "Alberto, para batallar no se puede ser de mantequilla, o como el "ice cream", que se derrite con el primer rayo del sol. Hay que ser de hierro para servirme."

50

BROTES DE AVIVAMIENTO

Una vez que terminamos en República Dominicana, volé a la oficina en Los Angeles. Mi vida es intensa. Los días cuando puedo estar en casa, son de inusitado movimiento. Predicaciones en iglesias, en universidades, en desayunos, en campañas locales. Dirigir comités de diferente índole. Grabaciones para la radio. Presentaciones por televisión. Enseñanzas en talleres. Predicaciones en congresos. No hay minutos de respiro. Cuando tomo conciencia de mí, ya estoy en un vuelo trascontinental. Aun ahí, voy preparando mensajes, contestando cartas y un sin fin de cosas que el ministerio demanda.

Cansados físicamente. No obstante, dentro de mí hay una decisión de continuar llenando al mundo hispano de la Presencia redentora de Jesucristo. Esto nos motiva. Este es nuestro llamado. Que si no lo hiciera, no sería feliz.

El ritmo de la agenda repleta de compromisos nos lleva a España en mayo del '86. A esa España con su gente bravía.

La nota sobresaliente en Madrid fue la Reunión Evangelística. Para entender en su correcta perspectiva lo que pasó, hay que recordar que en esta ciudad existían en ese momento unas 60 congregaciones y unos 3.000 evangélicos en toda la ciudad y sus alrededores. Se repartieron un millón de invitaciones.

Por primera vez, los protestantes usaron el Palacio de los Deportes, que, además, se consiguió ¡gratis! Simplemente el costo del alquiler y el sonido hubiesen sido entre los 15 y 20 mil dólares. En ese lugar bello y confortable tuvimos una gran asistencia para lo que es la vida evangélica de España. Contamos a 2.750 personas. Como 400 de ellas pasaron al frente respondiendo a la invitación. 169 personas lo hicieron por la primera vez.

Cuando nos disponíamos a retornar, el "Consejo Evangélico de Cataluña" nos invitó para celebrar una Cruzada en Barcelona. No han tenido nada semejante en los últimos 15 años. Nos venimos con un pensamiento de que en España comenzaba a amanecer un nuevo día. Dos días después de regresar, el 21 de mayo, recibo por teléfono de Argentina, la noticia de que "mi viejita" acababa de partir a estar con el Señor. Con el corazón en la mano, arreglo mis maletas, y me conduzco a mi patria natal. Estoy en su sepelio junto a mi padre, que cuenta ya 81 años de edad. Lo sentimos verdaderamente, pero a la vez somos fortalecidos por nuestro Dios. Su sierva Esther había dejado un hermoso testimonio de amor.

Es tal el encadenamiento de las actividades programadas que, para acontecimientos de orden personal como lo que fue el deceso de mi madre, sólo se tiene el tiempo preciso para guardarlo en el corazón y proseguir, como si nada hubiese pasado, y esto no por una falta de sentimientos. Amé a mi madrecita como el que más, y honro su memoria como el que más; sin embargo, la continuidad del ministerio nos conduce rápidamente a vivir el día programado.

Nos esperaban en Ensenada para un Seminario de Liderazgo. Es una pequeña y bella ciudad en la Baja California del norte de México. Sus vistas al mar Pacífico son magníficas. La tranquilidad se refleja aun en el rostro de sus habitantes. El Seminario lo realizamos en el "Centro de Convenciones Riviera", con sus amplios y confortables salones, su decoración de tipo porfiriano y sus arcos alrededor del mismo, que convidan a los asistentes a caminar por el verdor de sus campos que lo circundan. Vinieron unos 400 líderes de varias ciudades y pueblos cercanos. A las 8:30, cada mañana, ya estaban todos puntuales para comenzar siete horas cada día de intenso estudio en la Palabra. Vidas y ministerios recobraron fuerzas y visión para seguir adelante.

Más tarde celebramos la Cruzada, si no la más grande, sí fue una de las más lindas. Aquí vimos operar de manera muy nítida la gracia maravillosa del Señor. Llegó a ser el evento más grande en la historia de la ciudad.

Cada noche contemplamos en operación el amor del Señor por los perdidos. Cómo olvidar escenas conmovedoras como aquel grupo de adolescentes llorando, hondamente quebrantados al costado de aquel púlpito rudimentario. O aquellas dos mujeres prostitutas, entregando sus vidas a Jesucristo. O el impacto que recibí al leer una de las tarjetas de decisión, que sobresalía por su dramatismo, "hoy iba a suicidarme, pero en esta noche he decidido que mi mente nunca más estará al servicio de Satanás; mi mente desde hoy le pertenece a Jesucristo."

Alguien de nuestro equipo externó lo siguiente, cuando estábamos platicando los incidentes del servicio en turno.

"Cuando en las dos primeras noches oí que Alberto presentaba tan fuerte el llamado, pensé que nadie vendría al frente. Era un precio muy costoso que había que pagar. No había allí nada de gracia barata. El llamado era a una entrega total. Pero ¡qué emocionante fue ver a centenares de personas decidiéndose por Cristo!"

A la par celebramos otras actividades adicionales. Noemí, mi esposa, ministró en una reunión de damas, de unas 200 mujeres. Yo prediqué en un desayuno para la clase dirigente de la ciudad. Acaso unos 150 individuos estuvimos en el Hotel San Nicolás. Aquí es donde vemos cómo el Señor prepara todas las cosas para que podamos darle la honra y la gloria al final de los sucesos.

En este desayuno dos miembros del gobierno estatal, el Secretario y la esposa del Alcalde, se rindieron al Señor. En ese momento nunca imaginamos lo que nos ayudarían para deshacer los entuertos del diablo.

Cuando nosotros llegamos a Ensenada, se había montado toda una campaña publicitaria de desprestigio en contra de la Cruzada. Llovió un bombardeo de la prensa mexicana en contra de los evangélicos, diciendo que los misioneros son instrumentos de la CIA para cambiar la cultura del país. En esa semana de Campaña, los periódicos informaban que el gobierno mexicano había expulsado del país a un grupo de 49 evangélicos, entre ellos, a 14 misioneros. Y para acrecentar el asunto, en todo el territorio mexicano desde toda la vida se ha confundido a los evangélicos con los "Testigos de Jehová", diciendo que las iglesias protestantes no respetan los símbolos patrios tales como la bandera y el himno nacional.

Cuando mediaba la Cruzada, un hermano, metido en la política, nos dijo que el gobierno había decidido cancelar el evento, pero que los amigos que habíamos hecho en el desayuno, gracias a Dios, cuando los personeros de gobernación llegaron con su orden, dieron una contraorden que invalidó su acción. Dios nos había dado la respuesta a nuestro problema antes que sucediese.

Por otro lado, ante la versión publicitaria se nos ocurrió demostrar lo contrario. Linda Pritchett trabajaba simultáneamente con nosotros en la Campaña con los Niños. Tuvimos la ocurrencia de comprar mil banderitas tricolores. Pedimos prestada, de la Alcaldía, la bandera nacional. Y pudimos conseguir la banda de música de la Policía de la ciudad, invitando a las autoridades a asistir a la reunión de clausura. Con estos elementos nos preparamos para el último día de la Cruzada.

¡Qué emocionante! Hay veces cuando Dios nos permite ser protagonistas de hechos increíblemente lindos.

Antes del servicio evangelístico, ante un estadio repleto, en que en cada esquina se miraba gente por doquier, con mil niños agitando sus banderitas en todo el contorno del campo de fútbol y en el centro del mismo la banda de música con unas bellas jóvenes cristianas, hicimos honores al lábaro patrio mexicano. Se cantó con un entusiasmo y respeto que erizaba la piel, el Himno Nacional. Y tendrían que ver a este argentino gritar con sonora voz. "¡Viva México! ¡Viva México! ¡Viva México!"

Con toda esta algarabía santa de fiesta espiritual terminamos con tremendo gozo. Más aún, al otro día al leer en los rotativos, uno de ellos declaraba: "Mentira que los evangélicos no respetan los símbolos patrios." Los periódicos presentaban con lujo de detalles el acontecimiento.

Lo lindo de esta Cruzada fue su doble función: su carácter evangelístico y su importante testimonio cívico. Los días por venir mostrarían que este suceso revertía el ambiente hostil de la ciudad para una apertura más clara hacia el Evangelio.

Todavía uno no tiene tiempo de digerir un episodio, cuando ya estamos sentados participando en el Viejo Mundo, en Holanda, en el "Congreso de Amsterdam ‘86". 10.000 obreros del Señor, procedentes de 174 naciones. Más tarde la ONU declararía que este evento fue el que ha reunido a más naciones de la tierra en toda la historia, entre eventos internacionales de cualquier tipo, religioso o secular. ¡Qué trascendente fue esta reunión! Horacio y yo asistimos dirigiendo seminarios para los 1.700 asistentes hispanos. Fue una experiencia rica en comunión, compañerismo y desafíos evangelísticos.

Luego del Congreso permanecí por tres días más para sesiones del Comité Internacional Asesor del próximo Congreso del Comité de Lausanne, Suiza. Fue un privilegio para mí reunirme con 52 líderes de todas las esquinas y rincones del mundo, y preparar con ellos los futuros trabajos. A modo ilustrativo, le menciono que el Congreso de Amsterdam tuvo que ver con entrenamiento a un nivel elemental; el Congreso de Lausanne tendría que ver con teología y estrategia de alto nivel.

Otro acontecimiento señalaría otra hoja en "Los Hechos del Espíritu Santo" en este año. La "Cruzada Cali 450 Aniversario" nos dejaría recuerdos indelebles.

La celebramos de agosto 29 a septiembre 5 en esta ciudad colombiana, que en otro tiempo fue el corazón de una economía ganadera durante la colonia, teniendo la gracia y la generosidad de la naturaleza de todas las ciudades construidas a lo largo de los ríos. Hoy festejaba su 450 aniversario de fundación, con amplias muestras de su folklore y desbordante alegría.

La llaman "Cali la Pachanguera", siendo considerada como la capital de la salsa. Aunque Bogotá es la capital de la república de Colombia, de Cali salieron las definiciones políticas del país. De ahí su importancia como ciudad clave colombiana. Aunque también tenemos que recordar que el movimiento guerrillero M-19 tuvo su origen en esta ciudad y sus principales cabecillas proceden de este lugar. La droga se vende en las calles casi a precio de cigarrillos. Y la violencia cobra vidas al por mayor. Sólo en la media noche del jueves al amanecer del viernes de la semana en que llevamos a efecto la Cruzada, ocurrieron 24 asesinatos.

Por otro lado, fue preciosa la respuesta de la casi totalidad de las 100 iglesias evangélicas de la ciudad y sus alrededores, que auspiciaron con celo la Cruzada, resultando ser ésta, hasta esos días, la Cruzada más grande en la historia de Cali.

Desde el primer servicio la gracia redentora de Cristo fue abundante, a pesar de que hubo un bajo índice de asistencia en el Estadio Panamericano de fútbol; fueron 10.000 en total los asistentes.

El Concejal de la ciudad, el señor Claudio Barrero, se entregó a Cristo, diciéndome con temblor en su voz cuando se despedía del lugar: "Señor Mottesi, por mucho tiempo evité esta decisión, pero hoy me fue imposible resistir y le entregué mi vida a Jesucristo."

Otro personaje que hizo la misma decisión fue Esteban Cabezas, conocido compositor, y esposo de la famosa cantante colombiana conocida como, "la negra grande de Colombia". Las veces en que asistió se le veía radiante de gozo.

En una de estas noches llegó a mi mano una nota en la que se leía: "Aquí en la tribuna junto a la plataforma hay una señorita ciega. Se llama Licett y tiene 15 años de edad. Aún no se ha decidido por Cristo. Desea mucho conocerle y hablar con usted."

Al término del servicio platiqué con ella. Menuda y de tez morena. Le hablé de la Luz que ella podía encontrar en Cristo. Nunca pudo articular palabra. Sólo me oía, quedando muy pensativa cuando nos despedimos.

Toda la Cruzada se trasmitió en vivo desde el Estadio por la "Cadena Radial Color" y muchos miles de oyentes fueron alcanzados de esta manera. En esta misma Cadena Radial, por la mañana, de 8 a 9 me presenté en un programa que llamamos: "Usted y Alberto Mottesi en Micrófono Abierto". Era en vivo y decenas de personas llamaron haciendo preguntas. Las líneas telefónicas se congestionaban.

Una mañana, cuando contestaba interrogantes acerca de problemas familiares, llamó un niño y me interpeló. "Señor Mottesi, ¿qué tengo que hacer para que mamá y papá regresen a casa?"

Estrujante pregunta que sólo Dios podría contestar y solucionar el máximo problema de un niño en el abandono.

Era el miércoles de esa semana. De pronto, entró la voz de una muchacha. Como en todos los casos, la voz vino del teléfono, y a través del micrófono salió por la radio a toda Colombia. Muy despacio me dijo.

"Tengo 16 años de vida y trabajo en un club de prostitución. ¿Cree usted que yo puedo seguir a Jesucristo?"

Se me hizo un nudo en la garganta. El corazón me palpitó fuerte. El drama de la vida estaba ahí, en la voz de aquella joven. Le expresé que Dios la había creado para una vida de santidad y que El esperaba que su cuerpo fuera el templo del Espíritu Santo. También le aseguré que la sangre de Jesucristo podía limpiarla de todo pecado. La invité a repetir una oración de entrega al Señor. Cuando dijimos "amén", el técnico de la radio, presionado por tantas llamadas que estaban entrando, cortó esa comunicación dando paso a otra persona. Sin importarme aquello, seguí hablando con la muchacha por medio de la radio.

"Se nos cortó la comunicación telefónica, pero si repetiste la oración, por favor, llámame."

Eran tantas las llamadas que tuve que quedarme fuera del aire por una hora más. Para mi sorpresa, apareció la voz de la misma muchacha.

"Pastor, llamo para decirle que repetí la oración. Ahora siento que Cristo vive en mi corazón. Por la primera vez en toda mi vida me siento limpia delante del Señor." ¡Oh amor el de Dios!

Salí de la estación de radio con el corazón ensanchado al infinito. Tenía programada una predicación a los pastores de la ciudad. Antes de abordar el púlpito, se me acerca una dama y me cuenta lo siguiente:

"Hermano Mottesi, esta mañana mi esposo y yo escuchamos el programa de radio. Luego oramos y hemos tomado una decisión: vamos a ir a ese prostíbulo a sacar de allí a esa muchacha, la vamos a llevar a nuestra casa y la trataremos como a nuestra hija."

¡Maravilloso amor del Señor Jesús! ¡Qué incomparable es la gracia de nuestro Señor! ¡Qué extraordinario es el Evangelio!

¡Qué tremendo poder restaurador hay en la sangre vertida en el Calvario!

Dios no deja nada inconcluso en su operación de amor. Abracé a aquella hermana y, con ojos húmedos por la emoción, prediqué mi mensaje a mis colegas del ministerio.

Por la tarde llegué al Estadio Panamericano con el ánimo en exultación. Hubo un servicio impresionante. Los jóvenes abarrotaban el lugar. Era noche de juventud y la habíamos promocionado por toda la ciudad, así que el ambiente se sentía especial y teníamos una gran expectación.

Momentos antes de predicar, el pastor Alfonso Díaz se me acercó en la plataforma y me dice:

"Hermano, uno de los ujieres, miembro de mi iglesia, antes de convertirse fue un guerrillero del movimiento M-19. El me acaba de comunicar que ha visto entre la multitud a muchísimos guerrilleros, incluso a varios de sus principales dirigentes."

Se me heló la sangre. Cierto; habíamos tenido mucha publicidad acerca de esta noche juvenil y, evidentemente, el movimiento M-19 quería conocer qué iría a predicar este "evangelista imperialista".

Como rayos cruzaron por mi mente muchos pensamientos: "cambia el mensaje", "suaviza tus palabras", "trata de decir algo que los haga sentir bien a ellos para que no hagan nada violento". A punto de ir al púlpito, una voz interior firme me interpela: "No tengas ningún temor. Predica el mensaje más radical que puedas predicar. Yo estaré contigo."

Naturalmente, que la unción del Espíritu Santo fue abundantísima. Sentí una fuerza y un vigor potentes. Había certeza y firme convicción en cada palabra. Al final, el campo completo del Estadio estaba inundado por un mar de gentes.

Fue una de las noches más grandes de mi vida. 3.500 jóvenes pasaron al frente respondiendo al llamado de entregar sus vidas a Cristo Jesús. Prostitutas, drogadictos, guerrilleros, dos traficantes de droga y homosexuales.

Entre los que se encaminaban al frente de la plataforma, una joven cayó en el campo de fútbol y comenzó a gritar.

"¡No quiero que Cristo entre! ¡No quiero que Cristo entre!"

Inmediatamente, varios consejeros la rodearon, empezaron a orar por ella, y fue libre de la posesión demoniaca que la tenía atribulada, y recibió a Jesús como su Libertador.

Era ya la media noche. Los encargados del estadio deportivo tenían que apagar las luces, pero todavía, a esa hora, había grandes grupos de jóvenes cristianos discipulando a los recién convertidos, orando por ellos y por un avivamiento en su país.

No hay ninguna duda, esta Cruzada de Cali volvía a desafiarme a redoblar los esfuerzos en pro de la evangelización masiva. No hay tarea pequeña que no sea altamente recompensada por nuestro Dios. Todo lo que vi en este año eran brotes, aquí y allá, de avivamientos del Espíritu Santo con sus grandes manifestaciones. Creo que vale servir a este Dios. ¿Usted también lo cree así?

51

EXPLOSION EVANGELISTICA (I)

A las alturas de 1987, el trabajo evangelístico es intenso, agotador y demandante. El versículo del Salmo 71:3 fue nuestra oración.

"Sé para mí una roca de refugio, adonde recurra yo continuamente. Tú has dado mandamiento para salvarme, porque tú eres mi roca y mi fortaleza."

Los últimos meses, la carga del ministerio fue tan fuerte que humanamente desfallecíamos. El Señor vino a nosotros con esta Palabra que refrescó y renovó nuestro ser. Este año lo comenzamos con intensa paz y fuerzas nuevas. De principio, la agenda se encontraba a cabalidad para todo el año. Enero fue hermoso en Puerto Rico, donde decenas de jóvenes respondieron al llamado del ministerio. No me cabe la menor duda: los hispanos o somos misioneros, o siempre seremos un campo misionero. En esta misma isla del Caribe, dos alcaldes fueron profundamente tocados, y uno de ellos pasó al frente en una de nuestras Campañas, haciendo pública su decisión, y luego fue con todos los profesantes, como cualquier pecador, a la Sala de Consejo. El amor de Dios todo lo puede.

Si Dios no fuera el que guiara la labor y diera las fuerzas y la habilidad, sencillamente sería imposible cumplir con los compromisos que su Reino demanda. Pero aquí estamos, sabiendo de antemano que el llamado de Dios nos impulsa, nos inflama, y nos colma de renovada visión para que donde haya un alma, donde quiera que se encuentre en el techo iberoamericano, allí estaremos, portando el mensaje restaurador y salvador de nuestro Dios. Caminando las sendas de las naciones que el Señor nos permite transitar, he visto una pasmosa explosión evangelística. Aun en el centro de las tensiones políticas, de guerras intestinas, de hambre, de cáncer y SIDA, la Iglesia de Cristo sigue creciendo. El Espíritu Santo está trabajando de tal manera, que como una onda expansiva originada por una explosión, las Buenas Nuevas van envolviendo a miles de hombres viejos y renovándolos en nuevas criaturas de simiente eterna, hechos a la semejanza de Dios. ARA, Jesucristo Ahora, Jesucristo, era el lema escrito en catalán que en caracteres de gran tamaño permanecía incólume al frente de una muchedumbre reunida en una de las imponentes salas de las Reales Atarrazanas, sitio turístico de alto relieve en Barcelona, España.

Este edificio, de patrimonio nacional y que data del siglo XIII, fue el astillero donde se construyó el barco de la "Santa María", con el que Cristóbal Colón descubriría América. En este recinto de tradición añeja, se celebró nuestra Cruzada y que el Consejo Evangélico de Cataluña auspició.

Tengo que reiterar que la población evangélica en España es muy diminuta: el 0.1%, ¡la décima parte de un uno por ciento! Pero, aunque este país es predominantemente católico, la verdadera religión de los españoles es el escepticismo. 353 personas por primera vez hicieron su decisión por Cristo. Joan Miró, Presidente del Comité Organizador, comentó:

"¡Magnífico! La mayor parte de las iglesias españolas pasan años sin ver ninguna decisión por Cristo. En Barcelona, nosotros nunca hemos visto tantas decisiones en una sola ocasión. Estamos muy agradecidos al Señor por esto". Además de las reuniones de la Cruzada, ministré a pastores. Mi esposa Noemí lo hizo también en la "Concentración Femenina", de unas 350 mujeres, y Linda Pritchett celebró una Cruzada de Niños a la que asistieron 1.920 niños, de los cuales 70 hicieron su decisión en entrevistas personales. Tengo necesidad de remarcar la personalidad del ciudadano español, siendo que se hace sumamente difícil de evangelizarlo, debido a su orgullo y a su espíritu bravío, que le hace mirar por arriba del hombro. Sinceramente, yo fui con temor y temblor. Conocía del desprecio que guarda el español por el latinoamericano, y más aún, pastores de allá trataron de convencerme de que no pidiera expresiones públicas de fe porque ellos no estaban acostumbrados a estos "entusiasmos espirituales". Sin embargo, desde el primer momento yo pedí profesiones de fe y fue impresionante ver a decenas de españoles pasar al frente y entregar sus vidas a Cristo.

Hubo muchísimas cosas significativas durante mi estancia en Barcelona. Por la primera vez permitieron que un evangelista estuviera en la radio en vivo, contestando llamadas del público. Fue tal la avalancha de llamadas, que el periodista inconverso que dirigía el programa con 800 mil oyentes en "Cataluña Radio", entusiasmado me interpeló: "Señor Mottesi, hay un aluvión de llamadas del público que no podríamos contestar ahora. ¿Podría usted regresar al programa?"

"¡Claro que si!," le respondí.

Volví el lunes después de la Cruzada y estuvimos otra hora con micrófono abierto contestando llamadas del público español.

Se publicaron dos libros expresamente dedicados a la Cruzada: "Por qué aún soy cristiano" de José M. Martínez y, "Ahora Jesucristo", una serie de reportajes y testimonios de personalidades cristianas y seculares acerca de Jesús.

El periodismo nos fue muy favorable. Los principales periódicos publicaron reportajes. La agencia EFE, órgano español oficial de noticias, destinó a un periodista para cubrir nuestra visita: un ex-sacerdote católico, decepcionado con la iglesia. Esto no lo supe hasta el último día de Campaña. El domingo que cerramos con 5 400 asistentes que colmaron el recinto con olor a siglos, el periodista se me acercó al tiempo que yo subía a la plataforma, diciéndome:

"Señor Mottesi, permítame saludarle ahora porque cuando usted termine su homilía, seguro que le rodeará mucha gente y no me será fácil estrechar su mano."

Me saludó afectuosamente, prosiguiendo:

"Quiero que sepa que yo soy un ex-sacerdote de la iglesia católica. Estaba a cabalidad decepcionado con la iglesia y la fe de Jesucristo. En esta semana en que he estado cerca de usted cubriendo mi cometido periodístico, la fe ha vuelto a brillar en mi alma. Nuestro encuentro ha hecho un gran impacto en mi vida. Muchas gracias por su visita a Barcelona."

Lo abracé con sentida emoción, sabiendo que el Espíritu Santo tenía a otro hijo nacido de El. Si el orgullo español ha levantado barreras al crecimiento del Evangelio, nos venimos convencidos de que esta Cruzada, que más tarde denominarían como la más grande en la historia de España, fue realmente éso, histórica. Podría ser la chispa de un despertamiento espiritual en esa nación. A nosotros nos permitió tener una relación de tanto amor y amistad con los españoles, que ahora no dejamos de orar por España. Fue una experiencia extraordinaria la que vivimos allá. La ciudad de Miami representó en su momento un fuerte desafío a nuestro ministerio. Este lugar, el cual es conocido como un centro de tráfico de drogas, tiene uno de los más altos porcentajes de crimen en los Estados Unidos, y muchos de los hispanos allí están muy influenciados por antiguas religiones africanas.

Esto no impidió que predicáramos el poderoso Evangelio desde la plataforma flotante del Miami Marine Stadium en Key Biscayne. Es un estadio cuyas tribunas todas miran al mar. Desde ellas, muy atrás se ve el perfil de los grandes edificios de Miami. La plataforma es una enorme extensión de madera flotando separada más o menos un metro y medio del concreto y de la tierra firme.

Fueron seis noches de ardua proclamación desde la apertura, con la asistencia del Alcalde de la ciudad. 22.400 individuos asistieron; 2.200 decisiones se registraron. Celebramos conjuntamente un Seminario de Liderazgo, un Desayuno Bilingüe, Linda Pitchett con una Concentración de Niños y una de jóvenes, en un parque local.

La nota que prevaleció en los servicios fue de alta adoración. Steve Green nos acompañó con su privilegiada voz, conduciéndonos al mismo altar de Dios. Un coro unido y cantantes locales enmarcaron el ambiente espiritual. Una noche en el altar un joven vino hacia mí, me mostró el cuchillo de doble filo que usaba para robar y matar. Ahí mismo, se acercó a la barandilla y arrojó el arma al mar, entregando su vida a Jesús.

En otra ocasión, cuando anuncié que iba a orar por los jóvenes adictos a las drogas, también invité a las madres y abuelas cuyas familias tenían miembros adictos a los estupefacientes, a levantarse y a unirse en oración. Fue conmovedor ver a las mujeres que se levantaron y corrieron hacia la plataforma. Otra de las escenas sobresalientes de la Cruzada fue cuando un hombre joven, quien durante todo el mensaje estuvo burlándose del predicador desde su asiento y acompañado de su madre, repentinamente comenzó a llorar. Cuando llegó el momento de la invitación a responder al llamado de Cristo, él se volvió a su madre y le dijo:

"No puedo seguir con esta vida, voy a entregarla a Cristo Jesús."

Observé que tiró de su cuello un collar que tenía la figura de un dios africano. Se levantó, siempre acompañado de su madre, se acercaron al frente y, desde allí, arrojaron el collar al mar.

El martes de Campaña fue notable porque Dios abrió de par en par la puerta de su bendición para esta Campaña. Las dos semanas previas a la Cruzada, los periódicos de toda la nación, incluyendo Miami, mostraron noticias de muy malos y pésimos testimonios de líderes evangélicos. Consciente de la tristeza de muchos, me dirigí al periodismo representado allí esa noche.

"Yo tengo la impresión de que las noticias que a ustedes les interesan son aquéllas que al apretarlas producen un chorro de sangre, o aquéllas que están llenas de basura y escándalo. Señores periodistas, quiero decirles algo: no todas las noticias son malas.

También hay buenas noticias. No todo es sucio. Hay cosas que son puras. No todo es corrupto. También hay evangelistas honestos y pastores que sirven con integridad a la comunidad."

Cuando terminé de declarar estas últimas palabras, salidas de mi corazón con autoridad de Dios, la multitud, como un resorte, se puso de pie y estalló en una gran ovación.

Muchos rostros estaban bañados en sus propias lágrimas. Otros reían con sinceridad. Y los más, aplaudían con gran fuego. Como una ola de rica bendición nos cubrió impartiendo un ambiente de solemne espiritualidad. Dios usó ese momento derramando su bendición en la Cruzada.

El 11 de julio pisé tierra colombiana, para estar en este país hasta el 28, repartido en dos Cruzadas: una en Medellín, y la otra, en la capital, Bogotá.

La primera la realizamos en el bello lugar conocido como "Parque de las Banderas", donde 15.000 personas se decidieron por Cristo. Y la segunda, la hicimos en el Coliseo Cerrado "El Campín". 10.000 decisiones hubo allí.

Héctor Pardo, Presidente de la Confraternidad Evangélica Colombiana, nos externó sus sentimientos:

"Después de muchos años de desconfianza, esta Cruzada ha traído un hermoso espíritu de unidad. Los pastores de Bogotá habían perdido interés en el evangelismo. Creo que esta Cruzada nos ha preparado para mayores cosas en el futuro."

En agosto dirigimos seis Seminarios Pastorales en Puerto Rico, Bolivia y Guatemala. Y cabe destacar un comentario sobre Bolivia. Este era uno de los dos países latinoamericanos en donde a la fecha yo no había ministrado. Sin embargo, por causa de nuestros queridos amigos bolivianos, Samuel y Melbi, íntimos de nuestra familia y de la Asociación, habíamos llegado a amar.

Bolivia, con 160 años de vida como República, ha tenido 182 gobiernos. Es el segundo país más pobre de América Latina y uno de los principales productores de drogas. Es también uno de los países con el más bajo porcentaje de evangélicos en el Continente.

Celebramos cuatro Seminarios de Liderazgo. En Santa Cruz, Cochabamba, Oruro y La Paz. De los 1.100 líderes bolivianos participantes, la gran mayoría eran pastores.

El Señor cuidó de la salud de todo el Equipo, a pesar del intenso trabajo, cada día desde temprano en la mañana hasta muy tarde en la noche. En dos de las ciudades ministramos a unos 12.000 pies de altura, unos 4.000 metros. Es increíble cómo esto influye sobre uno. Cuando viajábamos de Cochabamba a Oruro, a 15.600 pies de altura, (5.200 metros de altura), en la soledad de la alta montaña, se rompió el eje del automóvil que nos transportaba. Gracias a Dios sólo fue el susto. "¡El Señor estuvo con nosotros!"

Tijuana, la ciudad mexicana de más rápido crecimiento; el centro más grande de corrupción en toda la frontera; y el paso más frecuentado de indocumentados hacia Estados Unidos en busca de esperanza, fue escenario de una bendecida Cruzada.

Estuvimos en la "Arena Tijuana '72", asentada en el boulevard "Agua Caliente", arteria principal de esta ciudad fronteriza, con más de 2.000 decisiones.

Una noche se me acercó una joven pareja al cuadrilátero, al cual se le había transformado en un púlpito sagrado. Me contaron que vivían juntos ya por tres años y no estaban casados. Me dijeron que habían cometido todos los pecados de los que yo había predicado, pero que en esa noche se habían entregado al Señor.

"¿Hay algo que impida el casamiento?," -les pregunté con la intención de conocer más las intenciones de sus corazones.

"No," -me contestaron.

"Entonces," -me apresuré a darles el consejo- "lo primero que tienen que hacer es formalizar su unión matrimonial."

Me prometieron que lo harían. Al día siguiente me buscaron otra vez. Sus rostros brillaban. Sus palabras denotaban gran entusiasmo y alegría.

"Seguimos su consejo," -me dijo el joven- "queremos que todo nuestro hogar sea cristiano."

Una dama, maestra de escuela, que hace un año fue abandonada por su marido yéndose él con otra mujer, le habló a la esposa de un pastor, que también es la Directora de su escuela.

"Por un año he odiado a mi esposo. Cuando anoche me entregué a Jesucristo, lo primero que me ocurrió es que el odio desapareció de mi corazón y logré perdonar a mi marido. Al llegar a casa, lo llamé por teléfono diciéndole de mi decisión por Cristo y expresándole que lo perdonaba."

Un tiempo muy importante fue la celebración del Seminario para Líderes. Doscientos cincuenta de ellos, provenientes de todos los trasfondos denominacionales, se envolvieron en sesiones plenarias y en talleres para el crecimiento de sus vidas personales y ministeriales. Por último, un hecho relevante fue el desfile. Por la primera vez, los evangélicos consiguieron permiso para realizar un desfile público. Más de 5.000 cristianos desfilamos por el centro de Tijuana, dando testimonio del Señor. ¡A Dios sea la Gloria!

52

EXPLOSION EVANGELISTICA (II)

Octubre fue un mes lleno de amor y bendiciones. El sábado 3 celebramos el Décimo Aniversario de nuestra Asociación. Un recuento de lo acontecido nos hizo glorificar intensamente a nuestro Dios que lo había permitido, y un profundo reconsagrar de nuestras vidas a una mayor actividad en la Obra de Dios. El mundo irredento nos sigue esperando para llevarle el mensaje transformador. Dios siempre está dispuesto a redimir al pecador, pero, "¿cómo oirán si no hay quién les predique?" De nosotros dependía la decisión. ¡Y vaya si queríamos! Ahí, en el suelo mismo, arrodillados, consagramos una vez más nuestras vidas a nuestro Señor.

A la semana me encontraba en Madrid, España, a 50 kilómetros de la capital. En medio de un páramo se encuentra lo que muchos han denominado la octava maravilla del mundo; uno de los monumentos más importantes de la cultura española: El Escorial. Erigido por el rey Felipe II, para conmemorar la victoriosa batalla de San Quintín, (1557), en la que las tropas españolas derrotaron a las tropas francesas.

Es una importante y severa estructura, típica de la corriente clásica, una masa de granito gris, rigurosamente cuadrada, que parece confundirse con los contrafuertes rocosos de la Sierra Guadarrama.

Fue una delicia sin par recorrer por sus recintos cargados de tesoros ancestrales. Ahí, en uno de esos salones, se llevó a cabo la Conferencia de Evangelización con el tema: "La Evangelización de España: Necesaria, Posible, Urgente."

No sé cómo definir mi experiencia allí. Me tocó entregar cuatro mensajes. Participamos unos 600 pastores y líderes. Por alguna razón, que no entiendo, me la pasé llorando. Estuve muy conmovido por todo lo que el Señor hizo en aquel lugar.

Con el corazón rebosante de España, viajo a Bolivia. Me esperaban cuatro Cruzadas en las principales ciudades bolivianas. Santa

Cruz, con sus 1.370 decisiones, en un terreno al aire libre que, a pesar de los tontos orgullos denominacionales, y que quebraron la unidad cristiana de la ciudad, aun así, el poder de Dios se manifestó. Cochabamba, la ciudad de la eterna primavera: 2592 decisiones públicas atestiguaron del poder del Crucificado.

Maravillosamente fueron las dos últimas noches en el Coliseo de la Coronilla. El sábado, después de haber orado por los que habían pasado al frente, parado detrás del púlpito, Dios me indica que haga un llamado específicamente a los traficantes de drogas. Obedezco de inmediato.

"Por favor, necesito su cooperación. Dentro de un instante haré un llamado solemne. Quiero que se corte toda actividad de fotógrafos, cámaras y videos. En todo el lugar no debe haber ningún elemento que atestigue lo que va a acontecer." Se guardó un silencio mayor. Sólo mi voz se oía en todo aquel recinto. Fue entonces que hice el llamado a los corredores de estupefacientes, llegando a ser, por la respuesta que obtuvimos, un acto inaudito.

Una mano aquí levantada con timidez, otra allá. Una más en el centro de la muchedumbre. Seis personas lo hicieron. Les rogué pasar al frente, y allí, en un altar de madera, entregaron sus vidas a Jesús. Ellos no volverían a traficar; ahora eran nuevas criaturas del Reino de Dios.

El domingo fue de igual manera, pero ahora con los que habían manchado sus manos con sangre. Todos aquellos que estaban huyendo de la justicia por un crimen. Los invité al altar. Diecinueve personas hicieron acopio de la sangre del Cordero, que limpia toda mancha del corazón.

Cuando el Espíritu Santo se mueve, cuando hay una unción tan fuerte sobre las multitudes, situaciones tan graves como éstas se destapan. Traficantes y criminales que se atreven a pasar al frente; sólo Dios puede moverles. La contrición por el pecado que el Espíritu Santo realiza es enorme y contundente en sus manifestaciones. Y sólo Dios y nadie más que El, merece la gloria, hoy y siempre.

En Oruro, ciudad bravía de mineros, polvorienta, triste como su gente. Casi no puedo explicar lo que sucedió allí. Creo que nunca prediqué en condiciones climáticas tan severas. No sólo la altura, que afecta tanto, sino también la lluvia, la nieve y el frío. Antes de ir a predicar, encontrándome en el lobby del hotel, la recepcionista me señaló:

"¿Señor, es usted el que va a predicar esta noche?"

"Sí," -le contesté con una sonrisa.

"¿Sabe qué temperatura está haciendo?"

"La verdad, lo ignoro."

"Estamos teniendo 5 grados bajo cero."

Al escuchar esta declaración, casi sentí que las agujas del frío se me clavaban en mis huesos. Le di la importancia debida. Fui a mi habitación y me puse cuanta ropa tenía a mano. Me coloqué algunas hojas de periódico por debajo de la camisa. Pensé que con esto podría aguantar el frío.

La Cruzada era al aire libre en el estadio de fútbol. El viento partía la cara. Prediqué enfundado en abrigo y guantes. Mis manos y pies quedaron como pedazos de hielo. Ese lunes lo voy a recordar siempre; cuando me sacaron de ahí, tiritaba de frío. Pero lo conmovedor de la escena era que, frente a mí, estaban 31.000 personas. Miles habían pasado enrolándose en el ejército de Cristo. A pesar de las inclementes condiciones del clima, el fuego del corazón era mucho más fuerte. A mí me conducían al hotel casi como un pedazo de hielo, y la multitud se quedaba todavía cantando alabanzas a Dios.

Esa gente me arrancó un trozo de mi corazón.

La última Cruzada programada fue en la capital boliviana, La Paz. Esta bella ciudad está encajonada en una cuenca a una altura de 3.770 metros, unos 12.368 pies sobre el nivel del mar. La ciudad más alta del mundo. La incomodidad del aire tan delgado, se ve más que recompensada por la belleza majestuosa de las montañas cubiertas por las nieves que circundan a La Paz. Cuatro de estos picos alcanzan alturas de más de 6.096 metros. La ciudad está tan alta, que uno anda todo el tiempo mareado y siente que le falta el aire para respirar.

Fue un tiempo de labor dinámica: conferencia de prensa, ponencia en la Universidad, predicación en un té de damas, Cruzada de Niños, y la Cruzada en el Coliseo Cerrado de La Paz, cerrando los últimos días en el Estadio. El momento cumbre que Dios me estaba reservando fue la entrevista que tuve con el Presidente de Bolivia, el Dr. Víctor Paz Estensoro. Esta vino de rebote. La realidad fue que hicimos los arreglos para una entrevista con el Presidente del Senado, que hace las veces de Vice-Presidente de la Nación, el Dr. Ciro Humbolt.

A media semana nos citó en el edificio del Congreso Nacional, sede del poder legislativo. En una sala preciosa se hizo la reunión, rodeados por mi Equipo y el Comité de la Cruzada y varios Senadores, tanto del partido oficialista como el de la oposición.

Después de las consabidas presentaciones, con sobrada cortesía, el Dr. Humbolt me dijo.

"Señor Mottesi, muchas gracias por su visita y misión a Bolivia. Hemos seguido sus pasos y sabemos el espíritu que lo trae aquí, y estamos muy agradecidos."

Bajo este tono de cordialidad, charlamos de tópicos divergentes. Transcurrió el tiempo. Cuando me doy cuenta, ha pasado media hora. Yo siempre soy muy respetuoso y prudente del tiempo, y más con este tipo de personalidades para las cuales el tiempo es un lujo. En medio de la plática, me pongo de pie, logrando balbucir con tacto mi intención de retirarme.

"Dr. Humbolt, creo que el tiempo ha corrido demasiado pronto, no puedo tomar más de él."

Sorprendido, el Presidente del Senado me habla delante de todos los presentes.

"¿Cómo? ¿Y se va a ir sin orar por nosotros? Yo necesito de su oración."

Con qué alegría y gozo hicimos aquella oración. Sabía que todos los senadores allí presentes eran inconversos. Hubo una total libertad para dirigirnos a Dios, poniendo en Sus manos a todos ellos, junto con sus responsabilidades y sus familias. Fue un momento de hermosa trascendencia. Al otro día, por instigación de la oposición, los medios masivos criticaron este acto, y en un tono ridículo y sardónico, los titulares anotaban: "Parece que hay serios problemas en el Gobierno porque están pidiendo la oración de un predicador."

A mí en lo personal me pareció que el Dr. Ciro Humbolt fue muy grande al manifestar humildemente su necesidad de oración. Pero esto fue historia de otro día.

Cuando concluía la entrevista con el Presidente del Senado, y yo estaba por despedirme, él me pregunta en forma directa:

"¿Ya se vio con el Presidente Paz Estensoro?"

"Mire usted, se trató de manejar una entrevista con él, pero nos hicieron saber lo apretado de su agenda. Desistimos de nuestro propósito."

"Permítame."

El Dr. Humbolt se acercó a su escritorio, y tomó el teléfono, marcando el número directo del despacho presidencial. Los que estábamos allí, oímos en silencio.

"Señor Presidente, aquí conmigo se encuentra el evangelista Alberto Mottesi, y él tiene lo que Bolivia necesita; por favor, recíbalo ahora."

Parece que del otro lado de la línea se dijo:

"Que venga inmediatamente."

El Dr. Ciro Humbolt, colgó el auricular y me dijo con voz apremiante: "Vaya rápido, porque el Presidente tiene poco tiempo."

Me despedí agradecido y saliendo apresuradamente. Descendí con mi Equipo detrás, las escaleras del segundo piso donde nos encontrábamos. Salimos a la enorme Plaza Murillo, que está en frente de ambos edificios: el del Congreso y el del Palacio Presidencial, que se encuentra a un costado de la Catedral. El que conoce La Paz, sabe que lo que hicimos fue una soberana locura.

Atravesamos la Plaza corriendo, entramos y subimos las escaleras del Palacio Presidencial, corriendo. Llegamos con el corazón bombeándonos a su máxima capacidad. Esta ciudad tan alta, no permite estos excesos por la falta de aire. Sin embargo, lo hicimos. Al entrar a la recepción jadeábamos, jalando aire con todas nuestras fuerzas. Nos sentimos mareados, apenas nos podíamos sostener. Sin pensarlo, habíamos hecho una tremenda chifladura.

A poco de llegar, el secretario privado del Presidente salió, dirigiéndose a todos nosotros.

"Señores, el Presidente prefiere una entrevista personal con don Alberto, de tipo íntimo."

Así que dejo a mi gente en la recepción y me introduzco a la oficina presidencial siguiendo al Secretario, sin dejar de aspirar aire aparatosamente.

Es una sala fina, suntuosa. El Presidente, Dr. Víctor Paz Estenssoro, se levanta de su escritorio y con paso rápido se dirige a mí esbozando una sonrisa. Me desarma su simpatía y me impresionan sus muestras de afecto.

Cortésmente me conduce hasta un mullido sillón frente a una mesita de cristal con una maceta de barro negro.

El Presidente se ubica en una silla de respaldo alto de cuero negro reluciente cerca de mí. Ahí comenzamos nuestra conversación. Le regalo un paquete de seis libros escritos por mí, que él ve con sobrado interés. No escapa a mi visión su elegancia de un hombre fino y aplomado. Su mirada es atenta e inteligente. Con curiosidad se involucra en todo lo que le digo. En un momento de la conversación, el Presidente clava su mirada sobre mí y me habla con mucha sinceridad.

"La única solución para Bolivia está en Dios. Por favor, ore por nuestro país. En este momento, en este día," -hizo una pausa, se quedó unos instantes pensativo y agregó-, "no puedo abundar en detalles, pero en estas horas Bolivia está pasando por uno de los peores momentos de su historia. Hoy es un día de decisiones sumamente trascendentales para mí y, como nunca, necesito la oración."

Oré con hondo sentimiento por aquél hombre. Esa oficina presidencial fue testigo mudo de dos hombres implorando la misericordia de Dios por todo un pueblo de la tierra: Bolivia.

Al despedirme, hubo un apretón de manos con sincero contacto afectivo. Habíamos sobrepasado la relación oficial, la de las relaciones públicas de un Presidente con un predicador, logrando un acercamiento espiritual extraño en este tipo de acontecimientos.

Partí de aquél Palacio Presidencial con el regusto de haber asistido a una oportunidad de Dios. Es cierto, en América Latina estamos viviendo una explosión evangelística que el Espíritu Santo ha provocado. Y quién sabe a cuántas almas alcanzará.

Cuando el domingo, al atardecer, luego de presenciar un chorro inacabable de bolivianos que bajaban de las tribunas para entregarse a Cristo en el último servicio de la Cruzada, corrí al aeropuerto para alcanzar mi avión, el Presidente llegó también para tomar una nave que le llevara hasta una ciudad del interior.

Una doble fila flanqueó el paso del mandatario. El caminaba pausadamente con una leve sonrisa. Su rostro iba firme hacia el frente, pero, de pronto, inexplicablemente giró su cabeza hacia la izquierda, levantó su mano en son de saludo y sonrió con alegría al predicador que había estado con él durante esa semana. ¡Me reconoció entre tanta gente! Me despedía de Bolivia, con un sabor grato en el corazón.

53

EN EL MONTE DE LA TRANSFIGURACION

Jesús dijo: "He aquí os digo: Alzad vuestros ojos y mirad los campos, porque ya están blancos para la siega." (Juan 4:35b)

Me impresiona la fuerza de la introducción que el Señor mismo hace a Sus palabras. "He aquí os digo...." Cuando estudio la Palabra, siempre encuentro que evangelización y misiones no es algo optativo para la iglesia. ¡Es un mandamiento! ¡Es algo imperativo! Claro que no funciona si no es una experiencia llena de amor, pero no es algo que yo escojo. Me es impuesta necesidad. ¡Si soy un cristiano, su amor me constriñe: No puedo vivir sin evangelizar a mi prójimo! Es el fuego que Dios ha puesto en mis venas. Es el llamado ineludible de Dios, el cual no podría hacer a un lado, porque entonces yo sería un infeliz.

Bajo esta dinámica continua del Espíritu Santo de Dios, 1988 llevaría su propio sello forjado en el Cielo.

Celebramos en enero la Reunión Anual de Directores de nuestra Asociación. ¡Qué gozo al compartir y oír los informes y los testimonios! Cómo el Señor está usando este ministerio para alcanzar a miles de vidas con Su amor.

Febrero y marzo se me fueron como agua en una constante labor en Puerto Rico, Texas, California; Washington DC, y la Florida. Fue un tiempo de responsabilidades.

En mayo fuimos parte de un evento histórico: la "Concentración Washington para Jesús". Ya en 1981 había tenido el privilegio de predicar en dos eventos de "América para Jesús". Uno en el Orange Bowl, de Miami, ante 12.000 hispanos; y otro en el Parque Grand, de Chicago, frente a 20.000 personas. Nuestro amigo el Dr. John Giménez seguía con su pasión de movilizar al pueblo para interceder por la nación; así que ahora estábamos celebrando "Washington para Jesús"; posiblemente la reunión cristiana más grande en los Estados Unidos. ¡Qué privilegio y responsabilidad me concedió el Señor de predicar ante más de un millón de personas de todos los trasfondos étnicos, reunidos en la capital de este país y frente a muchos millones más que seguían la transmisión en vivo por televisión.

Lo sobresaliente de estos meses fue mi ida al Seminario Pre-Cruzada en Colombia. Lloré como un niño cuando 125 jóvenes habían respondido afirmativamente al llamado radical para dar sus vidas al ministerio. Tres hermosos lugares de la costa colombiana: Cartagena, Santa Marta y Barranquilla fueron los escenarios de los Seminarios de Liderazgo que llevamos a efecto.

Otros Seminarios Pastorales y Concentraciones hicimos en la segunda semana de abril en Argentina. Fue extenuante nuestro trabajo. Comenzábamos los Seminarios a las 8 de la mañana y nos daban las 11 de la noche despidiendo a la gente. Agotados, pero felices de obrar la voluntad de nuestro Rey.

Volví a la oficina para presidir las sesiones del Comité Ejecutivo del "Congreso Los Angeles '88". Después Arizona, Washington DC, y nuevamente llego a Colombia.

Era una noche tibia con un viento ligero del Mar Caribe. El coso taurino de la ciudad de Cartagena impacta por su capacidad de tribunas, pero más por sus arcos en la cúspide que rodea a toda la Plaza de Toros. Lo hace bello. En lo alto, perdida entre la aglomeración, una joven de facciones hermosas le recriminaba a su amiga que la había invitado a asistir a la Cruzada.

"¿Por qué le tuviste que contar mi vida al predicador?"

"Yo no le he dicho nada," -contestó sorprendida su compañera-. "Ni siquiera he hablado con él."

"¡Si," -insistió la joven, quien se dedicaba a la prostitución-"seguro que le referiste de mí, porque él me está hablando directamente a mí; está revelando cada detalle de mi vida!"

La muchacha meretriz colocó su rostro entre las manos y sobre sus rodillas, no pudo más, y rompió a llorar. Durante toda la terminación del mensaje estuvo en un llanto; cuando extendimos la invitación, ella vio un rayo de esperanza que podría cambiar su vida. Se levantó, limpiándose el rostro, descendió por las gradas hasta el centro mismo de la arena, y allí entregó su corazón a Cristo.

Dos días más tarde, una consejera nos la trajo personalmente. Mi esposa Noemí y yo la abrazamos, y oramos por ella.

Esta moderna María Magdalena fue una de las 11.236 vidas que tomaron una decisión por Cristo durante la Cruzada en Cartagena. Por cierto, la Plaza de Toros la conseguimos con bastante dificultad. Luego de firmar la autorización para su uso, el administrador recibió una carta del Partido Comunista y de la guerrilla para que nos la negara.

"Si esta carta hubiera llegado media hora antes," -nos dijo el administrador, mostrándonos el papel, "yo no les hubiera concedido el uso de la Plaza."

Ya era tarde, y no había amenazas que pudieran detener la Cruzada. Fue todo un éxito del Señor Jesucristo, "comenzando un nuevo día para el Evangelio en Cartagena". Estas últimas palabras las emitía el Pastor Luis Sánchez, Presidente de la Asociación de Pastores de esa ciudad, cuando nos visitó en Barranquilla. Más tarde me contaba que cuando el Comité fue a pagar lo pactado con el administrador de la Plaza de Toros, este hombre visiblemente constreñido por el evento, decidió no cobrar un sólo centavo.

A esta ciudad le siguió Santa Marta, con sus 5.500 decisiones, y terminamos en Barranquilla, con 3.700 personas determinadas de una vez por todas por el Rey de reyes y Señor de señores.

Hacia fines de mayo estuve dos días bajo cuidado intensivo en un hospital y luego debí tomar otros diez días de descanso. Aunque soy una persona totalmente sana, el exceso de trabajo y el no descansar ni lo más mínimo durante muchos meses, quebrantó mi salud.

Fue un curso de tiempo muy bello, de encuentro conmigo mismo y con mi Señor. Fue como una preparación anímica, física y espiritual para entrar de lleno a los trabajos del "Congreso Los Angeles '88".

Dos años de fuerte labor administrativa: viajes contínuos de Horacio por toda América Latina, Canadá, la Unión Americana, Puerto Rico, y el norte de México, principalmente motivando a los líderes a la asistencia al Congreso.

Progresivamente se iba conformando el programa mayúsculo que se desarrollaría en julio próximo.

La oficina de la Asociación se iba convirtiendo en una verbena, en un ir y venir de tanta gente involucrada en tan magno evento. De llamadas telefónicas sin fin; de poner en papel nombres y temas; de conformar el equipo humano que llevaría sobre los hombros las labores específicas del programa. Así iba surgiendo el Comité Ejecutivo que incluyó a personas tan distinguidas como Norman Mydske, Daniel De León y Juan Carlos Miranda entre otros. Y no menos importante, la Oficina Ejecutiva, que incluía a un ejército de obreros, algunos de tiempo completo y muchos que voluntariamente servían al Señor. Alan Young, Lili Guzmán, Elizabeth Salinas, Cindy y Mónica Márquez, Noemí Mottesi, Rebeca Hidalgo, Clara

Carlson, Carmen Rossi, Mandy Sydo, Luis Vera, Margot, Thelma, Angela, Sharon, Linda, Carmen y Mike Powers, entre muchos otros fueron algunos de los que integraron este ejército de ángeles. También aquel grupo de mujeres y hombres, varios profesionales entre ellos, que vinieron desde Baja California, México, una semana antes del inicio del Congreso; dormían en colchones sobre el piso de las aulas de una iglesia en Santa Ana, y día y noche, sin descansar, prepararon mil y un materiales que íbamos a distribuir entre los congresistas. Qué fabulosa la ayuda de nuestros amigos Dan Nuesch y su esposa, y de David Enríquez Navarrete, que especialmente vinieron desde Argentina y México, respectivamente, para unirse a nuestra oficina en los preparativos del Congreso. De ahí se desgranaron los Departamentos de traducción, comunicaciones, periodismo, programa, música, ujieres, hospedaje, transporte, agencia de viajes, televisión, grabación de audio, expositores, comité de bienvenida, seminarios y talleres, radio, artes gráficas y diseño publicitario, comidas, etc., etc. Tantos nombres de hermanos eminentes, cuyo entusiasmo y dedicación aun más allá de sus fuerzas, hicieron posible este Congreso, que, en palabras del hermano Norman Mydske, Director para América Latina del equipo de Billy Graham, lo describió así: "¡Es un milagro increíble!"

Si, es cierto; un gran milagro que el Señor hizo posible en la semana del 25 al 29 de julio, cuando 6.316 líderes participantes vinieron de los rincones más apartados de nuestro planeta, representando a 46 países donde encontramos obra cristiana en español. Todos bajo un mismo techo, el del "Centro de Convenciones de Anaheim", cerca de Disneylandia.

Mi mente casi se paraliza ante los recuerdos de esta semana gloriosa. Hoy, que lo veo en retrospección, le doy toda la razón al hermano Norman Mydske: "aquello fue increíble."

Este "Congreso Internacional para la Evangelización del Mundo Latino: Los Angeles '88", fue una continuación de los Congresos de Amsterdam '83 y '86, donde fue concebido, enriquecido y fortalecido por la visión de Billy Graham, quien tuvo a bien llevar a cuenta estos Congresos "sui generis" en la historia del evangelismo mundial.

Cuando surgió la idea de llevar a cabo un Congreso de tal magnitud, nunca me imaginé su trascendencia. Sería la versión en español de lo que fueran Amsterdam '83 y '86. Afortunadamente, Dios me dio gracia para que la "Asociación Evangelística Billy Graham" fuera co-auspiciadora de tan magno evento. En cierta ocasión, el hermano Mydske externó en una reunión del Comité, que la "Asociación Billy Graham" hace algo o ayuda a otros a que lo hagan, pero que nunca ha puesto su nombre junto al de otro. "En este caso, es la primera vez que lo estamos haciendo," dijo.

¡Qué alentador fue para mí escuchar estas palabras de un ministerio tan serio y que he admirado tanto!

Una semana antes era la locura. Marcelo, mi hijo, trabajando con transportación, no dormía. A mis viejos y amados amigos, José Márquez y Mauro Durán, ayudando en hospedaje, parecía que el teléfono se les había pegado a la oreja. Los mil y un detalles a veces se magnificaban a modo de verlos en su momento imposibles. Sin embargo, de donde menos se pensaba, surgía la solución. Así llegó el gran día de la apertura. Dos días antes, realmente no dormimos.

El lunes 25 a las 8 de la mañana comenzó el desfile de hermanos para inscribirse, recibiendo sus materiales e información pertinente que usarían durante la semana de actividades. ¡Qué gran expectación!

A manera de bienvenida, les hice llegar cuatro sentimientos que me había provocado la organización de este Congreso: 1) Un sentimiento de gratitud al Señor primeramente, y después al Dr. Billy Graham y a su equipo, muy especialmente al Dr. Norman Mydske, por su apoyo moral, estratégico y espiritual. 2) Un sentimiento por lo que el Señor hará en tantos siervos Suyos, que vienen cansados, sobresaturados de trabajo, seguro que Daniel 10:9 sería una realidad. 3) Un sentir de pedir perdón a los jóvenes porque la vieja guardia no ha sabido encuadrarlos en su justa dimensión para el logro de sus ideales. Y, 4) Un sentimiento de profunda actitud de consagración a nuestro Dios, viniendo a la Fuente, comprometiéndonos con su Obra y realizando la renovación de nuestro pacto con El.

Ante esta perspectiva de objetivos, con temblor y temor como nunca antes lo había experimentado, me acomodé a las 7 de la noche, para la apertura, en el podio para los invitados.

¡Vaya noche de bendición! El acontecimiento era de quedar grabado indeleblemente en la memoria. Hubiesen sido más de 9.000 personas, si las reglas del sistema de bomberos de la ciudad no hubiesen prohibido a la gente estar de pie en el Centro de Convenciones. Se cerró el lugar cuando los inscritos tomaron su sitio. Más de 2.000 gentes se quedaron afuera. Tuvieron que contentarse con mirar el evento por televisión en circuito de sistema cerrado, con una pantalla gigante que instalamos en un auditorio adyacente.

La crema y nata del evangelismo mundial reunida en un solo lugar. Las banderas de tantos países participantes daban un marco preciosísimo. Vinieron mexicanos que sirven al Señor en Tokio, Japón; de Africa; de toda Europa; sólo de España vinieron ¡169! Grandes delegaciones de toda América Latina y de Norte América.

El panorama, visto desde el frente, era asombroso. Después de tantos desvelos, por fin se comenzaban a escuchar las primeras notas al piano de nuestro hermano Bill Fasig. La trompeta de Tony Hernández resonó a todo lo ancho de aquel recinto que se empezaba a convertir en un rinconcito de cielo.

Con voz emocionada hice la declaratoria de la apertura del Congreso.

"Declaro oficialmente abiertos los trabajos de este Congreso Internacional para la Evangelización del Mundo Latino: Los Angeles '88, en el nombre del Padre..., en el nombre del Hijo..., y en el nombre del Espíritu Santo."

Una ola de emoción contenida se dejó escuchar en los murmullos de los miles de labios que oraban al Señor. Oraciones de intensa gratitud se elevaron al Trono de la Gracia. Se respiraba un aire de santo perfume. Los cantos congregacionales, las predicaciones de Cliff Barrows y Luis Palau, como los especiales al piano y la trompeta junto con la intervención de Steve Green, fue un todo de sublimidad que Dios nos había preparado para estar en Su presencia e iniciar este Congreso con resultados divinos asegurados.

Al otro día, de martes a viernes, se trabajó el Programa General de Enseñanza, que incluía a 23 seminarios y 139 talleres de la más variada temática. Desde la evangelización de los niños hasta la forma práctica de realizar encuestas, pasando por una infinidad de áreas cruciales de la vida del individuo que necesita para ser obrero aprobado a los ojos del Señor de la mies. Más de 120 líderes del mundo hispano, trasmitiendo sus conocimientos a sus hermanos para motivarlos, edificarlos, instruirlos, animarlos, participándoles no tan sólo el saber teórico, sino la experiencia del campo, donde la espina produce dolor y el cardo hace sangrar el alma comprometida a traer fruto al ciento por uno.

Todo un espectáculo de voces diferentes en cada aula. Una algarabía en las mesas al participar de los alimentos. Un correr de aquí para allá y viceversa, por estar en todos lados al mismo tiempo.

Las oraciones conjuntas alzando las manos entrelazadas. El desfile de banderas con los edecanes enarbolando el nacionalismo de cada participante. La lectura profunda, clara y desafiante del "Pacto de Los Angeles '88", acompañado con la carta del Primer

Mandatario de la nación más poderosa de nuestro planeta, Ronald Reagan, fue toda una sorpresa que arrancó "amenes" y "aleluyas".

La música fue punto y aparte. Cada nación hizo su aporte deleitándonos con la inmensa variedad con la que podemos alabar a nuestro Dios. ¡Oh riqueza de himnología!

No faltó el drama escenificado y la mímica, por una juventud entregada que llegó del "Centro Vino Nuevo", de Ciudad Juárez, México, y cada noche presentaba un mensaje impactante. Y, sobre todo, esa "koinonía", ese compañerismo desbordante de amor agape. ¡Qué expresiones! ¡qué risas más espontáneas! Pero, para mi gusto, lo que me enterneció hasta las lágrimas fue el momento solemne de la participación de más de 7.000 líderes en la Mesa del Señor. Los santos de Jesús siendo uno para que el mundo crea. El Pan y el Vino siendo los elementos simbólicos de un amor eterno que ahora se hacía realidad en tantos hermanos nuestros. No pude aguantar y con abundancia de mis ojos agradecí a mi Dios su bondad de permitirme vivir esta demostración de santidad de Su pueblo.

Una semana inolvidable que perdurará en la memoria de miles por toda la eternidad. Me sería imposible agradecer el concurso de tantos que pusieron su granito de arena para concretizar lo que ha venido a ser llamado: El Congreso Hispano de este tipo, más grande en la historia del mundo.

Después de despedir a tantos amigos y hermanos, toda la semana siguiente fue de recoger las cestas con los panes y los pecesillos que sobraron. Por los resultados, ya sin la presión de los acontecimientos, fuimos dándonos cuenta de lo portentoso que habían sido. Llamamientos de pastores a una nueva consagración, jóvenes a una entrega radical, líderes que llegaron a sus sitios de origen, se arremangaron las camisas y pusieron en práctica lo aprendido y, quizá, lo que menos me esperaba era la experiencia en mi propia familia.

Marcelo, mi primogénito de 23 años a la fecha, había terminado de graduarse en la Universidad de Biola y estaba con planes de iniciar en el próximo año sus estudios doctorales. En el ínterin, decidió entrar a trabajar en una compañía que al ver su desempeño y estudios, le ofreció una posición y un sueldo que sería el doble de lo que yo mismo recibo.

En el Congreso se desempeñó con ardor en el comité de transportación, y después de terminado me dijo con tono serio:

"Papá, quiero ayudarte en el ministerio. ¿Hay un lugar para mí?"

Sorprendido, le respondí mirándole a los ojos con ternura:

"Querido, tú sabes que no podríamos contratar a nadie más. No tenemos dinero para más personal, y..."

Marcelo me interrumpió y, resueltamente, me dice lo siguiente: "Yo no hablo de dinero. Yo puedo trabajar de mesero durante las noches para sostenerme y ocuparme durante el día en la Asociación. Créeme, estoy cansado de tanto materialismo. Deseo emplear mi vida en algo útil. Lo único que quiero saber es si existe un sitio para mí en el ministerio."

Fue un gusto y un orgullo de padre conocer este tipo de resolución. Durante dos años Marcelo sirvió en el equipo. Estableció un ala de labor importante en la Asociación, la acción social. Así comenzó el "Proyecto Esperanza".

Si el Congreso sólo sirvió para esto último, me doy por más que satisfecho. Sin embargo, estoy consciente que la eternidad misma nos revelará la magnitud de tan gran suceso. El Señor lo hizo, y nosotros, sólo fuimos instrumentos de Su gracia a modo de canalizar sus infinitas misericordias.

La agenda, siempre la agenda, repleta, no nos permitió saborear más este platillo de reyes. Teníamos que bajar del Monte de la Transfiguración. No podemos dar cuartel. Satanás no duerme. Nosotros tenemos la importantísima labor de predicar las Buenas Nuevas del Reino, y el Espíritu Santo de amor, añadirá, sólo El, a los que han de ser salvos y engrosar así las filas de los hijos de Dios. ¡A El sea la honra y gloria por siempre!

54

SE EXTIENDEN LOS BRAZOS

Al entrar al año de 1989, vi que éste tendría tintes diferentes a los pasados. Ya desde su inicio en enero, nuestra Junta de Directores aprobó algo que bullía desde tiempo atrás en mi corazón. Una declaración de fe y misión. Una carta abierta donde están redactadas en forma breve y sencilla nuestras creencias y convicciones.

Esto marcaría el color de este año. Una verdadera labor de equipo. La necesidad de gente imbuida en nuestros principios y en nuestra visión estaba en nuestra cartera, de forma que, al abrir el trabajo, se produjo el acercamiento de hombres y mujeres que comenzaron a laborar con ahínco y devoción. Era de notarse con qué ejemplaridad lo hacían con recursos propios. La Asociación no tenía ni podía soportar una carga financiera para sostener a mucha gente asociada de tiempo completo. Esto había sido para mí una preocupación constante. Sabía de la necesidad de más gente en el equipo, más no tenía dinero para sostenerlos. No obstante, en este año, Dios comenzó a crear un equipo con dos variantes: un grupo reducido, dependiendo de la oficina; y otro, satélite, de diferentes regiones del mundo, que en el momento de necesidad acude poniendo su corazón, su ministerio y sus recursos.

Así fue cómo en Honduras realizamos una sorprendente Campaña para el Señor. Ya en febrero, el Equipo viajó a este país para realizar el trabajo primario con el liderazgo. Yo, por la primera vez en la historia de nuestra Asociación, no acudí. El Equipo trajo magníficos resultados. Para marzo, en que se celebraría la gran Campaña, varios evangelistas asociados se encargaron cada uno de un lugar específico: Choluteca, La Ceiba, Comayagua y otros puntos diferentes.

Cárceles, colegios, grupos de mujeres, autoridades, niños, jóvenes, profesionales, batallones, refugiados, en la calles, en los mercados; aun se atendieron a necesidades físicas. Médicos y enfermeras llevaron salud a la gente y medicinas gratuítamente. Era nuestro "Proyecto Esperanza" en acción. Fue todo un éxito este involucrarse de tantos hijos de Dios, satisfaciendo las necesidades de tanta gente hondureña.

El impacto fue glorioso. Gobernadores y Alcaldes fueron alcanzados. 30.000 hondureños hicieron profesión de fe. Y vaya si no, ante la entrega y devoción de este equipo que Dios conjuntó. Aun 53 salvadoreños vinieron a ayudarnos y, en testimonio personal, dirigieron a 2.385 personas a un encuentro con Cristo en las mismas calles. Obviamente, el Espíritu Santo no perdería esta disposición humana para rescatar a miles para Su gloria.

Sabía ahora que el Señor me estaba dando otros brazos para extender su Evangelio. Proseguí con numerosas Campañas en Filadelfia; en Brownsville, Texas; en la Plaza de Toros de Reynosa, México; Puerto Rico; en mi tierra natal, Argentina; y, lo más sobresaliente, Nicaragua.

Al decir sobresaliente no quiero decir que las Campañas antes mencionadas no hubiesen tenido su notoriedad. Jamás. Cada una significó miles de almas que escucharon por la primera vez la Palabra, y otro tanto aceptó vivir para el Reino. Lo que deseo recalcar es que Nicaragua significó otra marca sobresaliente de la gracia de nuestro Dios. El siempre nos tiene preparado algo inusitado y nos deja sorprendidos de Su maravilloso poder.

Si en el '84 tuvimos una Campaña tan difícil por la falta de libertad, hoy, cinco años después, el ambiente era de polarización y ebullición política. Para los días de septiembre, octubre y noviembre, los meses en que teníamos programado el Seminario de Liderazgo y la Campaña Masiva, era tiempo de proselitismo político por las anunciadas elecciones para el siguiente febrero del '90. Por cierto, llegaron a ser las más transparentes de la historia nicaragüense.

El espectro religioso también habíase tornado. En 1979 sólo el 7% de la población indicaba su adhesión protestante. Hoy, en el '89, era de un nada despreciable 20%. Esto mostraba a las claras que los políticos no podían de ninguna manera ignorar a grupo tan representativo. Los líderes nicaragüenses, al pedir los permisos correspondientes no tuvieron ningún problema. Las autoridades mismas se dispusieron a aligerar todo trámite. Dijeron que si Alberto Mottesi no tuviese visa, que no se preocupe, que se venga, aquí mismo se la concedemos en el aeropuerto. ¡Cuánto habían cambiado del '84 a la fecha! Gracias a Dios.

El Seminario se realizó en el Centro de Convenciones César Augusto Silva, un confortable edificio en la misma capital nicaragüense.

Dada la demanda de asistencia, se tuvo que dividir a los líderes en dos tandas: la de los mayores, esto es, los pastores; y la de los líderes juveniles. Los primeros 1.250 pastores entraban a las 8 de la mañana y salían a las 5:30 de la tarde. Los 1.250 líderes de jóvenes se introducían a las 3:30 y se iban a las 8:30 de la noche. Mientras los mayores asistían a su última plenaria, los jóvenes, al entrar, iban directamente a los talleres. Fue un Seminario con un alto grado de espiritualidad, dirigido por 16 miembros de nuestro Equipo.

En la sesión inaugural estuvo presente el ministro de la Presidencia, René Núñez Téllez. Más lo sorprendente fue la clausura.

Desde mi arribo a Nicaragua, se había intentado un acercamiento de mi persona con el Presidente de la República; yo lo había rehuído conscientemente. Razón o motivo: yo no quería por ningún concepto que mi presencia fuera a ser manipulada políticamente. Qué duda cabe que un 20% de la población podía inclinar, a favor o en contra, el peso de las elecciones.

En un momento en que me escapé al hotel para descansar por unos minutos en medio de jornadas tan agotadoras, recibí la llamada del diputado Sixto Ulloa, diciéndome: "El Presidente te quiere saludar. Dentro de una hora irá al Centro de Convenciones donde él tiene una oficina."

Volé hacia el César Augusto Silva. Sentimos que no sólo debíamos saludarnos personalmente. También queríamos ponerlo frente al auditorio. El programa se cambió.

El sábado 30 de septiembre a las 2 de la tarde hizo su aparición el Comandante Daniel Ortega, con su guardia personal, su comitiva y un sinnúmero de reporteros tanto nacionales como extranjeros. La cobertura radial la habíamos tenido por medio de "Radio Ondas de Luz", durante 12 horas diarias del evento en vivo, y este acontecimiento no sería la excepción. La televisión cubrió su parte. Todo un enjambre de gente se posesionó del Centro de Convenciones. Parecía que el mundo entero estaba pendiente de lo que pasaría en ese lugar. Y no exagero al expresar esto último, pues las noticias corrieron después de acabado el programa, como un suceso fuera de serie en Nicaragua.

Se marcaron como días históricos para este país hermano.

La emoción del momento se palpaba. El Centro de Convenciones a su máxima capacidad. Los reflectores y las cámaras de los reporteros no dejaban de plasmar sus placas y escenas. Los 2.500 pastores y líderes de Nicaragua en sus respectivos asientos, siendo testigos de lo que Dios hace para Su gloria.

En la plataforma, el Presidente de la nación con su casaca de militar y su expresión de rostro circunspecto, se sentó en medio; a sus costados, su servidor, el abogado Sevilla, y parte de nuestro Equipo.

Gustavo Sevilla, aunque no tenía nada preparado para ofrecer un mensaje, ya que fue requerido espontáneamente, fue usado por el Señor con palabras que al día siguiente resaltaron a ocho columnas en los titulares de los periódicos. El dijo en su intervención:

"Señor Presidente, en pocas horas entraremos por completo a la fase final de las elecciones. Y todos los ojos del mundo están sobre Nicaragua en estos momentos. Pero yo quiero que sepa también que los ojos de Dios están sobre nuestro país".

Hubo unos momentos de alabanza en que parecía que los mismos ángeles cantaban. La altura espiritual estaba en su cenit. Le tocó el turno al Comandante Daniel Ortega que y con tono sumamente serio, deseando que sus palabras y su persona no se pudieran manejar como comprometido a un sector de tipo religioso, habló poco sobre libertad religiosa como hubiéramos deseado; sin embargo, una de sus frases quedó en la memoria de todos.

"Sólo con amor se puede cambiar una ciudad."

Se agradeció con aplausos su interlocución.

Cuando me toca a mí dar el mensaje, ya en la primera frase la congregación se pone de pie gritando alabanzas al Señor. Hablo a los pastores sobre el Señorío de Cristo y, a la mitad de mi sermón, cuando estoy metido fogosamente en mi presentación, oigo una voz imperativa en mi interior, clara como el agua: "Date vuelta, mira directamente al Presidente y predícale a él."

Si lo hubiera pensado, seguro que me hubiese paralizado y enmudecido allí mismo. Todos los medios de publicidad imaginables estaban en esa plataforma como centro único de atención. Televisión, radio, prensa y miles de ojos presentes. Era una verdadera locura lo que se me estaba pidiendo. Pero no reflexioné, sino que actué de inmediato. Sin dilatar un segundo. Sin saber lo que iba yo a decir. Di la espalda al gran auditorio. Señalé con el dedo índice a la persona del Primer Magistrado de la nación y, dirigiéndome a él fijamente, le dije:

"Señor Presidente, nosotros sabemos, y no somos tontos, que nuestra empobrecida y ensangrentada amada patria grande, la América Latina, necesita soluciones económicas y políticas. No somos tontos, lo entendemos; pero con todo nuestro corazón sabemos, ciertísimamente sabemos, que la solución no vendrá ni de la derecha ni de la izquierda, ni de la Casa Blanca, ni de Moscú, ni de la Habana. Señor Presidente," -aquí remarqué cada palabra-, "la solución vendrá por regresar a Dios, por servir a Dios, por amar a Cristo."

Todo el recinto a una se puso en pie profundamente emocionado y una explosión de aplausos y aclamaciones se dejó escuchar por largo rato.

El Presidente cambiaba de color en su rostro. Se veía plausiblemente incómodo sin saber qué hacer. Por un lado, su postura oficial y, por el otro, el hombre tocado en su espíritu.

Supe que tenía que hacer algo. Hacer un paréntesis del sermón y acercarme a él. Así lo hice. Me acerqué y le dije:

"Señor Presidente, permítame orar por usted." El asintió con un ligero movimiento de cabeza.

El Dr. Sevilla y yo cerramos los ojos y oramos. El Comandante Ortega bajó los ojos sin cerrar y escuchó nuestra oración. Yo oré no sólo por el Presidente. Oré también por el esposo, el padre; en fin, por él como persona. Al término, volví a mi lugar y proseguí con mi homilía. La terminación fue espiritualmente exuberante.

Como el Primer magistrado tenía una oficina privada en el Centro de Convenciones, al concluir el acto nos dirigimos en medio de una muchedumbre a ese lugar. Allí, por diez minutos, conversamos con el Presidente de la nación. Con palabras entrecortadas nos agradecía las atenciones a su persona.

Semanas después, un íntimo allegado al Comandante, hablando telefónicamente con el Presidente del Consejo Nacional de Pastores, le confiaba las ulteriores reacciones. Precisamente, en esos días del Seminario, el Presidente de Nicaragua estaba soportando la embestida de problemas familiares muy delicados, de tal fortuna que la experiencia que le tocó vivir en el Centro de Convenciones le había impactado en gran manera. Era un hombre necesitado de Dios. Como todos los Presidentes del mundo.

Este acontecimiento mayúsculo, trajo fortaleza y renovación espiritual a la Iglesia nicaragüense.

Al otro día domingo me había invitado la Sociedad Bíblica de este país a la celebración del Día de la Biblia en la Plaza de la Revolución, hoy Plaza de la República. Hubo otro milagro.

Durante toda la semana que precedía hubo verdaderos chubascos de agua. Llovía torrencialmente. De manera que el domingo según el pronóstico meteorológico no podía ser la excepción. Cinco mil personas se esperaban para este acto que año con año se celebró allí. Venían de diferentes pueblos y ciudades circunvecinas a Managua. Por la mañana se hizo cadena de oración en todos los templos pidiendo al Señor detener las aguas, y así fue. Usted dirá, fue sólo una coincidencia. Juzgue por usted mismo.

El testimonio de todas las gentes que llegaban de todos los alrededores, empapados por las fuertes lluvias, era de sorpresa, al ver con sus propios ojos que en el centro de Managua había sol. Sol radiante. Sol tropical que quemaba. Y bajo este círculo en que las nubes no se juntaron por más de cuatro horas, se celebró el "Día de la Biblia".

Teniendo a mi costado el inmenso edificio albo, con sus gigantescos pilares con sendos retratos de insurgentes de la nación nicaragüense, a una congregación que rebasaba los 25.000, me dirigí con las siguientes palabras:

"El pueblito," -hice una pausa larga- "se llama Teca, en la provincia de Chubut, en el sur de Argentina."

Vi que la gente, toda puesta de pie, guardó silencio. Proseguí mi relato.

"Allí viven apenas mil habitantes y ni siquiera tienen televisión. Había allí siete tabernas siempre llenas. Un muchacho, peón de una finca en las afueras del pueblo, quien no sabía leer ni escribir, en Teca consiguió una Biblia. A las dos semanas fue otra vez al pueblo, porque tenía 13 convertidos en la finca, quienes querían ser bautizados. Tres semanas más tarde, y nadie sabe cómo," -hice énfasis y seguí-, "volvió leyendo la Biblia. Esto que acaba de suceder, fue el comienzo de una iglesia que ya tiene 600 miembros de los 1.000 habitantes del pueblo.

Cerraron seis de las siete tabernas. El vicio desapareció. El Alcalde se convirtió. Entre el gobierno y la iglesia están construyendo casas para los pobres."

"¿Sabe una cosa? No existe sistema político ni económico que tenga el efecto social de la Palabra de Dios. Ni el capitalismo ni el marxismo pueden hacer lo que hace la poderosa Palabra del Señor".

Este fue el comienzo de mi predicación. Al final, miles de manos alzadas al Omnipotente oraban por la paz y el bienestar de su país. Así terminaba la semana de Liderazgo en Nicaragua, preámbulo de la Campaña a realizar el siguiente mes.

¡Qué difícil me fue en esta ocasión!

Libramos una verdadera batalla espiritual, y el Equipo, conformado por 94 amigos que nos acompañaron, luchó intensamente contra toda adversidad. Sentimos que las fuerzas del averno se habían desatado furiosamente contra nosotros.

Desde que llegué, sufrí una intensa deshidratación y un virus afectó mi cuerpo y lo debilitó seriamente durante casi toda la semana.

El clima fue otra cosa. Siendo época seca, llovió desaforadamente antes y durante los servicios que se celebraron al aire libre en la misma Plaza de la Revolución; incluso, cayó fuerte granizo, ¡cosa inexplicable en Nicaragua!

Una hermana, bajo este torrencial, me llamó a su carro para darme un paraguas para que me cubriera, y le dije: "Gracias, hermana. Pero ya aprendí la lección. Si el pueblo está bajo la lluvia sin protección, yo predico también sin ella. Gracias, de todos modos."

Y prediqué bajo la lluvia, ayudado por un megáfono porque no había electricidad. Hubo muchos cortes de luz que afectaron seriamente el desarrollo de los programas.

Alguien fue a filmar la Cruzada. Cosa curiosa; durante el día filmaba escenas de la ciudad sin ningún problema, pero cuando llegaba el momento de la Cruzada, inexplicablemente la cámara filmadora no funcionaba y no fue posible hallar explicación técnica alguna.

Para colmo de males, por poco quedo aplastado. Me detuve junto a un edificio abandonado y en el momento en que me paré por un instante, un pesado maderamen cayó estrepitosamente junto a mí, rebotó y fue a golper la cabeza de un niño. Gracias a Dios no fue de consecuencias graves.

Aun así hubo historias de amor redentor de parte de nuestro Dios. Muchos que nacieron de nuevo. Según nuestros registros, 31.118 personas entregaron públicamente sus vidas a mi Señor. Y mientras esto suceda, no importan los peligros y los obstáculos, seguiremos adelante. Como el sábado por la noche cuando el Equipo y la gente bajo agua torrencial y yo predicando, sentí gran autoridad espiritual para decirles:

"Veo la visión de una Nicaragua nueva, donde las armas son puestas en el suelo, donde hombres y mujeres se reconcilian y hay amor entre sandinistas, contras, somocistas y la oposición; donde aprenden a respetarse y a vivir en armonía y democracia".

Cuando hice el llamado, una masa humana, bajo el agua, pasó al frente. Oramos fervientemente. Y todos terminaron abrazándose y pidiéndose perdón en una impresionante manifestación de amor.

Creo que por esto, bien vale servir a mi Jesús. ¿Usted qué cree?

55

MIS CUATRO HEROES

No cabe duda que todo ser humano es influenciado por el ambiente que le rodea, por los acontecimientos en que se ve envuelto y por las personas que en un momento dado interactúan con él.

En mi caso particular, dejaría un hueco enorme en esta historia al no referirme a las personas que en el devenir del tiempo marcaron mi existencia. Quiero darles el tributo merecido por lo que representaron en su momento y el legado que me brindaron en mi carácter y en mi ministerio.

Ha habido muchos hermanos preciosos y acontecimientos que marcaron indeleblemente mi personalidad, como mi pastor don Lorenzo Pluis, que puso las primeras semillas en este corazón, ávido de frutos para el Señor.

Las primeras enseñanzas son difíciles de olvidar, y él fue un instrumento que Dios usó, para dar forma al montón de arcilla que llegó a la Iglesia del Once.

Otro hombre, aunque mucho más recientemente, es Víctor Richards. Misionero en el norte de México, establecido en Ciudad Juárez, que Dios ha estado usando para influenciarme con el ejemplo de una vida incondicionalmente rendida y radicalmente comprometida con el Señor. Le conocí en 1980, pero nuestra relación de amistad se ha intensificado fuertemente después del '85. Cada vez aprendo más de él y de su maravillosa congregación.

En cuanto a acontecimientos, el movimiento de renovación vivido por mi país, me trajo una vibrante nota de adoración. Fundió al amparo de una dependencia mayor del Espíritu Santo, una percepción y una pasión por la unidad de la iglesia, que no había conocido antes. Y como no. Si en los años que van del '68 al '73, tuvimos la feliz idea que varios pastores de Buenos Aires de diferentes trasfondos teológicos, nos reuniríamos semanalmente para estudiar juntos la Palabra, ministrarnos y orar por nuestros ministerios. Esta comunión con colegas de distinto contexto, dejó una huella indeleble en mi vida.

Aparte de lo anotado por vía de ejemplo, existen muchos más que poco o mucho han dado colorido a mi persona. Pero al analizar los comienzos de mi vida veo que hay cuatro "héroes" que durante mi juventud tienen nota de sobresalientes. Dos que ya partieron con el Señor, y los otros dos aún en pie de lucha, que siguen aportando nueva luz a través de sus respectivos ministerios.

Un hombre recio y dulce a la vez, diligente, con mirada penetrante; una persona, que desde el primer instante en que se encuentra uno con él, infunde inmediatamente respeto. Fueron poquísimas las veces en que lo vi personalmente. Pero fueron de oro molido. Ya desde antes de conocerle, su influencia acaparaba el interés constante desde mi juventud. Leía vorazmente sus escritos que hacían que mi mente saltara con infinidad de ideas y proyectos. Estos se difundían por un boletín intitulado "En Marcha". Pocos llegaban a Buenos Aires y me hacían correr de un lado a otro, preguntando a medio mundo quién los tenía, hasta encontrarlos. Era una delicia leerlos. Ampliaban mi concepto evangelístico. Me daban noticias frescas de un nuevo modo de evangelizar. Grandes Cruzadas y movimientos nacionales. Esto en una América Latina con iglesias tan pequeñitas entonces, parecía una locura. Sin embargo, este visionario, hermano presbiteriano lleno del Espíritu Santo, supo iniciar y fundar uno de los movimientos más dinámicos en el mundo: "Evangelismo a Fondo".

Esta estrategia bíblica amplió la visión evangelística de la iglesia latina, llevándola a las grandes multitudes para su redención.

Los miembros del equipo "Evangelismo a Fondo" eran mis émulos a imitar. Su influencia en mi persona y en mi ministerio, fue radical. Mi forma básica de interpretar la evangelización, cambió, cuando el Señor me permitió recibir esta influencia bendita salida del alma tierna por los perdidos de aquel general del ejército de Dios: Kenneth Strachan.

El Dr. Félix Castro Rodríguez también ya está con su Señor. Pastor de la Iglesia Bautista de Carolina, en Puerto Rico. ¡Qué pastor! Antes de conocerle, 1971, jamás había visto a alguien con la dimensión pastoral que este hombre tenía. Tuve el privilegio de relacionarme con él a partir de 1975 en forma constante. Me honró con su amistad. Hicimos obra juntos. Cada vez que volaba a la Isla del Encanto, aunque no tuviera nada que hacer relacionado con su iglesia, yo siempre le busqué. Charlábamos, orábamos y salíamos a caminar por el distrito de Carolina. Era impresionante y aleccionador andar con este hombre. Un verdadero ejemplo de pastor.

Tenía una iglesia con más de 4.000 personas, un colegio con más de 3.000 alumnos, con varias academias de diferentes intereses. Un Instituto Bíblico, una Emisora de Radio y varios proyectos en acción. Siempre se daba tiempo para visitar a infinidad de gente. Las funerarias eran visita obligada donde esparcía palabras de cariño y consuelo, aun a familias que no conocía.

En la calle, todo el mundo le hablaba. El lustrabotas se quitaba el sombrero al saludarlo. Los vendedores de periódicos se detenían para estrecharle la mano. Era un hombre amado por el pueblo. Si él hubiese querido catapultarse políticamente, fácilmente hubiera sido el Alcalde de la ciudad o el Gobernador de la Isla. Pero no tan sólo los pobres le tenían en alta estima; también los de la alta aristocracia. El entraba a la oficina de Gobierno con tanta familiaridad que, el mismo Alcalde dejaba cualquier asunto de su alta investidura, para atender y saludar al pastor que pasaba por ahí.

Este siervo saturado de la compasión de Dios, señaló mi vida con su versión desafiante de lo que es en verdad un pastorado. Llegó a ser como un padre espiritual para mí, influenciándome decisivamente.

Del hermano Pablo Finkenbinder, misionero de las Asambleas de Dios y con un vasto ministerio interdenominacional, ya he hablado en cuanto a mi asociación con él en su equipo. Sin embargo, no puedo dejar pasar esta oportunidad de asentar, de confirmar y de reiterar el gran influjo que su persona y su obra han dejado sobre mí. El también fue como un padre para mi ministerio. Incontables han sido las enseñanzas que ha dejado en mí, desde que Dios me lo interpuso en mi camino. En lo personal, él es otro de mis héroes. Un ejemplo tremendo. Creo que las palabras nunca serán suficientes para honrar a este hombre de Dios con el cual, a la fecha, sigo en estrecha armonía y constante comunicación.

Pablo me instruyó muchísimo en cuanto a alcanzar a las clases dirigentes, las clases altas de las sociedades latinoamericanas. Así como todo lo que sé sobre el ministerio radial, él me lo enseñó. Tuvo la paciencia y el cariño de volcar sobre mí sus conocimientos en esta área. ¡Y vaya si él conoce algo de predicación radial!

Sin embargo, considero que donde ha tenido su mayor influjo sobre mi personalidad, es en su modo particular de ver el ministerio; su incalculable honesta dimensión humana de la vida de un ministro. Como yo venía de un contexto altamente conservador, donde la vida se desarrolla bajo una constante presión de trabajo,

trabajo y trabajo; uno se olvida que la vida personal tiene su importancia vital. Pablo rompió este molde y con su ejemplo me hizo ver la dimensión de humanidad en el ministerio del Señor. Y vaya una anécdota de esto.

Un día en que estaba trabajando con él en su oficina de Costa Mesa, llegaron gentes para entrevistarlo. Le hicieron varias preguntas que él contestaba solícitamente. Una llamó totalmente mi atención.

"Hermano Pablo, díganos, ¿qué es lo que más le gusta de su ministerio?"

Inmediatamente abandoné lo que estaba haciendo, y me acerqué lo que más pude, agudicé el oído, me dispuse a escuchar algo extraordinario. Pablo, mi héroe, estaba a punto de revelar algo que yo no sabía. Pensaba, "seguro que lo que más le gusta es predicar en Cruzadas. A lo mejor, su verdadero placer es exponer la Palabra por la radio y la televisión. O tal vez, enseñar en seminarios o congresos pastorales." Yo, como su discípulo, pongo mis cinco sentidos. No quería que se me escapara ninguna de sus palabras, revelándome el sentir interno de mi maestro.

El entrevistador volvió a hacer la misma pregunta, ya que Pablo había bajado un poco la cabeza, como meditando a profundidad la cuestión.

"Hermano, ¿qué es lo que más le gusta, lo que más le agrada de su ministerio?"

Y Pablo, incorporándose y mirando a su interlocutor, simplemente le dice:

"Irme de vacaciones."

¡Qué lección para mí! El super-espiritual, el supermístico escuchando de su mentor una lección de humanidad.

Descubrí en la vida de su siervo que, el predicador para ser realmente útil a Dios, tiene que poseer una conciencia nítida de su humanidad. Francamente, esos predicadores superespiritualistas que miran demonios por todos lados con cara de sepelio, con traje de reverendos como de funeraria y actitud siempre acusatoria, que parecen metidos en un frasco de formól, me caen pésimamente mal.

Aprendí, que la personalidad del siervo de Dios, tiene que ser encantadora, atractiva, fresca, dulce, tierna como la del Señor Jesús. Que contenga un poderoso atractivo. Recuerdo que en mi niñez, -eso fue la semana pasada-, escuché una ilustración que me hizo mucho bien. Era la oración de un niño en una Escuela Dominical que, orando, decía a Dios lo siguiente:

"Señor, te pido que los malos sean más buenos, y que los buenos, sean más simpáticos."

Mi héroe me enseñó que uno no tiene que darse demasiada importancia; simplemente reconocerse frágil, que es tonto, que es limitado, que es vulnerable; en una palabra, que es humano, que el siervo de Dios es como cualquier otra persona de carne y huesos. Y Pablo, tal vez sin darse cuenta, tuvo la gentileza de adoctrinarme en esta proyección de humanidad profunda. Por último, hay otro gran hombre que aunque no tengo con él una relación estrecha de amistad, y que son pocas las veces en que nos hemos visto y hablado juntos, se convirtió en otro de mis héroes. Su trabajo y su ministerio, han trascendido en la historia como los del evangelista más grande de todos los tiempos. Ha predicado y difundido el Evangelio a más personas que ningún otro. Sus mensajes, su integridad, su transparencia son relevantes. Yo lo admiro y lo amo con todo mi corazón.

Considero que una de las pruebas más consistentes de su ministerio y uno de los testimonios más relevantes, es el tiempo. Han aparecido ministerios que son como un cohete, que hicieron "shung"; brillan en el firmamento y, de pronto, se acaban. Mueren en el vacío.

El trabajo de Billy Graham ha permanecido por décadas. Extenso. Siempre brillando. Siempre iluminando. Me ha inspirado siempre. Billy Graham es otro de mis héroes que ha marcado mi ministerio especialmente en el área de Cruzadas. Con su organización y visión de trabajo de equipo. Seguro que no ha habido otro que se le parezca. Creo que valía la pena descorrer un poco mi corazón, con tal de dar el honor y el reconocimiento que se merecen estos siervos de Dios, cuyas vidas y esfuerzos no han sido en vano; por lo menos en mí, marcaron positivamente mi vida para servir mejor al Señor de todos: Jesucristo, el "Héroe" más grande de mi vida.

56

UNA VELADA SENSACIONAL

La década comienza para nosotros como familia, con una nota triste pero, a la vez, brillante. En marzo del '90, Humildad Mazzarielo, mamá de Noemí, fallece a la edad de 84 años. Triste porque siempre la carne sufre partidas así; pero brillante a la vez porque ella fue una sierva de Dios y estamos seguros que obtuvo su graduación y galardón eterno. El papá de Noemí, don Pedro, un hombre lleno de la bondad de Dios, falleció cuando nosotros todavía éramos novios.

Entramos al escenario de la última década de este siglo. Existen por doquier, tanto en el círculo secular como en el religioso, inmensas expectativas de logros en estos diez años que nos separan para la entrada del siglo nuevo. Nosotros, como Asociación, no escapamos a la regla. Concebimos planes y proyectos emanados de nuestra meta, siempre en efervescencia, en el ámbito de nuestra máxima prioridad, orando para que sean sancionados o cambiados por el Espíritu Santo. Claro que estas metas vienen a reforzar la estructura del edificio, que en los años que anteceden nos han conducido por los caminos de Iberoamérica, marcando una pauta en la evangelización y la ministración a Su pueblo.

Progresivamente el ministerio se ha ensanchado, haciéndose cada vez más complejo y más demandante. Gracias doy a Dios que lo que comenzó con un hombre, ahora se ha enriquecido con seres con sus propias características y talentos, especializados en áreas vitales del desarrollo ministerial, que han venido a ensanchar el trabajo de la Asociación.

La realidad del vivir cotidiano sobresale repleta de compromisos. 1990 y '91 tienen su propia fisonomía de un trabajo continuo donde vemos concretamente que sin el Señor no somos nada. Existe El, luego nosotros existimos. Su poder y Su gracia son las fuentes donde nuestra alma halla la razón de nuestro ministerio.

Así, la Década de los '90, la empezamos usando cada día para que otros más conozcan el amor de Dios. Horacio De La Vega y Loreto DiCésare, nuestro Director de oración, se me adelantan a Colta, Ecuador, donde realizan Seminarios de Liderazgo como preparación para nuestra Cruzada con el pueblo quichua. Yo predico en El Salvador ante 10.000 personas en la Concentración "Jesucristo Nuestra Paz". Mientras ministro, en el estadio sobrevuelan helicópteros tipificando los días más crueles de la guerra.

Del 20 al 25 de febrero, bajo unas lonas tan viejas que cuando llovía no había lugar donde no se filtrara el agua, miles de quichuas amontonados en un campo de fútbol, oyeron el mensaje de la Cruz. También, al pie del Chimborazo, la montaña de nieves permanentes en la sierra del Ecuador donde vive el pueblo quichua, una de las tribus más pobres, tristes y marginadas de la América Latina, el Maestro de Galilea llegó con su regalo de amor, haciéndonos portadores de tan regia encomienda.

Después de Ecuador, tuvimos una primera reunión con el Equipo internacional en pleno en Puerto Rico para ser ministrados por la Palabra. Nosotros también necesitamos ser alimentados y fortalecidos con las vitaminas del Cielo. Y Dios nos lo concedió por medio de siervos altamente preparados espiritual e intelectualmente. Vimos, panorámicamente, la visión de las naciones ensangrentadas y empobrecidas del mundo que necesitan con urgencia el Pan de la Vida. Jamás olvidaremos a Carmelo Terranova, pastor de pastores, entre otros, partiéndonos el Pan de la Palabra.

Con las fuerzas recobradas en este retiro, volvimos a los polvorientos caminos de México. Este año tuvimos una amplia gama de trabajo misionero por varias ciudades. Parral, Torreón, Ciudad Juárez, Veracruz, Monterrey, Villahermosa. Como siempre, casi cada sitio lo visitamos dos veces: una avanzada de preparación para el liderazgo y luego la realización de las Cruzadas. Hacemos concreta la mística de nuestra visión: entrenando obreros para el cumplimiento de la Gran Comisión, llamado a los jóvenes hispanos al ministerio, motivando a la Iglesia hispana a ocupar su lugar en las misiones, creando puentes de unidad entre cristianos de diferentes grupos, predicando la Buena Nueva diariamente a través de 500 emisoras, con 800 trasmisiones diarias en 21 países, y celebrando nuestras Cruzadas multitudinarias en el mundo hispano.

Trabajo sumamente agotador y demandante física, espiritual y financieramente. Mas podemos exclamar: "Eben-ezer, hasta aquí nos ayudó el Señor". Si no fuera por El, sencillamente no se haría.

Casi no lo podía creer cuando leía la información en 'Christianity Today', en su edición de junio 18 de 1990. "...El Proyecto Luz fue previamente conducido en El Salvador y Guatemala. De acuerdo a investigaciones seculares de encuestas, dice Olson (Jefe de Operaciones para América Latina de la CBN) que alrededor de 4.5 millones de personas miraron los especiales de televisión y unos dos millones indicaron que hicieron la oración de salvación con el predicador del programa Alberto Mottesi."

Esto comenzó cuando Sandra Santiago, del Club 700 (CBN) llamó a mi asistente Lili y le dijo, "hemos orado y creemos que el hermano Mottesi debe terminar con la ministración final. Pat Robertson cree que él no debe hacerlo y todos aquí sentimos que debe ser el hermano Mottesi." ¡Qué privilegio! ¡Qué bendición que Dios nos incluya en cosas así!

Al terminar 1990, nos hallamos envueltos en dos eventos preciosos: una Cruzada en varias ciudades de la provincia de Mendoza, Argentina, con 17.550 decisiones. Las reuniones finales se llevaron a cabo en el Estadio de Fútbol Andes Talleres localizado en Godoy Cruz, donde el penúltimo día bajo una lluvia torrencial, con una gran bandera nacional ondeando, nos pusimos de rodillas más de 30 pastores del Gran Mendoza rogando con un gran clamor a Dios por el país. El pastor Eduardo Bresci oró por la paz social, el pastor Roberto Prieto rogó por la economía, y yo pedí por un avivamiento. Sentimos con esa multitud puesta de hinojos, el impacto de un momento histórico.

El otro suceso fue en Villahermosa, México. Fue una combinación de ministerio a líderes y proclamación pública. El Señor nos iba indicando que tenemos que tomar ciertas áreas geográficas y concentrarnos más en ellas. Significará mucho entrenamiento y movilización de los cristianos de ese lugar. Pero, si nuestro deseo era saturar regiones con el Evangelio y ver el Cuerpo de Cristo fortalecido y nuevas iglesias establecidas, entonces, Tabasco nos daría la razón.

Entramos al año 91 viviendo la guerra del Golfo Pérsico, con un sentimiento creciente de incertidumbre y confusión. La ola ingrata de una recesión económica mundial, abarcando más países de lo que uno se pueda imaginar. Y los valores morales en uno de los niveles más bajos. No obstante, creo con todo mi corazón, que también puede ser una época grande de resultados para el Reino. Cumplo ahora 48 años de edad. Llevo casi 30 años predicando y nunca había visto un mundo tan listo para la cosecha como en esta era. Por ello no me desanimo. Todo lo contrario. Mi corazón se encuentra colmado de entusiasmo por seguir las pautas de nuestro Señor. Sabemos que mientras más oscuro, la luz de Cristo abunda mucho más.

La primera semana de febrero visitamos Costa Rica, con sus experiencias que guardo en el corazón. De ahí pasamos a Guatemala, donde ministré en la semana de dedicación del nuevo auditorio de Fraternidad Cristiana. Fue una semana agotadora de trabajo paliada por la respuesta de muchísimas personas aceptando al Señor. Pero había más, mucho más.

El 12 de febrero por la noche me encaminé acompañado de mi amigo el pastor de Fraternidad Cristiana, Jorge López, a la residencia presidencial donde tendríamos una cena con el entonces Presidente de Guatemala, el Ingeniero Jorge Serrano Elías y su familia.

Aunque ya nos conocíamos, antes de él ser mandatario de su país, en 2 o 3 ocasiones habíamos conversado, y en el "Congreso Los Angeles '88", él dirigió uno de nuestros talleres; hoy, la cosa era distinta. Sobre el hermano Jorge Serrano pesa la más alta magistratura de su nación. Y, como tal, yo voy formalmente vestido. Pero cuál no sería mi sorpresa que al entrar a su casa, él sale con tamaña cordialidad, vestido informalmente con camisa blanca, un suéter negro abierto, ostentando el logotipo clásico del cocodrilo verde de Laconte. Con brazos abiertos casi al grito me dice: "¡Alberto! ¡Gloria a Dios! ¿Cómo estás?"

Nos abrazamos efusivamente. No existe ningún protocolo. El rompe con toda posible distancia entre posiciones de poder humano y nos entregamos a una velada formidable.

Cenamos con su linda familia. Hablamos de todo. Oramos en dos ocasiones. Y, sobre todo, soñamos sobre nuestra América Latina.

Cinco preciosas horas de intenso calor humano. He tenido reuniones con hombres dignatarios de alta categoría, que no duran más de treinta minutos; los cuarenta ya es un tiempo muy prolongado para el caso. Pero mi hermano Jorge estaba con la mecha prendida.

Al darme cuenta que son las 2 de la mañana, me pongo en pie diciéndole:

"Señor Presidente, ésta ya no es una hora para que un Presidente esté desvelándose. Es tiempo de ir a dormir. Yo me retiro."

"Por favor, Alberto, es un gusto que de vez en cuando nos tomamos. Créeme, aquí se ha cambiado la rutina en la casa de gobierno. Otros presidentes volvían después de estar con dos o tres queridas en la madrugada, levantando a medio mundo y pidiendo se les sirviera o se les preparara algo de comer. Era una vida irregular la que se vivía aquí. Desde que estoy aquí, todos se acuestan y se levantan temprano. Y los tengo de reunión de oración en reunión de oración."

"Esto es fantástico."

"¡Ah!, pero quiero decirte algo más. No hay entrevistas, ya sea con un Presidente de otra nación, un embajador, con la comisión de la OEA o la FAO, un político, un periodista, o con generales del ejército o con mi gabinete, que yo no comience con oración. Esto tiene máxima prioridad en mi actuación diaria. Si no le damos su lugar al Señor, olvídate, esto no funciona."

"¡Que gusto me da escuchar estas palabras! Oro a mi Señor porque sigas siendo un siervo de Dios. Que te conserves como estás; sencillo, amoroso, dependiente de El."

A las 2:30 de la mañana salimos con el corazón ensanchado. Han sido cinco horas porque yo me levanté. No sabía cómo escaparme. A las 7 de la mañana tenía que predicar en un desayuno de profesionales. Y el Presidente no tenía para cuándo. Ha sido un encuentro de amigos. Un encuentro para la historia.

El pastor Jorge López, manejando su carro con rumbo a mi hotel, me dice:

"Qué le hiciste al Presidente. Este hombre estaba subyugado, enamorado, cautivado contigo; no te quería soltar."

"Creo, Jorge, que Dios ligó nuestros corazones. Estábamos prendidos el uno del otro. Además, poder soñar como lo hicimos con él, con un Continente evangelizado, donde todos los pueblos habláramos el mismo idioma del Reino de Dios, donde los gobiernos estuvieran llenos de hijos de Dios, ¿te imaginas?"

En este estado de excitación entro a la habitación de mi hotel. Me dispongo a dormir unas horas. Me acuesto con rapidez pensando en ganar tiempo para recuperarme físicamente. ¡Qué va! Por más que quiero quedarme dormido, no puedo. Estoy muy acelerado. Las cosas que platicamos en la velada me dan vuelta en la cabeza. Estoy en esta situación cuando oigo una voz muy clarita dentro de mí.

"Enciende la luz. Siéntate frente a la mesa. Toma una pluma y escribe."

¡Oh, Dios! De esta experiencia con Jorge Serrano Elías se concibe y da a luz el "Proyecto 500" o "América 500 Años Después". Es una visión para alcanzar a los no alcanzados. A los monstruos sagrados de cada nación, a la pequeña élite de gobernadores, de ricos, de intelectuales; aquellos que jamás irían a una iglesia, mucho menos a una Cruzada pública, pero que también son hombres de carne y hueso con las mismas necesidades básicas espirituales. Sabemos que son gentes difíciles de penetrar en sus esferas de actuación. Gente solitaria, que necesita de misericordia como cualquier otro ser humano, que tiene que aprender el camino de Dios también!

Ya no dormí. En mis manos estaban las cuartillas que esbozaban las ideas primigenias de este Proyecto, que podría ser clave en nuestro ministerio en el año de 1992. La velada con mi amigo y hermano Jorge Serrano Elías, se constituía en el vehículo que Dios inspiró, para ser realidad en el papel, el Proyecto 500.

Este año '91 incluye otros dos acontecimientos importantes. Mi papá, don José, a la edad de 86 años, en la ciudad de Wheaton, Illinois, y en los brazos de mi hermano Osvaldo, parte para estar con el Señor y descansar de sus muchas labores.

Fue la ocasión para el encuentro de toda nuestra familia allí. En esos mismos días de septiembre nuestro equipo internacional vuelve a encontrarse en Puerto Rico. Los 22 o 23 individuos llegaron desde diferentes países y vivimos días incomparables tocando los bordes mismos de la vestidura del Señor. Cómo podríamos olvidar, entre otros, el ministerio de Samuel Olson que vino especialmente de Venezuela para ser el pastor de nuestro retiro.

"Mi Padre es el Labrador" continúa resonando en nuestro corazón. El paso es incesante. No podemos aminorar la marcha. No hay tiempo de lunes pastorales ni de vacaciones. El diablo no duerme, nosotros tampoco debemos dejar tiempo sin predicar las Buenas Nuevas, a fin de arrebatar almas perdidas que contabilicen el total de los redimidos con quienes estaremos en el Cielo por siempre. Después de esa velada sensacional, el Equipo fue para llenar con el Evangelio a 15 municipios del estado de Tabasco.

Fueron apariciones en estadios, centros de convenciones y espacios al aire libre donde se congregaron 202.500 personas. Yo les seguiría, predicando en la capital misma del Estado, Villahermosa.

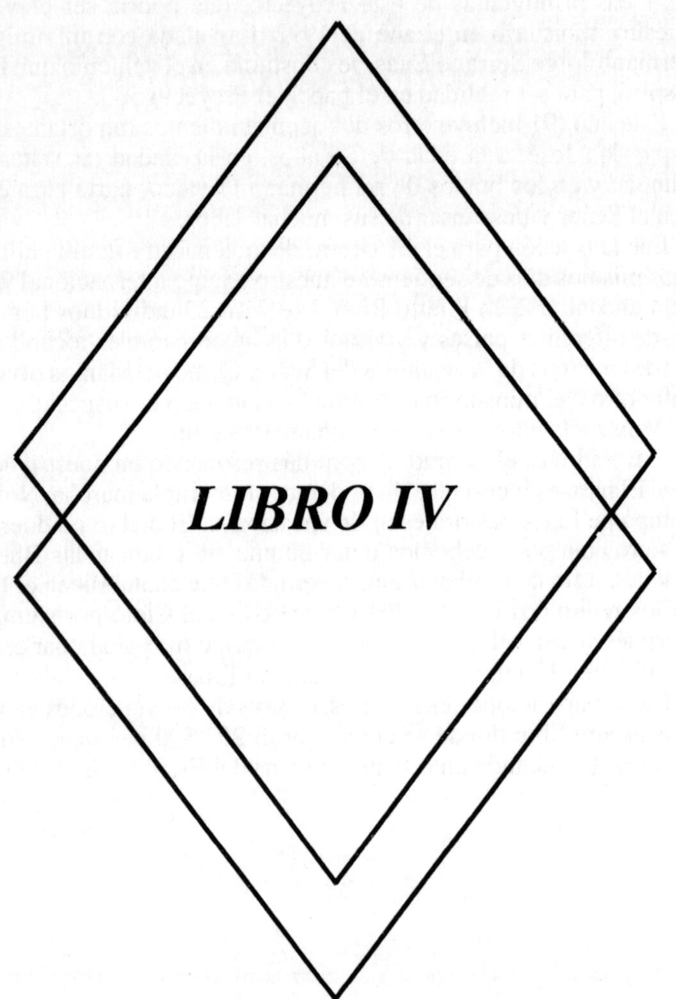

LIBRO IV

57

LOS SOSTENEDORES, LA MANO PROVEEDORA DE DIOS

Me indican en el avión que estamos a punto de descender en el aeropuerto de Los Angeles. Esta travesía me ha servido para rememorar partes relevantes de mi vida. Ahora que vuelvo a pisar los pasillos largos del aeropuerto que me conducen a casa, sólo es para afirmar detalles y volver a nuestro siguiente destino.

Vengo satisfecho de lo realizado en Tabasco. Valoro el trabajo organizacional, la publicidad, el Comité, la respuesta de la gente, y llego a la conclusión que ha sido una de las mejores campañas que he tenido en mi vida. Puedo decir, sin equivocarme, que por primera vez en mi ministerio, una ciudad completa supo de la Campaña. Todas las personas en la calle tuvieron conocimiento de ella, desde el lustrabotas hasta el Gobernador.

Yo diría que a Tabasco '91 la podemos usar como ejemplo para otras Cruzadas. Muy bien organizada, balanceada; mucho poder espiritual dentro de mucho orden y respeto. Gracias a Dios por ello.

Al otro día en nuestra pequeña oficina, mi asistente Lili me pone al tanto del trabajo acumulado. Sólo le pido a Dios me dé fuerzas para despacharlo. Multitud de llamadas, entrevistas, terminación del boletín, grabación de 24 programas y, por la noche, predicar en un Congreso Juvenil. Intensa jornada como intensa ha sido mi vida. Así son todos los días, si no fuera porque dentro de mí existe esa pasión que me consume, ese llamado que impulsa a cada acto de mi vida, no sería posible mantener ese ritmo de trabajo agotador. Pero es Dios nuestra fuerza, nuestro refugio. A El sea la gloria por los siglos.

Una de mis mayores preocupaciones desde el inicio de la Asociación es la transparencia del área administrativa. Ha sido un camino arduo a recorrer. Su mismo principio, cuando no teníamos oficinas, sino que nuestros caros amigos cedieron su oficina el uno y su casa el otro para que comenzáramos la incipiente estructuración del ministerio.

Después, la Iglesia Príncipe de Paz, en Santa Ana, California, nos cede por un tiempo un salón. Allí tendríamos tres escritorios, una máquina de escribir y muebles rústicos. Más tarde la misma congregación nos construye un edificio de dos plantas que amplía mucho nuestro espacio para trabajar. En esta época viene a trabajar Lili, que se une al equipo. Ella se convierte en otra de mis manos derechas. Más adelante rentamos oficinas. Gradualmente, las cosas se van ubicando en su sitio, y la administración, bastante sencilla, va tomando forma.

En 1991 hago la decisión de dejar la presidencia de mi Junta de Directores. Ya desde tiempo atrás, venía meditando seriamente este paso. A mi Junta le sorprende mi decisión. La razón fundamental es el desear tener una administración modelo. Sabía que si yo dejaba la presidencia, ya no tendría la máxima autoridad en los negocios de la Asociación, ni mi familia siquiera. Así podría crear un tipo de modelo de exelencia, que fuese totalmente transparente para el uso de los dineros sagrados de Dios.

Sólo acepto tener voz en las reuniones de nuestra Junta de Directores, pero no voto. Con esto desarrollamos aún más una administración seria, sólida, íntegra, donde todas las personas del mundo puedan tener la plena seguridad de que sus ofrendas son usadas santamente para el único propósito de la Asociación: ganar almas para Cristo.

Una vez le pregunté a un hombre cercano a Billy Graham que cuál era el secreto de su éxito. Sin titubeos me contestó.

"El saberse rodear de hombres fieles e idóneos que le aconsejan y le ayudan en su ministerio."

Yo he pedido al Señor de la Mies, que me rodee de estos hombres y mujeres, para no fallar como fiel administrador Suyo.

Existe una entidad en los Estados Unidos que es la Comisión de Etica e Integridad Financiera, EFICOM. Esta nació a raíz de los escándalos habidos de los ministerios. Cuando un ministerio quiere aprobar, sus requisitos tan severos no son fácilmente sorteados. Conozco ministerios que tienen dos años tratando de obtener el aval de esta Comisión y no lo consiguen.

Para nosotros fue un gusto del cielo que en dos semanas nos enviaron la siguiente redacción con el logo de EFICOM.

> "Estimado Señor Mottesi: Me complazco en informarle que la certificación de la Comisión de Etica e Integridad Financiera (EFICOM) ha sido aprobada. Es alentador ver cómo orga-

nizaciones cristianas están asentando un ejemplo de excelencia en responsabilidad financiera."

Esta situación ha creado un tipo de cálido ambiente, de fe, de cariño y de respaldo de los sostenedores. Estos son los que con sus ofrendas alientan, estimulan e impulsan nuestro ministerio. Son la vértebra principal. La mano proveedora de Dios.

En el peregrinar de nuestro trabajo han aparecido hombres, mujeres e iglesias, que han sentido carga por la expansión del Evangelio. Han creído en mí como un misionero a los hispanos. Como tal, lejos esté de mí defraudar en nada, tanto amor y dedicación a la Obra. Razón más que suficiente para mantener una administración transparente.

El éxito de un ministerio depende en primer lugar de la bendición de Dios; la unción es de vital importancia; pero, en segundo orden, de un correcto y limpio manejo de la administración. Conozco ministerios que tienen unción pero no poseen un limpio manejo de fondos. Considero que existe una combinación de lo divino y lo humano; de la unción espiritual y la administración humana, lo cual resalta en un ministerio sólido para servir al Señor y alcanzar al mundo.

Aquí entro a dar honor con todo mi corazón, a ese grupo de gente que nos ama profundamente en el Señor y que cree en nuestro ministerio. Desde el inicio mismo de la Asociación, su base de sustentación son mis preciosos sostenedores. Nuestro ministerio es un trabajo de fe y Dios ha provisto a mujeres y a hombres que sostienen la Obra. Realmente, los grandes logros han sido posibles por el canal de bendición que Dios ha dispuesto para hacernos llegar los recursos.

No ha sido fácil. El camino de fe no lo es. Vivimos al día. Siempre estirando el último centavo. Lo que el Señor nos provee, eso usamos. De allí la importancia tan grande y mi preocupación constante por una correcta y transparente administración. Debe ser óptima para lograr más resultados con el mínimo requerido.

Gran número de los sostenedores son hispanos residentes en los Estados Unidos y Puerto Rico. Por cierto, hubo un tiempo en que desarrollé un cierto tipo de orgullo. Este se generó por la continua alabanza hacia nuestro trabajo. Muchos decían que era el primer ministerio de alcance continental sostenido por hispanos. Nuestro personal, radio, cruzadas, viajes, oficina, publicaciones, etc., sostenido por hispanos. No se podía creer. Lo tomé en serio, ya que varios otros evangelistas hicieron promociones tratando de levantar fondos entre los hispanos y fracasaron. Yo pensé que la tenía ganadas. Y me sentía bien cuando oía estas campanitas.

Un día, en oración, Dios me reprendió.

"Cuidado, Alberto. No olvides esto. Tu sostén viene de mí. Soy yo que te doy por donde yo quiero."

Esto me relajó y me ubicó en la perspectiva correcta. Dios está usando a los hispanos y a los norteamericanos también. Pero no se piense que esto es sencillo. Que sólo es montar una organización, tocar trompeta y el dinero comienza a fluir. Nada más lejos de la realidad. Este trabajo es difícil. Nosotros nos lanzamos a realizar grandes planes sin tener el dinero en la cuenta de un Banco. Dios jamás nos ha desilusionado. El siempre nos ha respaldado. El es fiel.

Esto es algo que Dios formó en nuestra mente y corazón. No vamos a esperar tener el dinero para comenzar a trabajar. Lo único que hacemos es esperar en la Palabra para lanzarnos. Si viene la Palabra, detrás viene la provisión. Lo hemos vivido así. Este no es asunto de discusión en mi vida, en mi ministerio, en mis finanzas, en mi administración. Vamos adelante en el Nombre de Jesús. Aunque las aguas estén bien frías y cerradas, si Dios habló, metemos los pies adentro porque El las va a abrir.

En términos de sostenedores, hay muchísimas cosas lindas y preciosas que compartir. Se ha logrado una comunicación tan tierna con la mayoría, que muchísimas anécdotas y nombres se me escapan de la mente.

Una gran parte son ancianitos que oran por mí. Se levantan a las 4 de la mañana y ponen delante del Trono de Dios nuestro ministerio, que lo ven como un estandarte, como un avivamiento espiritual.

Para mí es muy impresionante y conmovedor cuando me encuentro con estos ancianitos que me comentan:

"Alberto, todos los días oramos por ti y por tu ministerio." Y me abrazan y me llenan de besos estos viejitos colmados de unción. ¡Cómo los quiero! Me enternecen hasta las lágrimas.

Cuando yo comencé mi ministerio como itinerante de iglesia en iglesia, la norma era que me quedara a los dos o tres días de campaña, afónico. Creo que hasta me gané el mote del "predicador afónico". Un día de pronto todo cambió. Ya no más afonías. Al tiempo me encuentro con una de mis sostenedoras, doña María, de las más antiguas y fieles, una hermana nicaragüense, y me dice:

"¡Oh, Alberto! Oro por tu garganta todos los días."

A mí me llamó la atención el que ella orara por mí en una forma tan específica. Yo esperaba que orara por mi ministerio, por las Cruzadas, por mi Equipo, por mi familia y hasta por mí. Pero, por mi garganta...

"Mi hermana, ¿desde cuándo ora por mi garganta?"

Y me dice la fecha aproximadamente y me acuerdo que es el tiempo desde que yo no volví a padecer de afonía. Qué lindo es el Señor contestando la oración de esta ancianita a quien quiero tanto.

Otra preciosa ancianita es doña Rosarito, ecuatoriana ella. Tan fiel con nuestro ministerio, que Dios le ha preparado una corona del tamaño de un edificio. Ella también ora por nosotros todos los días y envía su contribución. Pero como no está tranquila, porque piensa que puede pasar algo en el correo, nos habla por teléfono para preguntar si ya llegó su carta. Por cierto, ella dice a todo el mundo que yo soy su novio y ella mi novia. ¡Oh, mi Rosarito! Tan linda mi viejita. Una mujer de Dios.

Dios nos ha permitido envolvernos en la vida de muchos de ellos, en problemas tremendos y ver milagros de Dios, resolviendo situaciones familiares. Mi esposa y yo hemos sido sumamente cuidadosos de mantener limpio y transparente este canal de bendición, sin manosear, ni manipular estas preciosas relaciones. Nuestro ministerio se ha hecho y se hace con centenares y miles de hermanos y hermanas sencillos, que envían su contribución saturada de amor y de la oración de fe.

Y esto es lo que hace grande un ministerio. No lo logra la contribución super-abundante de un "tío rico" que mantenga el ministerio; sino la base, el fundamento, el cimiento de mujeres y hombres sinceros y limpios que dan sacrificialmente, porque creen en ese ministerio y lo respaldan día por día delante de Dios y de los hombres. Eso a mí me da mucho gozo, mucha paz.

Me recuerdo de don Pedro, de Ponce, Puerto Rico. Un anciano con su esposa en cama, impedida. Sin embargo, para nosotros, ha sido tan fiel desde que comenzamos, como tantos otros amados de Puerto Rico.

La hermana Piedad, mexicana. Me escribe como su "hijo". Doña Eva, cubana, que es como una madre también. Y aquí debo recordar que fue en la pequeña misión en Glendale, California, que pastoreaban ella y su esposo don Juan Oropesa, donde realizamos nuestra primera reunión de promoción. Don Juan, quien fuera fundador de nuestra primera Junta de Directores, ya partió con el Señor. Pero de aquella pequeña reunión un martes por la noche, tenemos sostenedores que han permanecido fieles con nosotros mes tras mes, año tras año.

"Mi contrabandista de quesos", así le llamo yo a mi querido hermano Miguel, un mexicano. Sabe que me gustan los quesos y siempre que puede ir a México, me lo hace llegar. Lo quiero tanto a él y a su esposa. Cuántos y tantos, que me es imposible anotar. Sé que el Señor les recompensará ricamente.

En los Estados Unidos se realizan investigaciones de las organizaciones. Casi sin previo aviso llega un inspector a examinar todos los libros, las notas y qué sé yo.

Un día se recibe una llamada de que un inspector se va a presentar en la oficina, recomendando que se encuentre el tesorero, el contador y una secretaria. Durante dos días estas personas deben estar a su disposición para todo lo que necesite. Yo no estaba esa vez.

Este inspector tiene autoridad para meterse en todo lo legal y lo financiero. Revisa cosa por cosa. A los dos días le dice al tesorero nuestro.

"Oiga, ustedes están tan claros; toda la administración tan transparente; más nítida que compañías como General Motors o Coca-Cola. Les felicitamos y les concedemos la mejor categoría como organización no-lucrativa que puede conceder el Estado de California."

Esta resolución me dio una paz tremenda.

En otra ocasión, me captó el interés el hecho de que mi contador, que no habla español, aparecía entre los contribuyentes. Más tarde le pregunté:

"Si nunca me has oído predicar; no conoces en vivo nuestro ministerio, no sabes cuál es nuestro estilo, ¿por qué ofrendas?"

El me respondió.

"Es cierto lo que me dices; no te he oído predicar, no entiendo el español, pero conozco tus libros de contabilidad. Por medio de ellos miro tu integridad, fidelidad y la forma como ustedes operan. Esto induce a uno a ayudar a la obra que realizan."

Esta combinación de buena administración y el apoyo de los sostenedores es de capital importancia para dar fuerza moral a nuestro ministerio. Y mientras viva, jamás dejaré que un centavo venido del cielo y dado con sacrificio por mis hermanos, deje de cumplir su cometido.

58

ESPECIAL DE TV CON LA FAMILIA MOTTESI

Todo fue de improviso. Un día por la mañana tocaron a la puerta de nuestra casa. Abrió mi esposa y me llamó. Era el Director de un programa de televisión, a quien yo había conocido en Miami. Lo inusitado fue que venía preparado para realizar una entrevista a la familia Mottesi. Nos tomó de sorpresa. Una camioneta atiborrada de equipo. Cámaras, luces, alambres, sombrillas, cuanta cosa se usa para filmar un video, estaban frente a nuestra casa. Sabiendo que venían de tan lejos, no nos pudimos negar. Por lo tanto, después de decir "pasen," y de abrir nuestra puerta, un enjambre de actividad se llevó a cabo en lo pequeño de nuestra casa.

Nos sentamos en la sala y con los reflectores encima, comenzó la entrevista, llevada a cabo por este Director, que fungió como entrevistador. La sesión fue muy espontánea. Mi esposa, Noemí, mis dos hijos, Marcelo y Martín, y yo, fuimos las estrellas.

Las escenas introductorias comienzan con una vista de nuestra casa en un suburbio del sur de Los Angeles. Una vivienda sencilla y clásica de un piso y techo de dos aguas. Con su cochera a la izquierda al frente. Dos matorrales cuidados con esmero franquean la puerta que nos da acceso al interior. Un gran cristal a mano derecha nos da la sensación de profundidad y de que existe campo para caminar. No, no es así. A mano izquierda uno se encuentra con la cocina, el comedor y la sala. Al fondo se halla una amplia oficina y sala de estudiar con un escritorio de madera de dimensiones amplias, con un tallado de madera de un país sudamericano. Sobre el mismo, también se encuentra una lámpara de corte moderno. Mas lo que llama el interés es la pared con un librero de muro a muro, de techo a suelo, repleto de libros. Antiguos y modernos, resaltando los títulos sobre evangelización. Esta oficina tiene una puerta que comunica a un jardín con un césped recién cortado, con una mesa rústica de madera a la cual se le notan los muchos años que ha pasado a la intemperie. Volviendo a la sala. Es sumamente austera. Dos sillones para dos y tres personas, acompañados de otros dos sillones individuales que desentonan, en su color, del resto; aparte, una poltrona. En la pared cuelgan unas copias de algunas pinturas de artistas anónimos unas, y otras de artistas que son familiares cercanos. Hay una chimenea y al pie, una estatua de hierro que representa el principio de la construcción de la torre Eiffel de París, de la cual salen dos magníficos obreros de cuerpos atléticos, uno con un martillo y el otro con una vara de medir. En esa sala, cuatro personajes se miran en ropas informales dispuestos a las preguntas.

"Hermano Alberto," -inicia el Director con una voz bien templada en el oficio-, "primeramente gracias por permitirnos entrar a la intimidad de su hogar y concedernos esta entrevista. A su esposa Noemí y a sus hijos, muchas gracias."

"Se me ocurre la primera pregunta, ¿es fácil ser padre y evangelista a la vez?" La cámara enfoca en primer plano el rostro de Alberto Mottesi, con sus ojos de color azul claro, que sobresalen en el conjunto de su cara. La voz es nítida y cargada de matices con el tono original del argentino.

"Mire usted, de entrada tengo que ser bien categórico en esto que me pregunta. No es nada fácil combinar estas dos funciones. Si Dios no está en el asunto, hay problemas. En mi caso particular, Dios zanjó esta cuestión desde su mismo comienzo. En mi llamamiento a ser evangelista, Su promesa fue que El cuidaría de los míos. Y lo ha hecho con fidelidad."

"Yo soy muy hogareño. Me gusta estar en casa y platicar con mi esposa y mis hijos. Me agrada salir a caminar por la playa. Pero, por la demanda de mi trabajo, tengo que viajar continuamente. Mi profesión, si se le quiere llamar así, es como cualquier otra; absorvente como la del médico, el piloto, el vendedor viajero. Aunque nuestros motivos sean diferentes en el afán que perseguimos, yo lo hago por una pasión espiritual que me consume."

"El ministerio tiene desafíos muy grandes. Cuando hablamos de familia y ministerio, uno tal vez quiere poetizarlo todo y ponerle flores al tema. La realidad es que el ministerio demanda involucramientos y precios a pagar que no existen en ningún otro tipo de profesión. Yo creo que más allá de lo que uno puede humanamente hacer, lo que tiene que hacer en cuanto a la familia, es depender de la asistencia amorosa del Espíritu Santo."

"Y hablando de los costos a pagar en el ministerio, el cual es mucho más exigente y comprometedor que cualquier otra profesión, voy a puntualizar algo que puede ser controversial. Dentro de todos los ministerios, el más exigente es el ministerio del evangelismo.

Considero que el ministerio más importante en la iglesia es el ministerio pastoral. Es el que toma a la criatura, le da el biberón, le cambia los pañales, le da armas y capacidad para crecer y autoabastecerse por sí misma. La mira alimentarse, desarrollarse, hasta que llega a ser un padre que puede procrear hijos. Es cierto que este ministerio es esencial, pero el ministerio del evangelismo es el más exigente, reclamador y comprometedor que hay. Si hay un alma prisionera, yo no estoy suelto. Si existe un pobre, yo no puedo ser rico. Si hay un caído en el pozo, yo no puedo andar volando en las alturas. Me gusta mucho cuando Jesús dice: por "ellos", por "aquellos" yo me santifico a mí mismo."

"El ministerio que nos ocupa es exigente y demandante. En otras palabras, el que quiera llamar a la gente al terreno de la entrega, tiene por fuerza que vivir en ese terreno de la entrega. El evangelismo incluye una entrega, una intensidad en muchos aspectos, que otros ministerios no requieren."

"Intensidad en la dependencia de Dios. Fe en cuanto a finanzas, por ejemplo. Intensidad en viajes continuos. Intensidad al extender el llamado. Cuando estoy agarrado de Dios y mirando al Calvario, reclamando la acción del Espíritu Santo en el momento de la invitación al pecador, vivo la mayor intensidad que puede vivir un siervo de Dios. Esta es una clase de intensidad que no se vive en ningún otro ministerio."

"¿Y usted qué dice, hermana Noemí?," -el entrevistador hizo la pregunta acercando el micrófono.

"Lo que dice Alberto es una verdad que en ocasiones me deja perpleja. Hemos sufrido sus ausencias. Hemos visto su trabajo agotador. Su entrega total. Que si no fuera porque sabemos que el origen de este ministerio es un llamado divino, no habría ninguna explicación. Y baste un ejemplo que en estos momentos me viene a la memoria."

"Una noche llegó pasadas las 12. Lo vi sumamente cansado. Había predicado tres veces durante el día y dedicado varias horas a aconsejar. Se sentó en el comedor, callado como deseando no hablar. Le serví su plato caliente predilecto. Lo vi tomarlo con bastante parsimonia. Fue cuando le pregunté."

"¿Verdad que si te llaman a predicar ahora a un culto a las dos de la mañana, irías?"

"Me miró tiernamente, hizo un mohín apretando los labios y con los ojos inundados de lágrimas me dijo:

"Noemí, tú sabes que si."

"Hay una pasión que le consume y que el cansancio no logra detener. Es un fuego interno metido en sus huesos, es una actitud comprometedora de vivir intensa y plenamente para Dios, cueste lo que cueste. Sabiendo que El y el ministerio son para él lo más precioso, como familia lo hemos entendido."

"Y tú, Marcelo, ¿qué piensas de tu padre fuera del púlpito?"

El hijo mayor declaró espontáneamente.

"Doy gracias a Dios que lo que mi papá predica en el púlpito, lo vive en la familia."

Alberto y Noemí cruzaron miradas de una alegría interna; que si les hubieran dado un millón de dólares, no los hubiesen hecho tan felices como aquella declaración de su hijo.

"A propósito," -interrumpió Alberto-, "cuento esto como una anécdota de la profunda satisfacción y orgullo que produce en un padre la actuación de sus hijos. Llego a una iglesia de aquí de Los Angeles en que inicio una Campaña, y el joven que me presenta, dice ser estudiante de la Universidad de Biola, escuela que también es la de Martín, mi hijo menor. Su presentación me sorprendió porque jamás hubiese imaginado lo que dijo este joven. Fue parco como todos los jóvenes, pero muy noble."

"Hace unos días, andando por los corredores de mi escuela, me encontré con otro estudiante y comenzamos a hablar. Me habló de su padre con tal entusiasmo, diciéndome que él era su mejor amigo. El padre de este estudiante amigo mío es el predicador de esta noche." La cámara enfocó a Martín que, sonriendo, veía a su padre.

"Pero, permítame también," -prosiguió Alberto- "dar honor a mi esposa. Ella y yo hemos hecho una combinación muy saludable. Ella también ha sido incansable. Trabaja tiempo completo en nuestro ministerio. Ministra a las damas y a las señoritas jóvenes, sobre todo en los casos de madres solteras, y de abortos. Contesta centenares de cartas de consejo. Viaja algunas veces conmigo, pero ella una vez me dijo: "Papi, con un evangelista en la familia es suficiente. Uno de los dos tiene que quedarse en casa mientras los hijos están." Esto al principio me dolió, y aun me molestó, pues yo quería que ella viajara siempre conmigo. Pero después de descubrir a tanto hijo de predicador desilusionado con el ministerio y apartado de la iglesia, me di cuenta de la sabiduría de mi esposa Noemí."

"Quiero recalcar esta verdad, yo no he desatendido a mi familia. Me preocupo continuamente por ella. Sí no tengo cantidad de momentos con ellos; sí los he transformado, con la ayuda de Dios, en calidad de relación. Trato a toda costa que mis viajes no sean largos. En muchas ocasiones, cuando he llegado ya muy entrada la noche, me he acercado a la cama de mis hijos, he impuesto manos sobre ellos y oro a mi Dios para que los bendiga. Naturalmente, las ausencias han sido el sufrimiento del evangelista. Pero he tenido paz al saber que están en las mejores manos."

"Mi relación con mi esposa es bellísima. Nos encanta platicar, caminar por la playa, ir de compras al supermercado. Y, de tanto en tanto, vamos a la Universidad donde estudia Martín, a meternos entre el bochinche de los muchachos y comer con él."

"A veces quisiera tener un huequito para sacar la cabeza y respirar. Vivo una vida muy intensa y extenuante. En ocasiones subo al auto, he terminado un día de trabajo abrumador y tengo el compromiso de predicar en algún lugar. Me pregunto a mí mismo, ¿y para qué voy? ¡no puedo más!

En tanto, llego al sitio y predico como si hubiera 100.000 gentes, aunque sea pequeña la congregación. El motivo real: es mi deleite predicar. Quisiera hacerlo diez veces por día."

"Hermano Mottesi, aparte de predicar, ¿qué otras cosas hace?"

Hago notar que el predicador itinerante predica y se va a estudiar o a descansar; "en el caso particular nuestro, yo no soy tan sólo un predicador, soy un organizador, un soñador, un visionario que no puede estar tranquilo, estoy siempre insatisfecho. Predico en el púlpito, pero también organizo movimientos nacionales que cada día son más envolventes. Mi tiempo es muy reducido. Regreso de una Campaña y al otro día estoy en mi oficina por 8 o 10 horas. Voy a la casa y prosigo en mi escritorio preparando mensajes, programas de radio, me ocupo de la administración y velo por las finanzas del ministerio, que son continuamente necesarias por los grandes desafíos en los que nos involucramos."

"No me veo como un predicador itinerante; mi vida está absolutamente ocupada. Recuerdo que hace años un famoso pastor me presentó, él ahora trabaja con Sociedades Bíblicas y es uno de los grandes intelectuales que tenemos en el mundo cristiano latino, hablando de esta manera: "Muchas veces invitamos a evangelistas que vienen con sus ojos rojos de tanto dormir, pero Alberto llega a nuestro púlpito con ojeras por trasnochar trabajando. Me consta, lleva una vida muy intensa."

"Yo casi no tengo vida social; ésta es mínima. Mi vida personal es muy simple. Soy una persona ávida de leer noticias. Me parece que el predicador tiene que entender el mundo y las corrientes seculares de pensamiento y tomar conciencia de la realidad que le circunda. Leo continuamente libros, revistas, lo que me venga a la mano, especialmente lo que tenga que ver con información global del mundo."

"Al predicar, ¿tiene usted un método especial?"

"No lo creo. Consiento en ser un predicador bíblico. Mi mensaje es la Palabra de Dios. Y soy ordenado en lo que expongo. Siempre voy con un plan exacto. Sé hacia donde voy, desde que comienzo hasta que termino, tratando de ser claro, esquemático, expositivo. Que me entienda un catedrático de la Universidad como así también un niño. Que al terminar sepa que ambos comprendieron el mensaje. Uno puede decir cosas profundas con mucha sencillez."

"En ocasiones he escuchado a algunos predicadores que cuando concluyeron, habían hablado de Génesis a Apocalipsis, y yo me pregunto: ¿en síntesis, qué quiso decir? ¿Dónde estuvo el meollo del asunto? ¿Qué quiso compartir? Claro, habló de Dios y expuso un montón de cosas pero sin ilación, sin plan, sin método. Esto lo evito como al diablo mismo. Cuando predico, mi principal objetivo es plantar una verdad central en el corazón de la gente."

"¿Y cómo los prepara?"

"¡Oh!, en qué líos me meto al preparar un mensaje. Cuando alguien me pregunta: ¿cuántas horas le lleva preparar un mensaje? Le respondo: no, no me lleva horas, me lleva años, toda mi vida, porque para mí un mensaje es la experiencia de toda la existencia. Me toma muchísimas horas. Generalmente escribo todas mis predicaciones. Tengo centenares de predicaciones escritas. Desde mi tiempo en el Seminario aprendí que Dios unge al predicador no sólo cuando está en el púlpito, sino también en el escritorio de la oficina cuando está preparándose. Allí se manifiesta la unción del Espíritu Santo, la lumbre del Reino incendiando a un ser humano para luego transmitir ese fuego a la gente."

"Para mí, el púlpito y el mensaje son muy serios. Yo no pongo un pie detrás del púlpito si no estoy extremadamente apto y preparado. Sé que voy con certeza a ofrecer algo, un aporte serio a la gente, que brota de la misma Palabra de Dios. Y aún después de prepararme con excelencia y esmero, todavía sigo temblando, porque la Obra es de Dios. Normalmente tengo una introducción con 4 o 5 puntos que los remarco. Incluyo ilustraciones de la vida real. Aborrezco ilustraciones que dicen: había una vez... cuenta un libro... Para mí, las ilustraciones que son ventanas abiertas del sermón, tienen que venir de la vida diaria, de la crueldad, del sufrimiento, de las noticias, de la realidad del mundo que nos rodea. Y tengo una conclusión donde remacho todo. No olvidando que el mensaje tiene que llevarnos a un tipo de decisión. La Palabra nunca es tan sólo ilustrativa, retórica, filosófica. Todo lo contrario; nos conduce siempre a una decisión. Si soy cristiano, me llevará un paso adelante en la vida cristiana; siempre existen prioridades o determinaciones que tomar. Si soy inconverso, definitivamente con mayor razón, hay un paso que es trascendente, la salvación de mi vida. Para mí, la predicación debe llevar al oyente a una crisis de decisión. Siempre, sin excepción."

"¿Cómo es su vida devocional?"

"Yo tengo una relación íntima de mucha ternura con el Señor. Es mi compañero, mi guía, mi paño de lágrimas, mi amigo, él es toda mi vida. La Palabra de Dios y el orar son parte de mí. Mi vida devocional no se reduce a unos momentos. He llegado a desarrollar una amistad tan linda con mi Dios que puedo asegurar que tengo mi canal de comunicación abierto con El, 24 horas por día. Todo el tiempo estoy platicando, cuando me baño, mientras conduzco el auto, en cualquier instante, estoy metido devocionalmente con el Señor. Amándole, expresándole mi cariño, alabándole, adorando Su Nombre con todas las fuerzas de mi alma."

"Me di cuenta que puedo tener un altar ardiendo para mi Señor las 24 horas y que no necesariamente tengo que depender de una hora fija para mi devocional, sino que en todo el día y la noche mi amistad con El se acentúa y se hace cálida y tierna. Siento que es verdad lo que Jesús dice, que somos sus amigos, resultando en una relación muy bella con El."

"En este mismo tenor, ¿cómo define usted a Dios?"

"Dios es todo. Es mi respirar, es mi fuerza, mis pulmones, mi corazón, mi caminar, mi soñar, mi pensar, mi decir, mi hacer. Lo siento encima, debajo, a mis costados, en el pasado, en el presente, en el futuro. Realmente es todo para mí. Fuera de esto, no sabría cómo definirlo. Huyo de las definiciones frías y cerebrales. Para mí es vida, es acción. Lo amo mucho. Estoy muy enamorado de El. Lo quiero con todo mi corazón. Es mi mejor amigo. Lo siento tan cerca de mí. Es todo, todo, todo. Lo que toco, lo que hago, lo que pienso, lo que siento, lo que anhelo," -después de limpiar los ojos inundados por las lágrimas, prosigue con la misma vehemencia-. "Dentro de este contexto, recuerdo que alguien dijo: "dime el tamaño de tu sueño y te diré el tamaño de tu Dios". Esto me asustó, me inquietó de veras. Yo no quisiera revelar jamás por medio de lo que soy o lo que hago, a un Dios pequeño. Lo quiero dar a conocer como El es. Magnífico. Supremo. Todopoderoso. Este Dios es mi todo. Y anhelo en mi vida, en mis planes, y en mi ministerio revelar Su grandeza, Su autoridad, Su majestad, Su prosperidad, Su gloria, Su maravilla. Lo amo, lo amo con todo mi corazón."

"¿Podríamos decir que usted es un hombre de mucha fe?"

"¡No, no! Yo no soy un hombre de super-fe. Soy como cualquier otro de carne y hueso, con dudas e incertidumbres. Recién me acuerdo de una crisis que tuve. La gente me palmeaba pensando que estaba en la cumbre. Yo predicaba delante de mucha gente. Supuestamente me codeaba con el éxito. Pero en mi interior luchaba. Estaba desilusionado. Frustrado. Desanimado. Yo quería ver más de Dios. Necesitaba más dinero para hacer el trabajo. Me puse a discutir con el Señor: "¿Por qué los ministerios anglos son tan grandes, son tan fuertes, poseen tanto dinero, y nosotros los hispanos siempre andamos cortos. Siempre nos faltan los diez centavos para el peso, siempre estamos exprimiendo la última gota del limón, dependiendo siempre de otros porque no tenemos fuerza económica. Mira, Señor, ya estoy cansado de predicar en estas condiciones. Estoy cansado de contar lo que pasó en Pentecostés, lo que estás haciendo en Corea o en Africa. Es que nosotros somos los "chicos feos del barrio?" ¿Sabes una cosa, Señor? Me parece que Tú no hablas español, parece que sólo entiendes inglés."

"Y Dios me reprendió. Y me avergonzó. El me dijo: "estás equivocado, no tan sólo entiendo el español y el inglés, sino todos los lenguajes del mundo y puedo bendecir a cualquier ministerio que se decida a creer en toda mi Palabra."

"Esta experiencia marcó mi vida y me di cuenta de que El está pronto a honrar y a respaldar a los que creen a Su Palabra. Mi queja quedó de lado."

"Con esto quiero decir que soy como Elías, hombre al fin y con las mismas pasiones. Tanteando en la oscuridad el camino. Pero seguro, que detrás y adelante está el Señor."

"Hermano Alberto, y su lucha con Satanás, con el pecado y el mundo, ¿cómo ha sido?"

"Al repasar mi vida me doy cuenta que cuando Dios nos estaba moviendo hacia otra dimensión de ministerio más grande, o hacia otra altura espiritual, o a conquistar nuevos logros, o a una experiencia sobresaliente, o a una bendición muy grande, previamente vino un terrible ataque del infierno. Pero, gracias a Dios, sólo hubo olor a pólvora y apenas los bordes de las vestiduras chamuscadas, sin daños mayores. El Señor siempre nos ha llevado de victoria en victoria."

"A través de los años ha habido terribles ataques, ya sea al ministerio, a mi persona, o a mi familia, con todo el arsenal de

Satanás tratando de destruirnos. Sólo que el ángel de Jehová acampó alrededor nuestro y nos defendió. Esto ha sido vital. Durante toda mi vida he sentido una cobertura, una protección. Creo que Dios, y lo digo muy en serio, seguro que ha pensado: "Mi hijo Alberto es muy tonto, muy bobo, medio lelo, yo necesito tenderle una cobertura especial. Necesito proveerle de una cantidad mayor de ángeles que lo rodeen, que lo protejan de toda maldad." He visto la Mano preciosa del Señor. El Salmo 91 es una realidad indiscutible en mi diario vivir."

"En cuanto al pecado y al mundo, diría que he aprendido a no jugar con ellos. Cuando uno, y lo digo con tanto respeto y temor de Dios, se entera, oye, lee, las experiencias de hombres grandes que pueden caer en cosas tan groseras, uno se da cuenta de su fragilidad. Frente a la pregunta, mi reacción es esta palabra, 'fragilidad'. Entiendo que el siervo de Dios debe tener plena conciencia de esto. ¡Ay de aquél que se cree un supermán!, que golpea su pecho, que pretende ser fuerte, que se descuida frente al pecado y al mundo, porque así está abriendo una puerta para Satanás. Yo soy consciente de mi fragilidad. Las más de las veces estoy de rodillas temblando en situaciones difíciles: "Señor, sé propicio a mí, sé propicio a mí." Es decir, si no fuera por El, ¿qué sería de nosotros?, avasallados, destruidos, encadenados por el pecado y el mundo y su amo Satanás.

Mas a Dios gracias que por medio de Su Hijo tenemos victoria. No es por la fuerza de ningún hombre, sino por la gracia de Cristo, por su maravillosa asistencia continua, que somos más que vencedores."

"Bajo este tenor que acaba de visualizar, hermano Alberto, ¿qué de los cantantes cristianos? ¿Qué piensa usted? ¿Pueden estar en serio peligro?"

"Ya que lo toca, déjeme decirle. Con ellos, sin poner nombres, tengo una honda preocupación; porque veo en el ambiente de los cantantes cristianos, más el espíritu del artista que el del siervo. Pienso que en la Obra de Dios no hay estrellas ni artistas. La única estrella se llama Jesús; y los demás, tanto los que predicamos, los que cantan, los que limpian los baños de la iglesia, los diáconos, los ujieres que recogen la ofrenda, los que dirigen el culto, los que escriben, los que hacemos cualquier cosa, somos simplemente esclavos. Permítame decirlo con mayúsculas: ESCLAVOS del Señor Jesucristo."

"De ninguna manera quisiera expresar algo duro, algo que ofenda, pero sí manifestar mi preocupación por este espíritu de ostentación. Hay algunos cantantes que nunca más en una Cruzada organizada por nosotros, volverán a ocupar nuestra plataforma. Su relevante interés por las ventas, su falta de sujeción y de humildad son tan prominentes, que ellos ni siquiera se dan cuenta. Ese espíritu de "artista" se les va desarrollando tanto, que ni se dan por enterados. Les parece normal lo que están haciendo, y lo único que reflejan es "carnalidad".

"Naturalmente, existen sus excepciones, como Steve Green, por ejemplo. Cuando apenas lo conocimos, me expuso la sinceridad de su corazón: "Alberto, quiero que sepa que yo no funciono como artista sino como un misionero. Yo estoy bajo la autoridad de una junta de pastores que son mis consejeros y mis directores." Oír esto me alentó muchísimo."

"Existen cantantes y grupos por los cuales yo realmente tengo una enorme desilusión; y más que esto, enojo en contra de esta gente, que han pervertido esta área del ministerio. Y yo no soy tan sólo el que expresa este sentir; son muchos de quienes he oído su queja. El cantante cristiano tiene que ser un adorador que lleve al pueblo de Dios a adorar. No es la figura alrededor de la cual se centren las cosas, sino que tiene que ser un canal para que el pueblo adore al Creador Eterno."

"Todo esto me lleva a pensar," -dijo el entrevistador- "que usted, hermano Mottesi, predica un concepto de discipulado radical, donde la entrega debe ser total, ¿no es cierto?"

"Justamente. Creo que el ministerio debe tener un ritmo, una entrega, una determinación, una pasión. Para mí el ministerio representa nada más, ni nada menos, que el cien por ciento de mi vida. No es un agregado, no es si lo puedo hacer porque me guste o no, no es algo que me conviene o no. Creo que he sido muy reiterativo en esto. Pero es lo que vivo. Es una pasión consumidora, determinante, cautivadora. Dios nos llama a desafiar lo que es, con lo que pudiera llegar a ser; el statu quo con el ideal del Reino de Dios. El nos llama a una vida de completa entrega; menos de esto no alcanza a satisfacer las demandas del Reino. Esta es la característica de lo que queremos llegar a ser y compartir. También queremos desafiar a la generación joven hacia un discipulado radical, que no se enferme con el consumerismo y el materialismo de la época presente, sino que aprenda a vivir con sencillez de corazón y con el cien por ciento de la vida dedicada a Su Señor."

"Hermano, ¿está usted consciente de su liderazgo en América Latina?"

"¡Oh!, esta pregunta es muy importante. Le diré el por qué. Yo quisiera enfocar esto desde otro punto de vista. Estoy consciente de que soy un siervo de Dios en América Latina. Para mí el liderazgo cristiano es servicio. El líder cristiano no es el que se enseñorea políticamente, sino el que sirve, el que hace, el que da a su prójimo. Si lo veo desde esta óptica, como un servidor, entonces estoy consciente de que Dios me llamó a servir y que Dios me ha dado una fantástica relación en toda América Latina con los medios masivos, con los que están en prominencia, con los diferentes sectores de la Iglesia. Capta mi interés el hecho de que nuestro ministerio se ha constituído en una especie de pegamento donde se reúnen todos los grupos, de un extremo al otro extremo de la Iglesia. Yo quiero remarcar que yo no lo veo como un liderazgo de enseñoramiento, sino como una responsabilidad para servir, para lavar los pies de mis hermanos."

"Esta es otra de mis preocupaciones y es que en la Iglesia del Señor tenemos muchos líderes que son politiqueros, buscan puestos, posiciones de poder; los muy reverendos, los "grandes" siervos de..., si uno es siervo no puede ser grande; es simplemente eso, siervo. Este tipo de liderazgo lo repudio, no me gusta para nada. Prefiero quedarme en casa, irme a caminar a la playa, charlar con mi esposa, ver la televisión, leer un buen libro. Este liderazgo lo aborrezco. No debe crecer más en el Pueblo de Dios. Tristemente, debo decirlo, se ha metido en la grey. Tenemos organizaciones y personajes a quienes tú ves trabajando para ellos mismos, promocionándose, con una hambruna de poder que espanta, a niveles sublimizados, creándose una fachada de religión. Pero, realmente, son líderes con apetitos de posición en su movimiento, en su Concilio o en su Denominación, a nivel general. Para mí, cuando Cristo me llama, me llama para servir, para lavar los pies de los demás; yo siento que si fuera necesario pagaría a la gente a modo de que se detuvieran en la calle y me escucharan predicar el Evangelio. El líder cristiano es aquél que toma la toalla y la palangana yendo a lavar los pies a sus semejantes; no el que pretende levantarse y mirar por encima del hombro. Me repugna esta posición. Hombres llenos de soberbia, disfrazados de religiosidad, aparentando santidad y ocultando el apetito de un corazón hambriento de poder. Este liderazgo no lo quiero tener, no me interesa en lo absoluto. Es bonito ver que cada vèz que nuestro ministerio ha convocado a algún evento, la respuesta ha sido preciosa. Como la del "Congreso Los Angeles '88", o como los Seminarios Pastorales que se celebran en cada país y que llegan a estar casi siempre entre los más numerosos en la historia evangélica de cada nación. Este es el sitio que el Señor nos ha dado. De servir, siempre servir."

"Yo quiero que cuando se recuerde a nuestro ministerio, sea como a uno que supo honrar la Causa. Que cuando ya no estemos en primera línea de batalla, ni se den noticias de nosotros por ahí, ni se escriba nada, cuando yo sea ya muy viejito, los jóvenes por ejemplo, digan algún día: "mira, no tenemos nada que hacer por ahora; que te parece si vamos a visitar a aquel viejo predicador para que ponga sus manos sobre nuestras cabezas y ore por nosotros."

"Así quisiera ser recordado, como un hombre que amó a Dios entrañablemente y que vivió en integridad; no como un líder prominente, o que se me recuerde por honores o títulos. ¡No! Quiero que se me recuerde por haber servido y amado intensamente a Dios y a los demás."

"Por último, usted tiene una gran identificación con la Iglesia. En su ministerio ella ocupa un lugar preponderante, ¿qué es el Cuerpo de Cristo?"

"Lo más lindo que hay en la tierra. Estoy aburrido de los profetas del desastre. Por allí hay tipos que se la pasan hablando mal de la Iglesia todo el tiempo; la Iglesia no es perfecta, es una familia con mucha imperfección, y porque es imperfecta, yo soy parte de ella. Si fuera perfecta yo no podría ser miembro de ella. La Iglesia del Señor es linda. Me gusta mucho la iglesia anónima. No aquélla de la cual se escribe o se dice en grandes rótulos, sino la que con silencio está sirviendo al Señor todos los días. Estos son los que me inspiran a mí. Me inspiran los viejecitos lindos que oran, que son fieles a Dios. Los jóvenes que trabajan arduamente con lealtad y apasionamiento por Su Rey. Me inspira esa gente preciosa de la Iglesia Latinoamericana, ese pastorado fiel que es capaz de dar su vida por su Señor. Cuando me paro delante del Pueblo y contemplo el rostro de nuestra gente, me arde el alma. Tenemos una linda Iglesia. Con problemas, porque somos seres humanos. A veces cometemos tonterías y se presentan dificultades; pero es linda la "Esposa" de nuestro Señor Jesús. Es linda la novia del Cordero. Es lindo el Pueblo de Dios. Esta es mi Iglesia, la Iglesia anónima que ama apasionadamente a su Señor." "Agradezco," -dijo el entrevistador- "infinitamente que el hermano Alberto y su familia nos hayan abierto su corazón. Concluimos con el corazón en la mano. Sentimos que todavía hay hombres que arden con el fuego del Señor. Una vez más, nuestra gratitud por permitirnos este "Especial de Televisión con la familia Mottesi". "Hasta la próxima."

59

ALCANZANDO A LOS NO ALCANZADOS

El tiempo sigue su marcha inexorable. Y nuestro ministerio no tiene tregua. 1991 terminó con Campañas hermosas en Ecuador, Perú, Uruguay, México, entre otras. 1992 marcaría otra huella preciosa en el adelanto de la obra que Dios nos ha permitido ejercer.

Iniciaba el '92 cumpliendo 30 años de mi ordenación al ministerio y celebrando el décimo-quinto Aniversario de la Asociación. Cuánto gozo al saber que en lo poco hemos tratado de ser fieles al Señor de la Mies. Me sentía como si ayer por la tarde me hubiese convertido, y hoy por la mañana mi "Jefe" me hubiera llamado al ministerio. Como si apenas estuviera empezando.

Sabía que 1992 se presentaba como el año más lleno de responsabilidades de toda nuestra vida. Sin embargo, nos comprometíamos en voto solemne ante Dios, ante la Iglesia y ante el mundo, a seguir viviendo en santidad, a administrar con integridad los negocios del Señor, a mantener un estilo de vida personal sencillo y modesto, y a vivir única y apasionadamente para ganar al mundo para Cristo.

En la primera parte de este año, tan importante para nosotros acontecen dos hechos que conmueven a nuestro corazón: En el mes de marzo el Dr. Jorge Gay, fundador de nuestra primera Junta de Directores y fiel miembro de ella hasta ahora, antiguo misionero de la Misión Latinoamericana y ahora profesor en el Seminario Fuller, después de batallar durante largos años con una cruel enfermedad, descansó en los brazos eternos de su amoroso Salvador.

Luego en mayo, nuestro hijo mayor Marcelo se gradúa de Doctor en Leyes y Jurisprudencia, en la Universidad de George Town, en Washington DC.

Fue uno de los días grandes de la familia. El reto de aquella velada con el Presidente Jorge Serrano Elías, soñando con una América Latina evangelizada, cobraba realidad. Comenzábamos a trabajar con lo que denominaríamos "la Cruzada más grande de toda nuestra vida", llamada: "Proyecto 500" o "América, 500 años después".

Sabíamos que la iglesia evangélica latinoamericana es la iglesia de los pobres. Y que millones de nuestros compatriotas están experimentando vida nueva. En nuestras propias Cruzadas hemos estado contemplando un movimiento popular de miles aceptando públicamente convertirse en discípulos del Señor Jesús.

Pero, ¿qué de los no alcanzados? ¿Qué de los presidentes, senadores y diputados? ¿Qué de los que gobiernan y controlan el poder? ¿Qué de los ricos, los artistas y los deportistas famosos? ¿Qué -en una palabra- de la pequeña élite de "monstruos sagrados", que parecen tan ricos y fuertes, pero son tan pobres y necesitados como el más pobre de la América Latina? Es un tipo de persona que no se acerca a una iglesia, mucho menos a una Cruzada pública, pero que también necesita a Dios.

El Proyecto 500 era un intento por alcanzar a esta gente. Si ellos se convierten al Señor, nosotros creemos que podríamos ver, mucho más rápido, un cambio en la historia del mundo. ¡Cómo anhela nuestra alma ver en las sillas de presidentes, en la oficina de directores de universidades y en todo lugar de preeminencia, a hombres y mujeres llenos del Espíritu Santo! 1992 era un año importante para el Continente Americano. Se cumplían 500 años del "descubrimiento" o conquista de América. Y las celebraciones se aprestaban por doquier. Este acontecimiento, quisimos aprovecharlo para que en actos especiales conmemorativos pudiéramos atraer a líderes cívicos y políticos de la élite de cada país y predicarles cara a cara.

Paralelamente organizaríamos encuentros con el liderazgo cristiano, produciríamos literatura especial y un video que presentara el Evangelio a esta gente. Y nos lanzamos en este proyecto, que sería el más grande de nuestra Asociación hasta ese momento. Humanamente nos parecía inmenso, mas nuestra confianza, "el meter los tobillos en el agua fría", estaba en la supereminente grandeza de Su Poder que actuaría en nosotros. Involucramos a muchísimos hermanos con talentos especiales que el Señor les ha conferido. Toda una pléyade de preciosos elementos que dispusieron su pasión para que el Proyecto 500 fuera un éxito. Como siempre, Horacio fue el pivote y el motor de tanto trabajo organizacional, y elemento clave en cada evento. El amasijó en sus manos este barro para la gloria de Dios. Escribimos un libro que haríamos llegar a casi 20.000 líderes de los gobiernos de América Latina. También produjimos un video, que abriría la mente de muchos. José González y su ministerio "Semilla", con la ayuda de nuestros amigos del "Club 700", nos ayudaron en la producción de esta obra.

En una presentación privada, en el mes de julio, en el hogar del Dr. Hugo Picado, Magistrado de la Corte Suprema de Justicia de la nación de Costa Rica, él exclamó: "América Latina no será la misma después de esto."

En cada país hubo un responsable que ama nuestro ministerio y que hizo un trabajo de mucho valor, como Raúl Justiniano, en Bolivia; Pedro Ferreira y Jeremías Cano, en Perú; Roberto Chihan, en Paraguay; Osman Soto, en Panamá; Sixto Porras, en Costa Rica; Jorge Plourde, en República Dominicana; Samuel Olson, en Venezuela; Pedro Lapadjián, en Uruguay; Manuel Contag, en Ecuador; José Marcelo Cárcamo, en El Salvador; Evelio Reyes, en Honduras; Gustavo Sevilla, en Nicaragua; Jorge López, en Guatemala; José Grau, en Puerto Rico; Néstor Soto, en Chile; Héctor Pardo, y Fernando Mendoza, en Colombia; Rino Bello, en Argentina y David Enríquez Navarrete, en México, DF; como así también otros distinguidos amigos en otras ciudades mexicanas, tales como Abel Mellado, en Tijuana; Pedro Villareal Garza, en Monterrey; Fernando Ramos y Enrique Arias, en Villahermosa, Enrique Bremen, en Parral.

Es grande mi lista, pero es un modo de agradecer y de decir que sin estos héroes jamás se hubiesen desgranado tantas experiencias al más alto nivel de jerarquías humanas. Fueron varios meses de preparación sin dejar el trabajo normal de nuestro ministerio. Tuvimos un "ensayo", o anticipo, siete meses antes en Costa Rica. Quisimos evaluar lo que podría acontecer cuando estuviera en marcha el Proyecto 500. Y fue verdaderamente glorioso. Esto nos confirmó que estábamos en el camino correcto. Sixto Porras, Presidente de Fuerza Juvenil y organizador de nuestro Proyecto, expresó emocionado: "Es la primera vez en la historia de la Iglesia costarricense, que se hace un evento con nuestros gobernantes y diputados para presentarles el Evangelio. La asistencia del Vice-Presidente de la República, la del Presidente de la Asamblea Legislativa, los señores diputados, ministros, rectores de universidades y periodistas, hasta un Premio Nobel de la Paz, para escuchar la Palabra de Dios y afectar sus vidas con el Evangelio es algo histórico."

Cuando esa noche entregué mi conferencia, me fue fácil "entrar en tema" y presentar a nuestro maravilloso Señor Jesucristo, única solución y esperanza. La unción divina en el ambiente era muy evidente. Luego pasé dos horas más cenando y hablando con el Vice-Presidente, Licenciado Germán Serrano Pinto, el asesor de la presidencia de la república y varios ministros y diputados, presentando claramente a Jesucristo y las implicaciones del Evangelio.

Otra hermosa experiencia-piloto se llevó a cabo en Guatemala, también siete meses antes. Qué bello fue recibir una tarjeta escrita por el Vice-Presidente de Guatemala, Don Gustavo Espina, diciendo: "Señor Mottesi, usted ha contribuído con algo maravilloso para mi familia. No podré olvidar esta mañana. Mi hijo está dentro del grupo que hoy aceptó a Dios. Gracias." En un desayuno para 400 ejecutivos había sucedido esto.

Con este preámbulo, el banquete en Costa Rica y el desayuno en Guatemala, nuestras fuerzas y confianza fueron grandemente levantadas. No había duda que el Señor quería tocar a nivel continental a los no alcanzados. Los meses se fueron como agua. Una Cruzada en Filadelfia, otra en Venezuela, y nos aprestamos en el mes de agosto a iniciar la Cruzada más grande y larga de toda mi vida.

¡Qué portentos de Dios! Aún estoy maravillado de lo que el Señor hace con raquíticos recursos y hombres simples, sin más posesión que un amor desinteresado por su Dios.

La primera etapa en agosto la iniciamos en cinco países: Bolivia, Perú, Paraguay, Panamá y Costa Rica.

Un líder denominó a esta primera etapa: "Un terremoto espiritual".

El periodista boliviano Raúl Justiniano, hablando del evento celebrado en su ciudad, dice: "Algo inédito. Se reunió el 100% de la dirigencia de Santa Cruz." Uno de los que entregó su vida a Cristo, en el evento en Santa Cruz, Rector de la Universidad Nacional, horas más tarde de su decisión fue elegido candidato presidencial por el Partido Socialista.

En Panamá, luego de la presentación de un grupo flamenco de España y del Ballet Folklórico Nacional de Panamá, simbolizando el encuentro de las dos culturas, sentado junto al Primer Vice-Presidente de la República, pude presentar claramente el Evangelio con sus implicaciones éticas. Osman Soto, director de la Cruzada Estudiantil y Profesional para Cristo, de Panamá, dijo: "Nunca antes se había presentado el Evangelio de Jesucristo a un grupo tan representativo del gobierno, fuerzas económicas, empresariales y profesionales, de una manera tan directa y clara que impactara tanto la vida de los presentes. Fue una reunión histórica." En cada uno de los cinco países que visitamos asistió la cúpula más alta del gobierno y la dirigencia nacional. En Paraguay por ejemplo, estuvieron presentes cinco Generales de la Nación, y las palabras del Ministro de la Presidencia, en representación del Gobierno y en respuesta a mi mensaje, fueron conmovedoras.

Entre los 850 asistentes al banquete en el Centro de Convenciones del Hotel Herradura, de San José, Costa Rica, estuvieron 26 diputados, el Presidente del Congreso de la Nación, el Contralor General de la Nación, 15 de los 22 Magistrados que componen la Corte Suprema de Justicia de la Nación y una vasta representación de las fuerzas políticas y cívicas de ese país.

El 65% de los asistentes no tenía conexión alguna con la Iglesia.

Uno de los momentos conmovedores de esta primera etapa del Proyecto 500 fue la visita al Perú; no sólo por la alta representación de los asistentes al evento en Lima, sino también por descubrir que en medio de la guerra y la devastación interna, la Iglesia peruana está de pie y vigorosa. En medio de los cristianos peruanos me sentí como un pigmeo. Creo que estuve en medio de héroes.

Otro momento conmovedor fue cuando en el evento en Costa Rica entró la bandera de ese país. Sentí un estremecimiento en todo mi ser. El grupo de la Orquesta Sinfónica Nacional interpretó el Himno Nacional. En ese instante se me hizo tan claro el interés de Dios por naciones enteras. El local estaba en penumbras mientras se proyectaba nuestra película "América 500 Años Después".

Cerca de mí estaba un famoso jugador del seleccionado nacional de fútbol; se me acercó, puso su mano sobre la mía y oró por mí.

Los cristianos presentes éramos conscientes de la oportunidad histórica que el Señor nos estaba dando. Además de los eventos para alcanzar a los líderes de los gobiernos, políticos, intelectuales, empresarios, profesionales, deportistas, artistas, también celebramos en cada país ministerio con el pueblo de Dios: concentraciones públicas, seminarios de entrenamiento para laicos a fin de prepararlos para la función pública en sus países, seminarios pastorales, etc. No podré olvidar la reunión de oración con líderes en Lima.

Un miércoles a las 4 de la tarde, más de 1.000 líderes nos estaban esperando para que les ministráramos y oráramos juntos por su país. ¡Qué oraciones conmovedoras! Oraron por justicia. Oraron por sus jóvenes. No pude contener mis lágrimas. Si así oraramos en todos nuestros países de mi amada Latinoamérica, apresuraríamos una ola de avivamiento que nada ni nadie podría contener. ¡Hagamos, hermanos míos! . ¡Oremos con pasión! ¡El Señor lo reclama para atar al Hombre Fuerte! Tuvimos amplia cobertura a través de los medios masivos. Algunos medios de comunicación seculares nos sorprendieron colocando a nuestro evento como noticia de primera importancia. En algunos países, mientras celebramos el evento para alcanzar a las autoridades, varias iglesias estaban llenas de gente orando. También, en los mismos edificios donde celebramos los eventos, en un local adyacente al nuestro, grupos de intercesores estaban clamando al Señor por sus países, por sus autoridades y por nosotros.

En Panamá pasó algo impresionante. Los cristianos distribuidos en las mesas para atender a los invitados, notaron que muchos estaban conmovidos. No habíamos comenzado el programa todavía y la gente estaba conmovida. Una señora, muy fina y famosa, directora de una revista política muy conocida, quien en esos días era noticia de primera magnitud en el país, estaba llorando. Se le acercó una cristiana y le preguntó: "¿Puedo ayudarla de alguna manera?" La señora, llorando, le respondió: "Quiero a Cristo en mi vida."

En el ínterin visitamos las áreas devastadas en el Sur de la Florida y en la costa de Nicaragua por el tornado y por el maremoto. Nuestros ojos se llenaron de lágrimas. Un miércoles al mediodía celebramos una reunión al aire libre en un terreno vacío en la zona afectada en Nicargua. Entre los centenares que llegaron, se acercaron dos mujeres, una anciana y la otra más joven; madre e hija. La señora mayor perdió a su esposo (el padre de la más joven), y ésta perdió a sus dos hijitos. Yo no tenía palabras suficientes. Las abracé y lloré con ellas. Ambas se entregaron al Señor.

"Ha sido un evento único de extraordinarias consecuencias para los individuos, las familias y la nación. Creo que podemos hablar de la historia de Honduras, antes y después de este evento." Así se expresó el Dr. Evelio Reyes, Director del "Proyecto 500" en Honduras, quien a su vez es Pastor de la Iglesia "Vida Abundante", y Director del Canal 57 de televisión.

Los 1.000 asistentes al evento de gala en el Centro de Convenciones del Hotel Maya, 500 de los cuales provenían de todos los niveles del gobierno y de la vida política de ese país, escucharon las palabras de su Presidente, el Lic. Rafael Leonardo Callejas, quien dijo: "Estamos aquí como gobierno para enviar a la nación un mensaje de fe y esperanza." De hecho, fue el Presidente Callejas mismo quien firmó la tarjeta de invitación para que los miembros de su gobierno y líderes del país asistieran.

Durante septiembre realizamos la segunda etapa en Ecuador, El Salvador, Honduras, Nicaragua, Guatemala, Puerto Rico, República Dominicana y Venezuela. El Dr. Carlos Arsenio Larco, Asesor del gobierno del Ecuador, hablando del Proyecto 500 en Quito, dijo:

"Lo importante de la reunión fue la presencia de la casi totalidad de autoridades del presente y del pasado gobierno."

Este segundo ciclo del Proyecto 500 terminó el 22 de septiembre en Caracas, Venezuela. La ciudad de Caracas, una de las más bellas ciudades del mundo, tiene solo un 1% de evangélicos. El Dr. Samuel Olson, Pastor y Presidente del Seminario Evangélico de Caracas, dijo: "Teniendo en cuenta que nuestro país es nominalmente católico, pero básicamente secular y ajeno a lo espiritual, la asistencia al evento representó a todos los sectores de la sociedad y de la dirigencia de la nación. Jamás soñé que asistiría la clase de gente que asistió al evento."

El Dr. Pedro Moreno, brillante abogado boliviano y representante del Instituto Rutherford en Latinoamérica, dijo: "Alberto Mottesi tiene un mensaje nuevo para la sociedad latinoamericana, especialmente para los líderes latinoamericanos. Este mensaje nos muestra claramente que somos culpables, debido a nuestros pecados, de la situación de pobreza, atraso y disolución social que caracteriza a nuestra sociedad. Nos desafía a asumir nuestra responsabilidad por los males que nos afectan, recreando un nuevo hombre en Cristo Jesús. Por fin, alguien puso los puntos sobre las íes en una sociedad acostumbrada a culpar a los demás por sus males sociales. La responsabilidad nuestra no es la única, pero sí es la primordial."

La esposa de uno de los líderes más famosos del mundo empresarial de Caracas, dijo: "Qué valiente Mottesi al decir lo que todos sabemos, pero nadie se atreve a hablar tan descarnadamente en un contexto así, con la Palabra de Dios."

El Proyecto 500 fue mucho más allá de lo que habíamos soñado. La película "América 500 Años Después", producida para presentar en los eventos de gala, durante octubre también se presentó a través de canales de televisión en toda América Latina; y el libro del mismo nombre impreso para los líderes que asistieron a los eventos de gala, también alcanzó un lugar prominente. Apenas salió a la luz y, un periódico de Ecuador solicitó permiso para publicarlo en secciones. El Ministerio de Educación de Nicaragua lo usó para el entrenamiento de los maestros de escuelas públicas y privadas y lo incluirá como libro de texto de 5to. y 6to. año de bachillerato (100.000 alumnos). El Ministerio de Educación de Bolivia nos pidió autorización para publicarlo para los 82.500 maestros de su país. Nuestra Asociación, a través del Proyecto 500, logró que los líderes de los gobiernos de América Latina descubran la seriedad, calidad y potencial que hay en el pueblo evangélico. Mucho más de lo que creían. También logró que los líderes evangélicos descubran que tienen mucha más credibilidad y poder de convocatoria de lo que ellos creían. Nuestro ministerio consiguió que los dos liderazgos se miren cara a cara. También desempeña un rol profético. De este modo, le estamos declarando a la Iglesia y a las naciones, que es la hora de Dios para América Latina.

Lo que siguió me parece un sueño. Es primera vez en mis 30 años de ministerio que un gobierno oficialmente me invita para predicar el Evangelio.

El Ministerio de Educación de Nicaragua organizó nuestra visita. Auspició dos eventos: uno más pequeño al que asistieron el Vice-Presidente del país, varios Ministros del gobierno, varios Embajadores y destacadas personalidades; y otro, más amplio, al que atrajeron a 1.100 profesores de sociología y ciencias sociales. Ellos reunieron a los líderes, pagaron los gastos, para que les predicaramos el Evangelio. Recuerdo que antes de ir al evento le dije al Ministro de Educación, Dr. Humberto Belli Pereira, "Sabe que no podré evitar hablar de Jesucristo." El me respondió, "Pastor, eso es lo que nuestro país necesita."

Este tercer segmento del Proyecto "América 500 Años Después", comenzó en Los Angeles, California. Fue el único evento celebrado en Estados Unidos. El énfasis tuvo que ver con la reconstrucción moral y espiritual de la ciudad. Entre los 700 asistentes al desayuno en el Bonaventure Hotel, estuvieron representantes del gobierno federal, estatal y local.

Continuamos a Nicaragua y desde allí a Uruguay donde sucedió algo realmente histórico. Este país agnóstico, con sólo 1% de evangélicos y 37% de ateos declarados y en donde la Iglesia es ignorada por una sociedad profundamente secularizada, nos recibió con brazos abiertos.

El banquete comenzó a las 9:00 p.m. y terminó a las 2:30 a.m. del siguiente día. De los 300 asistentes, el 70% eran líderes que no tenían nada que ver con la Iglesia. En la última semana, los organizadores tuvieron que rechazar, por falta de espacio, a muchos que desearon asistir.

El Dr. Juan Carlos Otormin, abogado, periodista político de radio y televisión y Presidente de la Asociación de Periodistas Parlamentarios del Uruguay, dijo: "El mensaje fue predicado con claridad, firmeza y precisión. La gente que vino no es gente que oye el mensaje de Dios en ningún ámbito. No está acostumbrada a estar frente a un evangelista. En cambio, ha recibido la sátira de un evangelista a través de la televisión uruguaya, donde se ridiculiza la figura de un evangelista. Pienso que ha impresionado gratamente el ángulo que se tomó para evaluar las consecuencias históricas de la conquista de América, como así también las ilustraciones, datos y ejemplos. Aquí estuvieron Ministros de gobierno, Senadores, Diputados y algunos dirigentes políticos de primer nivel, periodistas, etc. Es la primera vez que el Evangelio es predicado a personalidades de gobierno y de la dirigencia empresarial y de los medios."

El periodista Andrés Miranda, Director del periódico El Puente de Uruguay, dijo: "Este es un momento largamente soñado para los cristianos uruguayos. Creo que Dios nos ha dicho a través del Proyecto 500 que podemos tener más fe y que El está dispuesto a hacer cosas mayores aún."

El próximo evento fue llevado a cabo en Argentina. Buenos Aires, su capital, es una de las ciudades más caras del mundo. Fue el único lugar, por los costos tan altos, donde no se llevó a cabo alrededor de una comida y dedicado a las autoridades. Allí la invitación fue más amplia ya que usamos el Teatro Opera, uno de los más bellos del Continente. Las 3.000 butacas se llenaron al igual que los pasillos y el lobby, y quedaron afuera tres cuadras con filas de gentes sin poder entrar.

A continuación, en Chile usamos el Hotel Carrera, en Santiago. De los 580 participantes en el Seminario celebrado, 400 no habían tenido antes contacto con el Evangelio y venían de la clase alta de la sociedad chilena, no tocada todavía por la Iglesia protestante de ese país.

En Colombia fue otro acontecimiento histórico. 700 llenaron el Salón Rojo del Hotel Tequendama. El Vice-Presidente de Colombia, Dr. Humberto De La Calle Lombán, habló a nombre del gobierno. Ministros de gobierno, Senadores, Alcaldes, y líderes de todo el país asistieron.

El periodista Marco Fidel Ramírez, dijo: "Es la primera vez en la historia moderna de Colombia, que se reúne un grupo de estas características. Porque los dirigentes de nuestra nación también necesitan a Dios, han escuchado de Dios, como nunca en América 500".

Todo el evento de Colombia fue transmitido por radio, mientras muchas iglesias estaban llenas de cristianos intercediendo por su país.

Durante este Proyecto especial, no sólo alcanzamos a la cúpula de dirigentes de toda América Latina; también dimos una palabra profética a una sociedad caracterizada por el engaño. El fuerte énfasis en la integridad que se demanda en los líderes, fue atentamente escuchado y ampliamente difundido por la prensa secular.

Además, hemos descubierto y capacitado a cristianos con vocación de servir a sus países en la función pública, dándoles una visión bíblica del gobierno y las naciones.

El Pastor Darío Silva, famoso periodista colombiano, dijo: "Es evidente que Jesucristo no comenzó Su ministerio entre intelectuales ni ricos. Pero, una vez formado el núcleo básico de fe con los pescadores, el intelectual Nicodemo vino a visitarlo y el millonario Zaqueo lo invitó a cenar en su casa. Latinoamérica es lo que Alberto Mottesi ha comprendido, está saliendo de la época de los pescadores para entrar en la de los Nicodemos y Zaqueos."

Y, por último, un broche de oro. Desde un principio sabíamos de la fuerte intolerancia religiosa que caracteriza a la nación mexicana. Ni pensar siquiera que el Primer Mandatario pudiera asistir a un evento marcadamente religioso. Desde el siglo pasado, el Benemérito de las Américas, Benito Juárez, había roto las relaciones Iglesia-Estado. Y hoy, ese laicismo es una bandera que todo gobierno mexicano enarbola para no meterse en asuntos religiosos. Sin embargo....

Después de un trabajo agotador de relaciones a todo nivel, de nuestro representante en ese país, David Enríquez Navarrete, se forjó el milagro.

Ya habíamos llevado a cabo eventos del Proyecto 500 en diferentes ciudades de México: Tijuana, Acapulco, Puebla, Tepeapulco, Pachuca, Querétaro, Villahermosa, Monterrey, Parral y, ahora, la Capital. El Presidente de México, el Lic. Carlos Salinas de Gortari, a tres días de realizarse el desayuno en el Distrito Federal, aceptó la invitación. Se habían hecho los arreglos necesarios para que en uno de los hoteles más prestigiosos del país se llevara a cabo el acontecimiento. Trabajando conjuntamente con el alto mando de la seguridad del Presidente y el Estado Mayor de Defensa, cuál no sería nuestra sorpresa que a tres días del evento, el Presidente cambió totalmente los planes. ¡El mismo se convertiría en el anfitrión! 700 sorprendidos mexicanos y un "colado" argentino desayunamos en la misma Residencia Oficial de los Pinos, la casa del Presidente mexicano. Fue un día histórico el 10 de diciembre, para la historia evangélica del país. Nunca antes había sucedido tal cosa. Las palabras del Presidente fueron estimulantes: "En esta casa -dijo- ustedes encontrarán siempre las puertas abiertas. Son tiempos en nuestra patria de libertad y pluralidad. Yo gobierno para todos mis compatriotas. La reforma constitucional, en palabras sencillas es para decir: "La intolerancia no tiene cabida en nuestro país." Luego, mi mensaje fue corto y directo de la Palabra de Dios. Terminé haciendo un llamado a poner a Cristo en toda la vida nacional; política, profesional y en las vidas personales. Se cambió el estilo de programa de lo que veníamos ejecutando en cada país en el Proyecto 500. Sin embargo, el Señor nos metía por completo en los anales de la historia eclesiástica del país mexicano. Nuestro evento el Proyecto 500, ayudó de alguna manera para plasmar la personalidad evangélica en México. Y qué más podíamos ambicionar. ¡Alabado sea el Señor! ¡Cómo nos sorprende con sus actos! ¡Lo imposible de los hombres, El lo hace posible! Así terminamos este suceso maravilloso que nos llevó de agosto a diciembre, saltando de país en país de mi amada Iberoamérica. Celebramos eventos de gala a nivel presidencial, desayunos o banquetes para alcanzar a los no alcanzados de la gente dirigente, dándoles una perspectiva cristiana de la historia, demandándoles una vida de integridad en la función pública y haciéndoles un claro llamado a poner sus vidas, familias y responsabilidades profesionales bajo el Señorío de Cristo. Calculamos que el Proyecto 500 celebrado en 29 ciudades alcanzó a 17.500 líderes claves de los gobiernos de toda la América Latina.

¡Ha sido un día de gran bendición! Jamás soñamos mirar lo que estamos contemplando. Antes de que los ojos de muchos de nosotros se cierren, para ir con el Señor, vamos a contemplar la cosecha evangelística más grande en la historia del cristianismo que afectará aun a los que están en preeminencia. El Espíritu Santo está preparando el terreno para que la Iglesia recoja una cosecha gigante de vidas en todas las naciones de la tierra. Aun pueblos hasta ahora cerrados al Evangelio se abrirán de par en par, y la Gloria de Dios cubrirá la tierra.

¡Qué privilegio ser parte de este trabajo de Dios!

Es verdad que hay miseria y opresión en el mundo; corrupción en la política; crisis económica y pérdida de valores morales. Pero, no me cabe la menor duda que todo esto es sólo parte del momento más oscuro de la noche, los momentos antes del despertar del sol. ¡HAY UN NUEVO AMANECER!

Podemos decir con el autor del "Cantar de los Cantares":

"Porque he aquí ha pasado el invierno, se ha mudado, la lluvia se fue; se han mostrado las flores en la tierra, el tiempo de la canción ha venido, y en nuestro país se ha oído la voz de la tórtola. La higuera ha echado sus higos, y las vides en cierne dieron olor." (2:11-13a)

EPILOGO

Ya estamos pisando la mitad del año '93, con el mismo tren de trabajo. Aparte de la vértebra principal que incluye Cruzadas, Radio, Campañas, Seminarios, etc., nos estamos involucrando en otro de los proyectos que harán historia en las páginas de Los Hechos contemporáneos del Espíritu Santo: Cooperación 2000. Desde este año hasta el 2000, esperamos ver un movimiento de alcances nacionales de unidad, cooperación y saturación evangelística. Basado en que todo el Cuerpo trabaje armónicamente, esperamos mirar una Iglesia para cada pueblo y el Evangelio para cada persona en el año 2000. Ignoramos completamente sus resultados, pero por fe sabemos que han de ser gloriosos. A la fecha, he cumplido los 51 años. De ellos, 31 son de trabajo ministerial desde que fui ordenado plenamente al ministerio. Pero el servicio a mi Dios ha sido a partir de mi conversión y considero que, por medio de este libro, se ha hecho patente el fragor de la batalla. Los insondables caminos del Señor nos han conducido de gloria en gloria, de victoria en victoria, porque el Comandante en Jefe, que nunca ha perdido ni perderá una batalla, está con nosotros.

Obviamente, no ha sido nada fácil. Muchas rodillas dobladas y lágrimas derramadas. Pero el Señor jamás ha prometido la ausencia de dificultades y sufrimientos. Las hemos tenido y las seguiremos teniendo, porque en ellas Dios se glorifica a Sí mismo. El estampar estas líneas, dando a conocer lo que el Señor nos ha hecho vivir, es con el sólo objeto de remarcar la bondad y la misericordia que Dios ha manifestado para conmigo, al usar un vaso de barro, miserable, colmado de limitaciones y traumas; y contar a otros, que si el Espíritu de Dios tuvo a bien levantar a este instrumento no calificado, bien puede utilizar a cualquier otra vida dispuesta y totalmente rendida en amor a El.

Que sirva este libro para levantar el ánimo caído de muchos de mis colegas en el ministerio.

Que inyecte pasión en los jóvenes, motivándoles a vivir un compromiso radical.

Que provea visión de grandes obras sabiendo que el Constructor es Dios, el Todopoderoso.

Que se produzcan en la nueva generación de cristianos, grandes sueños para la gloria de nuestro Dios.

Que promueva ese fuego espiritual que consume el alma por alcanzar a los que no conocen el Evangelio.

Que despierte la conciencia de aquéllos que están ávidos de poder humano y que sólo buscan su interés personal.

Que toque vidas que nunca han sabido lo que es la salvación de Dios.

Que se levanten ejércitos incontenibles que promuevan el avance contundente del Reino.

Los capítulos finales de mi vida están por escribirse. Posiblemente sea otro quién los escriba, siempre y cuando haya algo importante, algo digno que comentar y que únicamente le dé la gloria a nuestro maravilloso Salvador. En caso contrario, sólo espero ser fiel hasta el último momento. Sólo deseo anotar esto último. En julio pasado del '92, por una fuerte ronquera visité a mi médico. ¡Pobres médicos, conmigo se morirían de hambre porque normalmente soy muy sano! Conversando nos dimos cuenta que hacia mucho tiempo que no me realizaba un examen total. Convinimos en que era el momento apropiado. Fui llevado de análisis tras análisis. Luego de todas las pruebas, algo andaba mal en un riñón. El médico me dijo: "Hay dos o tres posibilidades; una de ellas es cáncer." Esta palabrita, frente al trabajo que implicaría el Proyecto 500, me llenó de preocupación. Tuve que caer frecuentemente sobre mis rodillas. Mi médico me envió a un especialista y éste sentenció lo mismo: "Hay dos posibilidades; una es cáncer. Tendremos que intervenir." Los meses del Proyecto 500, de intensos viajes, fueron marcadamente difíciles, no tan sólo por las dificultades que tuvimos que sortear en cada país visitado, sino porque la palabrita "cáncer" rondó siempre en la mente. A nadie, fuera de mi esposa, comenté el asunto. Al final del año, supe con gran alegría, que no había tal cosa de cáncer en mi cuerpo. Que estoy completamente sano, y planeo vivir y dar lata al diablo, otros 400 años más.... Pero quiero decir lo siguiente: durante este tiempo en que guardé el secreto de mi posible "cáncer", estuve ocupado pensando en la posibilidad de la muerte.

En varias ocasiones me pregunté: "Alberto, si tienes que morir, ¿qué te gustaría?" No tuve que meditarlo mucho. Mi corazón está en mi llamamiento, el cual ha sido la pasión que día a día me sigue consumiendo, como prioridad número uno, sirviendo en el Reino de Dios. Cuando deje de existir, deseo que mis hijos coloquen una lápida grabada sobre mi tumba con la siguiente leyenda:

"Vivió, amó y sirvió apasionadamente a su Señor."